Le langage psy du corps

Du même auteur

La grammaire des gestes, J'ai lu, 8652
Dis maman, pourquoi on peut pas dire merde ?, J'ai lu, 9140

Les gestes des politiques, Éditions Flammarion (2006)
La grammaire des gestes, Éditions Flammarion (2006)
Le dico illustré des gestes, Éditions Flammarion (2009)

Les Étonnants Pouvoirs de l'énergie positive, First Éditions(1993)
Les gestes de la séduction, First Éditions (1995)
Les gestes de la vie professionnelle, First Éditions (1997)
Talents cachés, First Éditions (1997)
Le sens caché des gestes, First Éditions (2002)
Ces gestes qui manipulent, ces mots qui influencent,
First Éditions (2003)
Ces gestes qui séduisent, First Éditions (2004)
Les gestes du succès, les mots de la réussite, First Éditions (2004)
Le langage psy du corps, First Éditions (2004)
Ces objets qui vous trahissent, First Éditions (2005)
Ces gestes qui vous trahissent, First Éditions (2005)
Le petit décodeur gestuel, First Éditions (2006)
Le sexe des gestes, First Éditions (2007)

De Joseph et Caroline Messinger

Ne leur dites jamais... savoir parler à ses enfants, ça s'apprend,
J'ai lu, 8591
Les mots qui polluent, les mots qui guérissent, J'ai lu, 8591

Êtes-vous faits l'un pour l'autre ?, First Éditions (1999)

Entre mères et filles, Éditions Flammarion (2009)

JOSEPH MESSINGER

Le langage psy du corps

J'AI LU
Bienêtre

REMERCIEMENTS

Je tiens à remercier ceux qui m'ont aidé à poursuivre un rêve illusoire et qui m'ont permis de le réaliser. Je dois toute ma reconnaissance à Serge Martiano, le P-DG des éditions First. Grâce à sa confiance, à son flair éditorial et au travail de sa formidable équipe, j'ai pu réaliser mon rêve d'enfant le plus cher : vivre de ma plume. Et ce n'est pas rien, croyez-moi ! Que serait le talent d'un écrivain sans la foi d'un éditeur qui le soutient ? Une bulle de savon.

Qu'on me donne des mots
Et j'en ferai des armes
Qu'on me donne des phrases
Et j'en ferai des bombes
Une rame de papier
Une armée de feuillets
Pour abattre la dictature
De ces stupides préjugés
Qui font du corps une imposture

Joseph MESSINGER

PRÉAMBULE

Ils tirent d'eux-mêmes la connaissance des autres. Ils ont l'intuition juste.

Jean FOURASTIÉ

Si vous désirez prendre du plaisir à lire ce livre, ne l'avalez pas comme un roman ou un essai. Choisissez un site anatomique dans la table des matières en fonction de vos intérêts. Donnez du temps au temps en considérant chaque module de ce livre comme l'un des tiroirs d'une immense commode de la connaissance du corps humain.

Ce que je vous propose de découvrir dans cet ouvrage est totalement révolutionnaire dans mon domaine de compétences. Je vous emmène en voyage à travers le corps, ce sanctuaire de l'esprit, pour vous initier à la signification psychoanatomique de chacune de ses fractions. Vous découvrirez 70 sites psychoanatomiques essentiels dans ce livre, 70 fractions essentielles dont la traduction psychologique vous permettra de décoder votre communication globale et celle de vos interlocuteurs. La connaissance, même partielle, du langage corporel apporte une vraie maîtrise de la communication.

La multiplication des modes de communication a dépassé notre capacité d'absorption intellectuelle. Il faut aller de plus en plus vite, évacuer l'inutile sur simple présomption gestuelle, sauter sur l'indispensable quand il se présente, se protéger du mensonge, se préserver de la manipulation, situer les bonnes ouvertures et se créer des relations utiles ! Pour tout cela, il est indispensable de disposer d'un outil souverain afin de décrypter un langage visible à l'œil nu mais que nul ne voit : le langage du corps.

INTRODUCTION À LA PSYCHOANATOMIE

Les corps ont trois possibilités de beauté :
la force, la grâce et la plénitude.
Certains corps miraculeux parviennent
à réunir les trois.

Antechrista, Amélie NOTHOMB

La conscience est une tyrannie hypnotisée par ses préjugés et le corps une démocratie d'organes qui souffrent d'être considérés comme des bouts de viande ou des agglomérats de cellules sans conscience collective. Le corps est un sanctuaire, je ne le répéterai jamais assez, ne lui faites pas supporter le poids de vos pensées parasites. « J'arriverai sûrement en retard à mon rendez-vous. » Votre nez vous démange. « Vous avez dix minutes de retard, vous reproche le recruteur. *Croisement de jambes en mode répulsif*. À mon avis, vous serez sélectionné. Vous correspondez au profil recherché. *La cheville droite retient la gauche. Il y a un os. Votre interlocuteur ment.* »

Les lectrices (et accessoirement les lecteurs) qui recherchent un moyen de décryptage de leur entourage disposeront dès à présent d'un outil fiable de plus[1] pour comparer les mots aux gestes qui leur servent de décor en trompe

1. Cet ouvrage est le dizième publié depuis 1994 et probablement pas le dernier étant donné l'intérêt croissant du public pour les méthodes de décryptage.

l'œil, qu'il s'agisse des autres ou de leur propre langage gestuel.

Quand vous croisez les jambes en position assise, vous exprimez votre maîtrise de la relation ou, au contraire, une perte de contrôle. Les jambes sont le siège de la maîtrise de soi. Une femme qui replie lajambe gauche sur la droite signale qu'elle contrôle la situation. Si elle change de côté, elle perd ce contrôle. Au masculin, comme vous le verrez dans la section consacrée aux jambes (chapitre 4), il faut inverser les rapports. La jambe droite dominant la gauche indique une maîtrise de soi, l'inverse trahit une perte de contrôle. En réalité, quand la réaction du croisement alternatif devient un tic, il est déclaratif d'un manque d'assurance pur et simple.

Pourquoi vous pincez-vous le nez en permanence quand vous réfléchissez ? Le nez est le siège psychoanatomique du flair (vous vous en doutiez un peu) mais aussi du savoir-faire. Si vous vous pincez les narines, cela signifie que votre flair manque de tonus ou que votre savoir-faire dérape. Oui, mais quelle main utilisez-vous pour ce faire ? Celle de l'espace ou celle du temps ? La droite indique que vous êtes pressé par le temps. La gauche vous signale que votre territoire mental est envahi par des pensées parasites qui chahutent vos émotions. Déjà évoqué rapidement, le croisement des chevilles est une réaction kinesthésique fondamentale à laquelle nul ne prête jamais attention. Et pourtant, je gage que vous y serez attentif après avoir lu ce qui suit. Les chevilles sont le siège de votre motivation relationnelle. Les autres vous motivent ou vous démotivent. Quand votre cheville gauche retient spontanément la droite, vous êtes en phase d'ouverture psychoflexible par rapport à votre interlocuteur. Il vous motive. Mais si votre cheville droite vient soudain retenir la gauche, le baromètre de votre climat mental est passé du beau fixe à l'avis de mauvais temps, vous êtes en position psychorigide. Il vous démotive. Vous aurez beau revenir à l'ancienne position, vos chevilles se recroiseront involontairement dans la posture commandée par votre inconscient. Qu'est-ce que cela signifie ? Que votre interlocuteur, quel qu'il soit, tente de vous dominer ou vous raconte n'importe quoi, si vos chevilles se calent en position psychorigide. Il est alors temps de prendre du recul en le questionnant et en l'observant attentivement.

Comme vous allez le découvrir, chaque portion de votre corps, chaque organe visible ou invisible, chaque région corporelle correspond à une caractéristique psychologique, philosophique ou cognitive, caractéristiques qui sont les constituants de votre personnalité. Ainsi, les lobes de vos oreilles sont symboliques du niveau de votre sensibilité érotique (quelle que soit leur proéminence, rassurez-vous) tandis que vos pouces sont le siège du tandem plaisir et désir.

À propos, un grand nez ne fait pas un grand pénis et une petite bouche ne révèle pas que votre nouvelle amie pourrait bien avoir un vagin un peu étroit, désolé de vous décevoir. Et quand le président Valéry Giscard d'Estaing se tripotait le lobe de l'oreille (son tic gestuel favori), il n'essayait pas d'érotiser le débat politique.

Si 20 % des refrains gestuels ont un sens[1], c'est parce que les sites anatomiques qui entrent en jeu sont également signifiants. En serait-il autrement, toute la gestuelle ne serait qu'une mancie de plus et non une technique de décryptage qui s'impose de plus en plus dans le paysage des sciences de l'Homme. **La psychoanatomie** cerne le vocabulaire du corps dont la combinaison des parties représente la syntaxe d'un nouveau langage du mouvement. À ne pas confondre avec la morphopsychologie qui s'intéresse plus particulièrement aux formes du corps en ce qu'elles sont censées révéler du caractère de l'individu. La psychoanatomie met en relation les parties corporelles qui interviennent dans la synergie des mouvements avec leur traduction comportementale. Elle pose

1. 80 % ne sont que des gesticulations destinées à nettoyer le climat mental des pensées parasites qui y prennent leurs quartiers en toutes saisons.

l'hypothèse que chaque organe visible, chaque région du soma (nez, oreilles, mains, doigts) est la représentation symbolique d'une prédisposition, d'un sentiment ou d'une conduite globale au sein de l'organisation psychique individuelle. Cette avancée concède un progrès considérable à la compréhension et à la traduction du langage corporel et gestuel.

La connaissance de ce symbolisme psychoanatomique ouvre une double porte à celle de la gestuelle. Mais pas uniquement. Elle permet aussi de traduire le langage de la douleur atypique ou celui des démangeaisons qui sont autant de signaux adressés par le cerveau limbique (ou émotionnel, que les psy appellent aussi inconscient) à la conscience vigile.

Ce livre constitue une première approche de **la psychoanatomie**. J'ai voulu lui donner un objectif prioritaire : celui d'offrir des réponses aux questions que vous vous posez, sinon des pistes de réflexion. Mais aussi, j'y ai glissé de nombreuses recettes ou solutions originales pour échapper à des contraintes terroristes, des troubles pervers ou des conflits psychiques qui méritent d'être pendus haut et court. Des idées toutes simples qui peuvent vous épargner des souffrances inutiles.

Consultez-le au gré de vos intérêts du jour ou de votre fantaisie. Utilisez-le comme un guide ! Il est construit sur une base alphabétique à l'intérieur de chacun des cinq chapitres qui le constituent.

En écrivant ce livre, je suis redevenu psychothérapeute sans cabinet ou plutôt avec un cabinet de consultation qui se trouve à l'intérieur de ces pages. Ce qui en fait **un livre thérapie**. Un livre qui a pour vocation de vous informer, de vous étonner et de vous rendre service. Vous pourrez le parcourir selon votre bon plaisir sans perdre le fil d'Ariane qui lui sert de tricot.

Gestuellement vôtre,
Joseph Messinger

CHAPITRE 1

IL ÉTAIT UNE FOIS LES BRAS

AU SOMMAIRE

LES ANNULAIRES
La passion et la détermination
Il n'y a pas de passion qui tienne sans une détermination qui la soutienne.

LES AURICULAIRES
La mémoire et l'ambition
Le passé et l'avenir ne peuvent se passer l'un de l'autre sans s'anéantir.

LES AVANT-BRAS
Superstition et résistance à la frustration
On peut faire appel à la superstition pour échapper à la frustration mais on ne peut y résister sans une injection quotidienne de bon sens.

LES BICEPS
Instinct de survie et dynamisme
L'enthousiasme est le carburant du dynamisme et le dynamisme celui de l'instinct de survie.

LES BRAS
La liberté d'agir ou de penser

L'Homme peut s'exprimer sans le concours de ses bras mais il ne peut envisager d'agir ou de passer à l'action sans leur aide.

LE COUDE GAUCHE

Achèvement ou échec

Celui qui ne termine pas ce qu'il a commencé apprend à échouer sans se fatiguer.

LE COUDE DROIT

Foi ou doute

La foi est la seule richesse que l'on partage de bon cœur.

LES DOIGTS

La créativité

Sans les doigts, l'imagination ne serait que pure spéculation.

LE DOS DES MAINS

Malice et improvisation

La première qualité des petits malins est leur sens de l'improvisation.

LES INDEX

Vocation et affirmation de soi

Il n'y a pas de vocation sans envie, pas d'affirmation de soi sans la tyrannie du moi par le surmoi.

LES MAINS

La communication

Nul ne peut communiquer ses émotions sans le concours de ses mains. Et sans émotion, la communication est insignifiante.

LES MAJEURS

Estime de soi et confiance en soi

La force musculaire des majeurs équivaut à la force psychoénergétique de ces deux caractéristiques essentielles à la réussite d'une vie.

LES ONGLES

La discipline, l'ordre et la méthode

La méthode accouche de l'ordre qui féconde à son tour la discipline.

LES PAUMES

La tendresse et la compassion

Les Hommes ont appris la tendresse et la compassion bien avant de devenir humains.

LES POIGNETS

L'impulsivité ou l'indécision

L'impulsif baigne dans l'insécurité, l'indécis se savonne avec le doute.

LES POUCES

Imagination et motivation

Incapable d'imaginer les implications de mon projet, comment puis-je être motivé par sa réalisation ?

LA PULPE DES DOIGTS

L'intelligence des émotions

La sensibilité est la première dimension de l'intelligence humaine, un constat longtemps oblitéré par l'intégrisme scientifique.

LES ANNULAIRES

Passion et détermination

Le doigt de la détermination

Ce n'est pas quand on veut qu'on peut, mais c'est plutôt quand on peut qu'on veut.

Dans mon précédent opus consacré à la réussite[1], j'écrivais : « Pourquoi ont-ils réussi et pas vous ? » Parce qu'ils ont du génie, du talent, de la chance, des copains bien placés ? Parce qu'ils croient en Dieu (le leur, pas le vôtre) ? Parce qu'ils fricotent avec le diable ? Parce qu'ils ont

1. *Les Gestes du succès, les mots de la réussite*, First Éditions.

consulté un marabout à Barbès ou une voyante à Neuilly, suivi les conseils mal éclairés d'un gourou de la Bourse ? Parce qu'elles sont bien faites, parce qu'ils sont beaux comme des camions ? Parce qu'ils ont montré leur fierté postérieure comme Michael Youn à la télé ?

On pourrait continuer comme ça jusqu'à la fin du chapitre. Ils ou elles ont réussi parce qu'ils étaient déterminés à y arriver contre l'avis de leurs parents et les mauvais présages de la tante à héritage. Ils ont réussi parce qu'ils ont aboli le conditionnel au profit du présent de l'indicatif. Ils ont réussi parce que leur territoire individuel était étanche et idéalement protégé contre la pollution verbale de leurs proches.

Ils ont réussi parce qu'ils étaient déterminés à y parvenir morts ou vifs. Ils ne se sont pas contentés de répéter « quand on veut, on peut » comme des mamys *bon courage,* ils ont mis en pratique l'adage qui conseille de ne jamais mesurer la distance avant de l'avoir franchie.

Tout ça pour en arriver aux sites anatomiques qui occupent cette première section : les annulaires.

L'annulaire droit est un indicateur précieux de l'état général des schémas volontaires, un terme générique qui comprend la détermination, la ténacité, la persévérance et autres prédispositions apparentées.

Chez un individu velléitaire, l'ossature de ce doigt est souvent beaucoup plus fragile que celle de l'annulaire correspondant de la main gauche.

Le doigt de la passion

La passion est un coup de foudre,
la maîtrise une histoire d'amour.

L'annulaire gauche est le doigt de la passion, des émotions et de l'implication affective, il est aussi celui où l'on glisse l'anneau du mariage par convention. Implication affective ne signifie pas uniquement sentiment. Rappelez-vous que l'annulaire gauche est le doigt des émotions au sens large, l'un des dignes représentants du cerveau limbique à l'extérieur du corps humain.

Le *flow* est un état de concentration et de maîtrise d'une activité qui vous passionne, vous absorbe au point de vous faire oublier le temps qui passe. On le retrouve chez l'athlète de haut niveau ou chez les enfants en train de jouer. La théorie du *flow* (flux en français) a été exposée par un professeur de l'Université de Chicago dont le nom est un cauchemar de 15 lettres (une définition pour les cruciverbistes passionnés) : Csikszentmihaly, Mihaly. Le fait de s'investir en état de *flow* dans une activité captivante est en soi une nourriture et une satisfaction profonde. Je rapporte le raisonnement de Christophe André[1] : « Car pour parler de *flow*, ce bonheur de l'action, deux facteurs doivent être réunis : une activité riche, absorbante, gratifiante, et un degré élevé de maîtrise de cette activité. L'absence de l'un des deux modifie nettement le tableau : une activité nécessitant des exigences élevées mais sur laquelle on n'a qu'une maîtrise limitée va engendrer davantage de stress que de plaisir (par exemple, un sport cérébral comme les mots croisés pratiqué par un débutant). Une maîtrise élevée dans une activité trop facile suscite l'ennui (comme chez les élèves surdoués). Peu de maîtrise dans une activité peu stimulante (une activité déplaisante ou un job démotivant) va vite entraîner apathie et passivité, ainsi qu'un désinvestissement complet. »

Sans passion additionnelle ou sans le sentiment d'exercer sa vocation, le *flow* n'est qu'une vue de l'esprit. Quand je m'assois devant mon ordinateur pour écrire un courrier ou un texte qui ne me motive guère, mes doigts décélèrent et commettent un maximum d'erreurs de frappe. En revanche, quand je travaille sur mon manuscrit en cours, la célérité de la frappe est fonction de l'intérêt que je porte à ce que j'écris ou de la passion qui m'anime. La passion est un accélérateur de sensations et de sentiments, elle favorise la

1. *Vivre heureux*, éditions Odile Jacob.

concentration des énergies et leur convergence dans une seule et même direction. Mais « passion » ne sous-entend pas automatiquement « maîtrise ». La passion est un coup de foudre, la maîtrise une histoire d'amour. Pour acquérir un style qui plaît, il faut non seulement avoir du talent, de la passion mais aussi compter quelques bonnes années de traversée du désert avant d'atteindre un certain degré de maîtrise de la chose écrite. Tous les écrivains ne sont pas des surdoués comme Amélie Nothomb !

Quelques détails psychoanatomiques

L'exostome, un osselet qui relie la première et la deuxième phalange de l'annulaire, se brise facilement quand on se retrouve en situation d'instabilité, de fragilité amoureuse ou affective au sens large du terme.

Sur le plan des doigts bagués, je vous cite les trois combinaisons les plus fréquentes dans lesquelles les annulaires gauche ou droit interviennent : le **couple bagué dit de Cendrillon** (annulaire et majeur gauches) qui trahit la peur de déplaire : **le couple possessif** (annulaire et index gauches) qui dévoile un individu fusionnel, parfois très jaloux de ses prérogatives ou de ses pouvoirs mais aussi très fidèle et dévoué à ceux qui lui font confiance : **le couple romantique** (annulaires gauche et droit) qui signale un sujet psychotonique, sincère, bénévole et doué d'une facilité d'adaptation socio-affective insoupçonnée.

Avis aux DRH !

Les bijoux sont des poteaux indicateurs tellement visibles qu'ils en deviennent parfaitement invisibles à l'œil nu.

Ces dernières informations devraient éveiller la curiosité des recruteurs souvent aveugles, par définition, à des détails aussi négligeables mais bien visibles. Ils accordent trop d'importance aux batteries de tests psy, au poids du CV sans imaginer un seul instant que l'avenir du candidat idéal au sein de l'entreprise est inscrit dans le couple de bagues qu'il étale sous leurs yeux. Je peux bien évidemment prouver ce que j'avance, vu le nombre d'observations que j'ai effectuées depuis plus de deux décennies sur ce sujet. Je me suis déjà soumis à des expériences en double aveugle qui ont été largement concluantes. La procédure dite « de double aveugle » implique que je ne rencontre pas les candidats au recrutement mais que le recruteur me transmette une liste de candidats identifiés par un numéro d'ordre et un descriptif de bagues qu'ils ou elles portent. Je précise que les « elles » sont plus nombreuses que les « ils ». Contacté par la DRH d'une société internationale, j'ai confirmé la motivation effective ou lacunaire de certaines candidates face à une proposition d'engagement. L'une d'entre elles correspondait idéalement au profil recherché et la DRH souhaitait lui faire signer un contrat dans les meilleurs délais. « À mon avis, elle ne viendra pas signer son contrat, c'est une abandonnique. » J'ai laissé cet avis sur la boîte vocale de ma cliente la veille du rendez-vous d'embauche. La candidate portait un couple de bagues relativement rare : pouce gauche (siège du plaisir et du rêve) et majeur droit (siège de l'organisation mentale mais aussi de la confiance ou de la méfiance en soi). J'ai pris le risque de me tromper, évidemment. La candidate a décliné l'offre de la DRH. Elle a annulé son rendez-vous le matin même. Ma cliente qui considérait la gestuelle comme un savoir ésotérique a radicalement changé d'avis. Nous avons travaillé avec succès durant plus d'un semestre jusqu'à ce que le directeur du département marketing de la société obtienne le licenciement du sorcier (moi !). Il voulait faire engager sa maîtresse dans la boîte. Mon avis était défavorable mais j'ignorais les tendres liens qui l'unissaient à la candidate en question.

Si j'avais su, j'aurais fait comme tout le monde pour ne pas perdre cette consultance très juteuse : je lui aurais donné ma bénédiction *urbi et orbi*.

Pour mémoire, l'annulaire gauche est le doigt des passions et l'annulaire droit, celui de la détermination.

LES AURICULAIRES

De la mémoire à l'ambition

Autour du grand banquet siège une foule avide !
Mais bien des conviés laissent leur place vide,
Et se lèvent avant la fin.
Victor Hugo, *Les Orientales*

Pauline s'est cassé l'auriculaire gauche à plusieurs reprises. Pauline a dix ans. C'est une enfant adoptée à l'âge de cinq ans dont le passé est resté trouble. Elle est d'origine roumaine. Et si ces accidents répétitifs étaient une manière inconsciente de cathartiser un passé traumatique occulté par la mémoire ? Un défoulement qui s'opère par le biais du corps sans intervention de la volonté ?

La cathartisation est une forme de résiliation du contrat passé avec autrefois-j'ai-souffert-mille-morts. Le nouveau vocable à la mode est « résilience » pour la capacité à surmonter ses traumatismes par l'expression d'un talent, le cas échéant. Le chanteur Corneille, d'origine rwandaise, est un exemple de cette résilience. Toute sa famille a été massacrée sous ses yeux par les rebelles hutus. Lui seul en a réchappé. Recueilli au Canada, il s'est reconstruit psychologiquement et s'est lancé dans la chanson avec un bonheur évident.

La gym des auriculaires

L'auriculaire est un doigt autonome au même titre que le pouce ou l'index. Un doigt autonome est un doigt que l'on peut faire bouger indépendamment des autres doigts. Le passé et l'avenir représentés par les deux auriculaires sont les deux extrémités d'une même chaîne d'évènements mais ils sont coupés par le présent, un présent qu'il est indispensable de maîtriser si vous rêvez d'un avenir qui ne ressemble pas à votre passé. Passé et futur deviennent donc autonomes, s'ils sont séparés par un présent re-créatif, sinon ils restent indissolublement liés et le second devient la conséquence inéluctable du premier.

Curieusement, plus vos auriculaires sont libres du mouvement des autres doigts, plus votre destin est écrit au brouillon. Plus ils sont solidaires de ces mouvements, plus votre avenir ressemblera à votre passé. Si vous faites faire des flexions à vos auriculaires, vous constaterez très vite que l'un d'entre eux est plus souple que l'autre. S'il s'agit de votre auriculaire gauche, vous êtes dégagé du passé mais votre vision de l'avenir est floue ou anxiogène ; si votre auriculaire droit est plus souple, vous avez une bonne visibilité sur votre avenir mais il reste quelques écueils à nettoyer dans votre passé. Si vos deux auriculaires sont également souples, tout est pour le mieux dans le meilleur des mondes. Cette souplesse musculaire peut évidemment varier en fonction des époques ou des circonstances mais elle traduit toujours l'état des lieux de votre climat mental face à l'écoulement du temps, au poids du passé et à l'appréhension par rapport à l'avenir.

Le doigt de la mémoire

On peut toujours parler de soi
à condition de ne jamais dire « je ».
Boris CYRULNIK

Nous sommes tous liés au passé, individu ou collectivité.
Le passé transparaît dans la structure même de nos os,
l'implantation de nos cheveux et la coloration de notre
peau. De même, dans notre façon de marcher,
de nous tenir debout, de manger,
de nous habiller et de penser.
Michael CRICHTON, *Extrême urgence*

Le grand retour des biographies et autres sagas familiales : signe des temps annonciateur d'une récession des esprits et d'un besoin de se retourner sur la réussite du voisin en revisitant les succès d'autrui. Quand la créativité fait peur, on déterre la nostalgie à tout va. Le retour des biographies, c'est aussi un signe avant-coureur du vieillissement d'une population coupable d'avoir beaucoup copulé sans se reproduire.

Les biographies, c'est comme les albums de photos de famille ou les films en super 8, on les regarde quand on est vieux et quand le passé devient tellement lourd qu'on ne peut plus faire sauter le futur sur ses genoux.

Épilogue d'un siècle d'évolution technologique exponentielle, d'évolution trop lente des mentalités, un siècle de conflits dévastateurs et les biographies fleurissent quand l'horizon se bouche. Mais quel est le rapport entre la vogue des biographies et l'auriculaire gauche ?

L'histoire de l'auriculaire gauche n'est pas celle de l'auriculaire droit. Le premier a commencé à cultiver ses souvenirs bien avant que l'auriculaire de la main droite ne s'investisse dans son avenir. Logique, me direz-vous, dans la mesure où le passé débute toujours avant l'avenir. Mais pourquoi l'auriculaire est-il le doigt qui symbolise le passé et non l'annulaire ou le majeur ? Parce que le passé est le début de l'histoire et l'auriculaire le doigt le plus éloigné du présent qui se situe entre les deux pouces, entre les gardiens du désir et du plaisir. L'auriculaire gauche est aussi le doigt de l'enfance, le petit doigt maladroit de la main gauche du droitier.

Un doigt privilégié par les aristocrates qui s'en servent pour y loger leurs armoiries sous forme de chevalière. Les racines familiales y ont trouvé naturellement refuge. Une bague à l'auriculaire gauche trahit un personnage nostalgique d'un passé révolu, un sujet régressif tiraillé par ses souvenirs d'enfance ou par la nostalgie d'un Eldorado perdu à jamais. Le manque de maturité d'une femme qui affiche un bijou de fantaisie à ce doigt se décèle facilement dans ses comportements.

Autre particularité, si vous repérez un sujet qui porte une bague à chaque auriculaire, faites attention à ce que vous lui dites, vous êtes en présence d'un extrémiste doué d'un niveau d'intolérance plus vrai que nature. Surtout s'il n'en a pas du tout l'air à première vue.

Le doigt de l'ambition

Sans l'apport d'une foi inextinguible,
l'ambition n'est qu'un discret pet de nonne.

« Ambitieux, moi ? Pas du tout ! Je me contente de vivre et de me consacrer à ma famille » Tel est le credo de John ! Il a reporté ses ambitions sur ses fils dont il suit les études avec une conscience paternelle digne d'un coach sportif. Il n'est pas ambitieux pour lui, bien sûr, mais pour son sang. Il a reporté ses études avortées et ses rêves de gloire sur ses deux fils. Il porte une chevalière à l'auriculaire droit.

Roch Voisine, invité sur un plateau télé, refuse l'étiquette de l'ambition, il préfère parler de challenging, de rage au ventre. Ancien sportif de haut niveau, il sait (sans le savoir) que l'ambition est un goutte-à-goutte d'adrénaline, quel que soit le nom qu'on lui donne. L'ambition est l'un des sentiments dont on parle le moins volontiers dans la culture francophone. Et pourtant, nous sommes tous ambitieux en paroles mais le passage à l'acte représente un pourcentage relativement médiocre en comparaison de celui des déclarations d'intention. « Je suis ambitieux, moi, madame ! » est une formulation mal perçue en France. On dirait que le locuteur montre ses fesses. Un exhibitionniste ! C'est qu'il en faut de la persévérance, du courage ou de la ténacité pour transformer le rêve de réussite que beaucoup confondent naïvement avec l'ambition pure et dure. Car la foi doit être le moteur de l'ambition pour que cette dernière aboutisse. Ce qui est loin d'être le cas pour la majorité des graines d'ambitieux, très motivés à l'emporter vite fait mal fait mais pas aussi ambitieux à long terme qu'ils se l'imaginent.

La frontière entre la motivation et l'ambition est assez floue. Pour les départager, il suffit de se souvenir que la motivation est un sentiment dynamique qui s'investit à court terme tandis que l'ambition exige du souffle et une ténacité à l'épreuve des balles.

L'auriculaire droit est le doigt de la vanité, de la curiosité, de l'ambition. Mais c'est aussi le doigt de l'avenir, de la projection sur son environnement, des rêves et des projets qui parfois se réalisent. Orné d'une bague, il révèle un personnage plus ambitieux que la moyenne des gens et parfois aussi plus vaniteux, voire prétentieux et indiscret.

Quand il lève sa tasse, son auriculaire droit joue les accroche-cœur. Il resserre ses lèvres en cul-de-poule et déguste son thé avec délectation tout en me fixant par-dessus le rebord de la tasse. Son élitisme est transparent, je ne passerai pas l'examen d'entrée. Mon individualisme dérange son tempérament tribal. Je ne me fondrai pas dans le moule des psy qui adhèrent à sa définition du profil. Je suis un psy philosophe, pas un clone qui applaudit sur commande pour faire partie de la bande. Si j'avais accepté de me fondre dans le moule imposé, je serais sans doute plus célèbre aujourd'hui que je ne le suis. Je lui devrais mon succès en tant qu'écrivain. Je n'ai pas joué le jeu. Ai-je eu tort ? Je ne le crois pas. Ma liberté de penser est un fonds de commerce que je ne suis pas prêt à sacrifier au prix d'une gloire factice. Et puis, je n'aime pas les intégristes qui se prennent pour des gourous. On en trouve dans toutes les Églises socioprofessionnelles. Ils font et défont les carrières, comme ces dictateurs de républiques bananières. Le seul tyran auquel j'accepte d'obéir s'appelle le talent et le seul critique qui trouve grâce à mes yeux, c'est vous qui me lisez.

Quant à mon auriculaire droit, il se porte bien car mes ambitions ne dépendent de rien d'autre que du succès de mes livres et non d'un lobby d'amis de trente ans, d'un patronyme prestigieux ou d'une réputation surfaite.

Alors ? Quel est votre auriculaire le plus souple ? Le test de l'auriculaire est tellement simple à réaliser qu'on serait en droit de douter de ses résultats. Il est vrai que la simplicité ne bénéficie pas de la présomption d'efficacité dans notre beau pays. Plus c'est compliqué, plus c'est sérieux, n'est-ce pas ?

Les Américains pensent le contraire. Mais il est vrai qu'ils sont tellement naïfs qu'on leur pardonne. Ce qui nous énerve chez eux, ce n'est pas leur côté gaffeur dont nous nous moquons bien volontiers, mais cette tendance à toujours réussir dans leurs entreprises. L'auriculaire le plus souple d'une majorité d'Américains est le droit, sans contestation possible. On parie ?

LES AVANT-BRAS
Résistance à la frustration ou superstition

Il est bon d'être superstitieux
pour être certain de ne pas mourir par hasard.

Être privé d'une satisfaction légitime ou non, ressentir l'absence d'un objet désiré, rencontrer un obstacle insurmontable dans la réalisation d'un projet, chacune de ces situations génère un sentiment de frustration auquel nous avons tous goûté un jour. Le niveau de résistance à la frustration est une qualité qui s'acquiert avec l'éducation ou en fonction du milieu social dans lequel on grandit. On pourrait supposer que les enfants de milieux aisés ont généralement un degré de résistance plus faible à la frustration que des enfants issus des classes défavorisées. Ce qui serait somme toute logique. Pas toujours vrai !

La frustration peut être un principe éducatif destiné à éveiller la combativité de l'enfant. Il faut en user avec discernement car ce mode d'éducation peut aussi éveiller son hostilité ou son agressivité envers la société. Tous les enfants ne sont pas des Oliver Twist. La résistance à la frustration est fluctuante et fonction du vécu individuel.

Si vous travaillez dans un secteur d'activité pour des raisons alimentaires, votre degré de résistance à la frustration sera moins élevé que si vous avez décidé de vivre de votre vocation ou de votre passion. Le degré de résistance à la frustration d'un artiste est cent, mille fois supérieur à celui d'un employé de banque. En revanche, quand l'artiste est consacré et que tout commence à lui sourire, il perd très vite cette faculté de résistance qui lui fera cruellement défaut en cas de passage à vide. Certaines stars compensent par l'alcoolisme mondain ou l'addiction aux drogues pour évacuer l'angoisse du lendemain. Certains sombrent dans l'oubli après s'être noyés dans l'alcool. Les échecs répétitifs génèrent une plus forte résistance. Paradoxe ! C'est celui à qui tout réussit qui a la plus faible résistance à la frustration. Il faut toujours un zeste d'échec pour que la réussite ait meilleur goût.

Le siège de la résistance à la frustration

La frustration est le carburant de la combativité.

Siège symbolique des moyens défensifs naturels, de la méfiance et de la prévention, **l'avant-bras gauche du droitier** est son bouclier. C'est en effet celui qui protège instinctivement le visage ou le crâne en cas d'agression physique. Pourquoi le gauche et non le droit ? Sans doute parce que le bras gauche dépend du cerveau droit, donc par voie d'extension de l'image maternelle (symbole de sécurité absolue). L'avant-bras gauche est le siège de la résistance à la frustration. Les politiciens qui s'expriment à la tribune posent souvent leur avant-bras gauche sur le lutrin pour se confier à leurs militants. Leur corps penche à gauche, côté cœur. Ils sont parfaitement inconscients de l'efficacité balistique de cette attitude et pourtant, tous les grands tribuns la reproduisent au moment *ad hoc*, comme s'ils s'étaient donné le mot. Paradoxalement, cette posture alimente leur combativité. L'avant-bras gauche est le siège de la résistance à la frustration et, en ce qui concerne la frustration, les politiciens sont des chefs scouts aux mollets d'acier.

Le siège de la superstition

Les superstitieux conjuguent leur avenir
à l'imparfait de l'indicatif.

Et comme le signale fort judicieusement Boris Cyrulnik, les individus superstitieux ont un sentiment de contrôle faible sur leur existence et le cours de leur vie.

Les avant-bras, la partie comprise entre le poignet et le coude, jouent un rôle important dans les positions assises nécessitant un appui naturel sur les cuisses ou sur un support externe en remplacement du coude. **L'avant-bras droit** est l'un des sièges symboliques de la suggestibilité et de la superstition.

Une expérience réalisée dans une université américaine a permis de constater que celui qui se protège instinctivement de son bras moteur en cas d'agression physique est un individu qui refuse le combat, donc un sujet passif ou soumis, plus attiré par les aspects magiques de son vécu que par la réalité qu'il est obligé de supporter. Le test est facile à réaliser. Il consiste à prévenir un sujet qu'on va faire semblant de le frapper au visage et qu'il doit se protéger avec son bras (ne pas préciser quel bras !). S'il lève instinctivement le bras droit (moteur) pour protéger son visage, vous saurez immédiatement que vous avez affaire à un sujet sous influence et dont le degré de soumission devrait vous apparaître rapidement. S'il lève le bras gauche (non moteur) pour assurer la protection de son visage, vous faites face à un battant qui risque de vous renvoyer dans vos filets, le cas échéant. Il sera plus combatif et difficile à influencer. Les enfants qui protègent leur tête des deux avant-bras peuvent être assimilés aux avant-bras droits influençables. Si vous êtes instituteur et que vous souhaitez répéter cette expérience en classe, je vous avertis que l'enfant assis à droite du banc lèvera plus facilement le bras droit pour se protéger.

C'est une question de configuration topographique. L'enfant testé doit être face à son « agresseur », sans entrave de séparation, pour que le test soit valide. N'oubliez jamais de prendre en compte la latéralité du sujet. Pour les gauchers, il faut inverser les données.

L'ancrage des avant-bras

Ils viennent se faire exploser la tête,
comme des kamikazes cathodiques.

L'ancrage signale un refus de s'engager. La partie gauche du corps commandant aux émotions, la main droite retient ou protège symboliquement l'avant-bras gauche. Une reproduction abusive de cette attitude désigne un individu qui vit sous un régime de frustration. C'est aussi un geste dit « pare-chocs ».

J'ai souvent observé cette séquence gestuelle chez des individus qui s'exposent sur des plateaux de télé (*Ça se discute !, Vie privée, vie publique, C'est mon choix !*). Ils viennent y exhiber leurs frustrations face aux caméras en espérant que cette démarche les soulagera. Est-ce le cas ? Je ne le crois pas. Je pense au contraire que cette initiative ne fait que renforcer la frustration fondamentale dont ils souffrent, une attitude que j'évoque dans mes autres livres. « [...] l'autoaccusation en public est une flagellation qui rejoint le tableau clinique de la dépression mélancolique délirante avec des idées de culpabilité et le besoin d'expiation ou de damnation qui en découlent. Ils viennent rechercher la commisération du public, se frapper la poitrine en s'accusant de tous les maux ou en se défendant d'en être à l'origine. Le concept télévisuel n'est qu'une déclinaison outrancière des stages de groupe en psychothérapie. Les invités en plateau viennent se faire exploser la tête, comme des kamikazes cathodiques. »

La mode des psychothérapies à grand spectacle n'en est qu'à ses balbutiements. Plus une société fonctionne selon des critères hypocrites – ne pas se sentir concerné par le problème du voisin, nier les zones de non-droit, rejeter les accusations sur des circonstances imprévisibles, ne pas être en mesure de prévenir les évènements, confondre les casseurs avec des Robin des bois –, plus la télévision imposera ce genre d'émissions, avec tous les dérapages possibles que cela entraîne, évidemment.

Si la main gauche agrippe l'avant-bras droit, la main de l'espace entre en contact avec le siège symbolique de la superstition, l'avant-bras droit. Le cerveau affectif est perturbé et il empêche, paradoxe, l'autre hémisphère d'analyser la situation. D'où une baisse de régime sur le plan intellectuel qui explique pourquoi votre interlocuteur prêtera foi à toutes les superstitions ou tous les préjugés, devenant du même coup hautement influençable ou suggestible. **Cet ancrage diminue son degré de résistance à la frustration**.

Si la main droite agrippe l'avant-bras gauche, la main du temps bloque le siège de la résistance à la frustration, le cerveau cognitif est dérouté par un raz de marée émotif qu'il tente de contenir symboliquement en reproduisant cet ancrage. L'hyperémotivité du sujet devrait se voir à l'œil nu. **Cet ancrage gestuel diminue pareillement son degré de résistance à la frustration**.

Le double ancrage des avant-bras est une variante courante lui aussi. Il est un refuge symbolique, la marque d'un individu nostalgique qui donne parfois l'impression de s'être trompé d'époque. Le présent l'insécurise, il se réfugie dans le passé. Quand il reproduit ce double ancrage, vous pourrez constater à quel point il entraîne une impression physique de sécurisation. Comme le croisement des bras quand il fait froid dehors. La résistance à la frustration est maximale chez un individu qui reproduit régulièrement le double ancrage des avant-bras.

Les dérapages de la frustration

Il y a connivence entre la superstition et la publicité : ce que l'une croit l'autre le vend.

3 600 000 individus vivant sous le seuil de pauvreté et le surendettement de plus de 750 000 ménages dans l'Hexagone sont un symptôme social majeur qui trahit un faible degré de résistance à la frustration. Plus l'accès au crédit est facilité par les grandes enseignes et autres organismes financiers, plus la résistance à la frustration

s'affaiblit. Or, une population incapable de résister à la frustration est une population qui n'a plus le sens des valeurs citoyennes telles que le respect des règles démocratiques, la compassion, le besoin de partager ou de prendre en charge les problèmes communautaires.

Nous avons tendance à nous laisser berner par la mode du *charity business*, quelques gouttes de compassion dans un tonneau des Danaïdes. La présence des stars et autres jetseters sur les plateaux du *charity busyness* est un merveilleux outil de promotion « image ». L'audimat fait le plein et ces évènements « charitables » sont très rentables pour les chaînes de télé et les producteurs qui y sont associés.

« Chacun pour soi et Dieu pour tous » est un leitmotiv récurrent. Le mode langagier des surendettés et des frustrés en atteste, ils conjuguent leurs désirs au passé en faisant référence au futur : « Je voulais me procurer ce modèle de voiture », ou : « Je souhaitais annuler mon rendez-vous pour jeudi prochain », « Je voulais mourir », avoue le suicidaire qui vient de se rater une fois encore. Et les individus qui expriment leurs désirs futurs à l'imparfait de l'indicatif poussent comme des champignons en ce début de XXIe siècle de tous les dangers… *L'imparfait est le mode de l'échec, surtout quand il se rapporte à un futur immédiat.* Ceux qui conjuguent leur futur à l'imparfait n'ont ni présent ni avenir.

Au clair de la lune,
Mon ami Pierrot.
Prête-moi ta plume,
Pour écrire un mot.
Je n'ai plus un sou,
Pour faire cuire le rôti.

LES BICEPS
Instinct de survie et dynamisme

Plus les valises de la vie sont lourdes à porter,
plus les biceps s'atrophient

Symboles de la force mâle, les biceps participent principalement au langage gestuel en tant que figurants de l'attitude des bras croisés.

Le double ancrage des biceps (les mains chevauchent les biceps dans la posture des bras croisés) est paradoxalement un appel au secours ou une demande larvée de protection. Cette position des mains traduit aussi un sentiment d'insécurité. On peut croiser les bras sans éprouver le besoin de se pincer les biceps. Les femmes enceintes reproduisent couramment ce double ancrage, les hommes enrobés aussi. Quel est le rapport ? Est-ce parce qu'ils sont plus sensibles à l'insécurité ? Je ne saurais le dire. C'est un constat que je laisse ouvert à la spéculation. Car en dehors de ce cas de figure un peu particulier, l'ancrage des biceps n'est pas un signal gestuel réjouissant.

L'instinct de sous-vie

Les faillis de la compétence, les orphelins du talent, ceux qui meurent sur la pointe des pieds, sans se faire remarquer.

La main droite est accrochée au biceps du bras gauche qui pend le long du corps, donc hors du croisement des bras. L'ancrage du biceps gauche de la main droite est un aveu quand il est reproduit avec constance : « Je suis un perdant » est le sens symbolique de ce geste. Le bras gauche sert à se défendre dans l'hypothèse d'un combat au corps à corps. L'immobilisation de cette défense cruciale et identifiée comme telle dans notre patrimoine héréditaire est un véritable sabordage de mécanismes de survie.

Il existe un instinct de sous-vie auquel nul n'a jamais fait référence. C'est l'instinct des individus assistés qui réclament aide et assistance, les faillis de la compétence, les orphelins du talent. Ceux qui meurent sur la pointe des pieds, sans se faire remarquer. Leur nombre s'accroît sans cesse dans notre société si privilégiée. Pour reprendre les chiffres déjà cités, plus de 3 600 000 Français qui vivent sous le seuil de pauvreté, 750 000 familles surendettées et des banquiers qui se massent le ventre. L'instinct de sous-vie est en passe de remplacer l'instinct de survie. Où ça ? En Europe, bien sûr, et surtout en France. Vous croyez survivre avec une allocation du RMI, en fait, vous « sous-vivez », votre santé se détériore et coûte une petite fortune à la Sécu. Alors que si on vous forçait à survivre, vous trouveriez sans aucun doute le moyen de vous en sortir. Mais c'est tellement plus facile de sous-vivre aux frais de la communauté.

Le biceps gauche est l'un des sièges symboliques de l'instinct de survie. Si vous voulez lui remonter les bretelles, arrangez-vous pour que votre bras gauche prenne le plus d'exercice possible. Toute action qui ne nécessite pas d'habileté ou de dextérité particulière doit être déléguée au bras gauche d'autorité.

Le dynamisme

Le dynamisme effraie les bonnes vieilles habitudes

Symbole de la force physique chez l'homme, le biceps du bras moteur est aussi le siège logique du dynamisme. Comme vous l'avez sans doute remarqué, le dynamisme est une qualité requise quasi incontournable dans toutes les annonces de recrutement de personnel. Un vendeur qui ne serait pas dynamique est une ineptie.

En théorie seulement, rassurez-vous ! Le dynamisme est considéré comme l'aphrodisiaque de la rentabilité. Hélas, si vous êtes **trop** dynamique, vous serez viré avant la fin de votre période d'essai. La communauté professionnelle qui vous accueille fonctionne selon un rythme particulier et ne supportera pas vos pointes de vitesse ou vos excès de zèle. Être dynamique, c'est parfait en famille, en vacances au club Med ou entre potes de trente ans, c'est une erreur fondamentale au boulot. Mais alors, pourquoi demande-t-on aux candidats à l'embauche ce sacro-saint dynamisme ?

De la même manière qu'on leur demanderait d'être créatifs. S'ils le sont, ils signent automatiquement leur arrêt de mort. Rejet du groupe installé dans ses rythmes, ses routines et ses traditions. On ne change pas une équipe qui perd. Dans le milieu professionnel, le dynamisme ou la créativité sont des placebos, pas des électrochocs. Les usines qui ferment, les entreprises qui déposent leur bilan sont toutes victimes d'une carence en dynamisme et en créativité (et pas uniquement victimes des délocalisations) ; leurs carnets de commande sont vides comme le fond de mes poches. Les grèves et autres contestations ont eu raison de l'audace créative de la direction. Comme le disait si bien Jacques Chirac au président Bush lors des commémorations du 60e anniversaire du débarquement des Alliés en Normandie, « *il faut redonner aux Irakiens le sentiment de la liberté retrouvée* ». Juste une impression, par une réalité !

Curieusement, la France est sans doute le seul pays où le dynamisme et la créativité sont pénalisées professionnellement à tous les niveaux de responsabilité. Le dynamisme effraie les bonnes vieilles habitudes (cf. Nicolas Sarkozy[1]). La nostalgie fait front face à la créativité sauvage. Les seules

1. D'abord ministre de l'Intérieur dans le gouvernement Raffarin 1, on l'a placé à la tête de Bercy pour calmer les esprits des fonction-

valeurs sont celles qui nous viennent d'un passé revisité par la censure des beaux esprits. Si vous êtes dynamique et/ou créatif de surcroît, vous avez toutes les chances de vous retrouver au chômage pour vous calmer les nerfs. « Le mieux est l'ennemi du bien », vous connaissez l'adage de la médiocrité.

La France est une nation qui conjugue ses progrès au « *moins-que-parfait* », un temps qui devrait exister pour conjuguer le bonheur à la française. Et ça, c'est top !

LES BRAS
La liberté de penser ou la liberté d'agir

Quiconque veut retrouver la liberté d'être doit retrouver le fil que son existence a débauché.

Jean-Christophe est prêtre. Une quarantaine d'années et un corps bien bâti. Son visage est envahi d'une barbe broussailleuse mal entretenue. Il est venu s'inscrire à un stage collectif d'autohypnose. Il n'est pas très bavard, les autres participants l'évitent poliment. Le regard qu'il pose sur eux est teinté d'une méfiance amusée, comme s'il trouvait sa présence incongrue au milieu de ce groupe d'extraterrestres. Je débute le stage par la lecture d'un texte dont le but est de focaliser les stagiaires sur chacune des parties de leur corps…

1994 ! Jean-Christophe a perdu son bras droit en Afrique. Il était missionnaire. Quand le voyage mental atteint ce bras-là, il se met à gémir tout doucement. Je lui demande d'exprimer ce qu'il ressent, il refuse. Je poursuis la lecture de mon texte, lentement, le plus lentement possible. Il conti-

---

naires qui dépendent de l'Intérieur et que son «dynamisme médiatique » commençait à crisper. Il suffisait d'observer la gestuelle de ces fonctionnaires lors des visites de terrain du ministre.

nue à gémir, il souffre d'un bras qui n'existe plus. Douleur fantôme ! Il finit par craquer et se met à pleurer avec des hoquets. Comme un enfant ! Je demande aux autres stagiaires de s'abstraire du problème de Jean-Christophe et de continuer à se concentrer sur leur propre corps. « J'ai mal », se plaint le prêtre, à mi-voix. Je lui réponds que je sais ce qu'il éprouve et je lui explique qu'il est en train de faire le deuil de son membre arraché. Faire le deuil d'une amputation, c'est évacuer les douleurs résiduelles et la souffrance psychologique d'une perte essentielle.

Une idée me vient soudain, je la formule instinctivement : « Je préfère perdre mon bras droit que perdre ma foi. » J'ai suggéré cette phrase à voix basse. Jean-Christophe l'a parfaitement entendue. Il explose. Les larmes coulent, les hoquets sont insupportables, les gémissements emplissent la petite salle de travail plongée dans la pénombre. J'ai touché la cible. Comme il me l'avouera plus tard, il a failli perdre sa foi, confronté au génocide des Tutsis pourchassés par les Hutus, leurs ennemis de toujours. Son bras a été tranché net d'un coup de machette alors qu'il parlementait avec des rebelles hutus en tentant de protéger des enfants tutsis réfugiés à la mission. « Sur le moment, je n'ai rien senti. Je voyais mon bras par terre en me demandant ce qu'il faisait là. Et puis, je me suis précipité à l'infirmerie. »

Comment Dieu, dans son infinie miséricorde, pouvait-il permettre ces massacres ? Telle était la question obsessionnelle qu'il se posait, plongé, impuissant, au cœur de la barbarie dont seuls les êtres humains sont capables. Qu'on vienne encore me parler d'humanité ! Puis la foi qui se désagrégeait est revenue plus forte que jamais, exigeant un sacrifice pour la rédemption de ses pensées sacrilèges.

Jean-Christophe est allé inconsciemment au-devant de la machette et il a perdu son bras droit pour sauver sa foi. Les autres stagiaires ont écouté l'interprétation que j'ai proposée.

C'était la volonté exprimée de Jean-Christophe de partager son histoire avec le groupe. Il est revenu suivre le stage d'autohypnose jusqu'à l'issue de celui-ci. Les douleurs fantômes dont il avait souffert au début du stage ne sont jamais réapparues. Il a fait le deuil de son bras sacrifié au bénéfice de sa foi. Cette vision de sa mutilation ne lui était jamais apparue de cette manière.

Mais que vaut un bras en comparaison de la foi en Dieu pour un prêtre ? Le bras de la liberté est le bras gauche, celui de l'action est le bras droit du droitier. Jean-Christophe a choisi inconsciemment de perdre le bras de l'action et de conserver le bras de la liberté de penser ou de croire... en Dieu.

Le bras de la liberté de penser

Il faut agir pour ne pas subir et penser
pour se libérer de ses préjugés.

Le bras gauche est le bras de la liberté de penser ou de croire, le bras gauche exprime le degré d'autonomie d'un individu qui le privilégie dans son expression gestuelle. Paradoxe psychosocial ! Plus un individu est autonome sur le plan de ses activités, plus il est dépendant sur le plan affectif ou amoureux. C'est sans doute ce qui explique pourquoi les individus « tribord » (ceux qui se placent presque toujours à droite de leur conjoint) sont des personnes attentives et sensibles sur le plan affectif et très indépendantes, voire autoritaires sur le plan professionnel.

La plupart des leaders sont des individus tribord. Le président Bush par exemple se place pratiquement toujours à la droite de son épouse.

Le bras de la liberté d'agir

Il faut avoir la liberté d'inventer
(ou de créer) pour inventer la liberté.
Paul Ricœur

Le bras droit est le bras moteur du droitier ou bras de la liberté d'agir. C'est le bras des sujets dominants dans le domaine affectif (individus « bâbord » qui se situent à gauche de leur partenaire) mais pas forcément autonomes dans le domaine professionnel. Excellents seconds mais pas toujours chefs de file. Ils peuvent être autoritaires au sein du milieu familial mais plus consensuels dans l'exercice de leur profession.

La violence a fait l'Humanité

Sans les doigts et les mains, les bras ne serviraient à rien. La création (les doigts) a besoin de la communication (les mains) qui a elle-même besoin de la liberté d'agir ou de penser (les bras). Les bras sont des leviers mobiles, toujours en mouvement. Ils servent de balancier à la marche mais peuvent être immobilisés quand le marcheur est perturbé psychologiquement, comme c'est le cas des enfants de Vukovar que j'évoque plus loin. Ils représentent un moyen symbolique de défense du territoire corporel quand ils reproduisent le croisement des bras.

Dix doigts et deux mains ont donné un sens à la fonction des deux bras. Un peu comme les enfants et les petits-enfants donnent un sens au concept de la famille. Si les doigts n'étaient pas apparus, les mains seraient restées des moignons et les bras ne seraient que les membres antérieurs d'un animal à quatre pattes. Mais les doigts, qui sont l'apanage de tous les primates, n'ont pas suffi à ensemencer l'animal humain. Il aura fallu que le pouce s'oppose aux quatre autres doigts, et pas seulement à l'index comme chez les singes, pour que le cerveau du primate évolue vers la préhension d'une première arme : la massue, afin de se défendre contre les prédateurs qui l'entouraient. La violence a fait l'Homme, en somme.

Les enfants de Vukovar

La liberté a besoin d'une prison pour s'évader.

Les enfants de Vukovar qui ont vécu les atrocités du conflit entre Serbes et Kosovars ont réagi gestuellement au drame qu'ils ont vécu. Les observations éthologiques ont permis de constater qu'ils se déplaçaient notamment sans le balancement typique des bras, le regard figé sans le moindre clignement de paupières. Quand la locomotion est entravée sur le plan mental, les bras restent figés contre le corps. La liberté d'agir et de penser est réprimée. Boris Cyrulnik analyse cette attitude réactionnelle de la manière suivante : « Le déni poussé jusqu'à provoquer une sensation de vide leur permet de ne pas souffrir, mais les empêche de créer une vie psychique. Ils déambulent de manière stéréotypée pour créer quand même un ersatz de vie. Le vide psychique est une défense pour eux. »

Certains individus marchent en collant le bras gauche contre le corps tandis que le droit se balance au rythme de la marche. Cette attitude est visible au sein des groupes religieux sectaires. On peut également l'apercevoir chez des populations soumises à des dictatures d'État ou à un régime policier. En revanche, la démarche qui génère une immobilisation du bras droit se remarque surtout chez les personnes désœuvreées, les SDF et certains chômeurs de longue durée.

Leur liberté d'agir est incarcérée dans l'incapacité d'entreprendre.

L'arrogance est le courage des fanfarons

Vu à la télé ! Le politicien qui écume la France profonde à la recherche de nouveaux électeurs et qui améliore son argumentaire d'un **bras d'honneur** complice ignore que ce geste trivial révèle son manque d'envergure. Le recours à ce geste conventionnel trahit un individu au tempérament envieux, intellectuellement limité et dont la libido est restée bloquée au stade anal... Mais pourquoi ce bras est-il baptisé « d'honneur » ? Il préfigure le pénis en action, comme chacun le sait. La longueur et la grosseur du bras sont en elles-mêmes gratifiantes, si on les compare au pénis humain.

La prochaine fois qu'un conducteur hargneux vous fera un bras d'honneur, imaginez-le avec une petite moustache sous les narines et le bras tendu. Vous vous éviterez un stress inutile en vous croyant obligé(e) de lui répondre. Le bras d'honneur est une forme de « salut », un peu comme le salut nazi d'une autre époque.

Une marque de mépris, en somme. Celui qui en abuse ne vaut guère mieux qu'un avorton.

Un refrain gestuel invariable

Si je croise les bras face à un interlocuteur qui me noie sous une pluie de mots, le croisement trahira la barrière que j'oppose gestuellement à son invasion verbale. Une signification que tout le monde est capable de comprendre. En revanche, la manière dont je croise les bras délivre un message constant qui appartient à mon profil psy, sans rapport aucun avec la situation décrite. Si mon bras droit domine le gauche, je fais partie du clan des offensifs, de ces individus qui ont besoin de s'affirmer et dont la patience n'est pas la première des vertus cardinales. Si mon bras gauche domine le droit, je suis un profil défensif, j'ai besoin de la reconnaissance des autres pour exister à mes propres yeux. Je serai plus généreux de mon temps. Ces croisements sont des réflexes conditionnés invariables dans 99 % des cas. Le fait qu'un geste de ce type soit reproduit par tous les individus sans exception me permet de déduire qu'il est porteur de sens. Je me suis donc attaché à observer mes semblables en fonction de ce critère fondamental : la répétition gestuelle, avant d'accorder une signification à chaque séquence gestuelle que j'ai investiguée. Chaque partie de notre corps est le siège de refrains gestuels récurrents et significatifs, comme je l'ai évoqué dans un ouvrage précédent[1].

En vertu du sens symbolique des bras, **l'offensif** se donne la liberté d'agir dès qu'il en ressent la nécessité tandis que **le défensif** s'accorde le temps de réfléchir avant d'agir.

Le bras de la liberté

S'il vous arrive d'observer le balancement des bras des promeneurs dans un endroit public, vous constaterez très

1. *Les Gestes du succès, les mots de la réussite*, First Éditions.

vite que la majorité des bras sont libres et que les bras collés au corps sont assez rares, ce qui est un signe de bonne santé mentale de la société occidentale. Hélas, ce constat change du tout au tout dans les pays déstabilisés par un état de guerre ou dans les pays pauvres. Il suffit de se balader dans une cité de banlieue pour se rapprocher de l'observation faite sur ces pays, comme si les structures sociétales de ces lieux défavorisés étaient en proie à la psychose collective de l'insécurité totale. Les bras cessent de se balancer quand la liberté d'agir ou de penser est prise en otage par l'ignorance, la misère et la délinquance. L'amplitude de balancement est contrainte, voire nulle, ou alors elle est exagérée, comme chez les militaires à la parade.

En tout état de cause, elle ne se manifeste jamais de manière naturelle. Certains individus sont incapables de marcher dans la rue sans glisser les mains dans les poches pour immobiliser leurs bras. Un prof qui cache systématiquement ses mains dans les poches de son pantalon pour s'adresser à ses élèves trahit le sentiment d'insécurité qui le tenaille. Il est prisonnier de sa peur. La jeune adolescente qui se promène avec ses copines les bras cassés à angle droit et les poignets mous exprime son malaise de femme en devenir. Elle est prisonnière de cette révolution physiologique qui la dépasse. Le mouvement adopté par les bras d'un sujet ou d'une population de référence est une observation essentielle qui vous permet d'estimer le niveau de liberté mentale ou effective de ceux qui vous entourent.

LES COUDES

Achèvement ou échec ?

La foi ou le doute ?

La foi est la seule richesse que l'on partage de bon cœur.

Quand le cerveau est mis à contribution, la tête s'alourdit et les coudes en appui viennent automatiquement la soutenir dans son effort de concentration ou de réflexion. La capacité de jugement, aussi, a besoin des coudes pour prendre tout le recul indispensable à l'analyse. Quand vous lisez un mail sur votre écran, vous posez presque automatiquement l'un de vos coudes en appui sur votre bureau. Si vous êtes gaucher du coude, vous n'aurez techniquement aucun souci pour remonter le texte. Si vous êtes droitier du coude, vous utiliserez obligatoirement l'index de la main gauche pour procéder à cette opération, même si la touche de déplacement du curseur se situe à droite du clavier. Achetez-vous une souris sans fil ! Toutes ces observations sont rudimentaires et sont surtout visibles dans la plupart des films de fiction que chacun peut louer à la vidéothèque du coin de la rue. Car le film est une école gestuelle extraordinaire et les acteurs des professeurs émérites.

Au-delà de son rôle de levier articulaire du bras, le coude est le plus souvent un soutien indirect de la tête noyée dans ses pensées. Les coudes en appui renforcent l'indécision au détriment de l'action et de l'esprit d'initiative dans la mesure où ils représentent plutôt les piliers de la pensée que les moteurs de l'action. Aussi remplie qu'elle puisse être, la tête ne risque pas de se détacher du corps. Mais il faut croire qu'elle pourrait tomber symboliquement, si nous ne faisions pas appel régulièrement à nos mains et à nos coudes pour la soutenir.

Il va de soi qu'il existe un nombre incalculable de variantes, aussi communes que courantes, d'attitudes corporelles sollicitant les coudes en appui comme support[1]. L'homme ne peut s'empêcher de chercher à reposer sa tête pour se protéger de l'instabilité de son climat mental. *A priori*, vous reposerez vos coudes sur un support (table, accoudoirs) pour retrouver une stabilité en situation de stress ; *a posteriori*, cette réaction gestuelle trahit un manque de dynamisme.

---

1. Je vous renvoie à mon ouvrage de base : *Ces Gestes qui vous trahissent*.

La météo des coudes

Un de mes amis s'est retrouvé dans l'obligation de déposer brutalement le bilan de sa société. En revenant du tribunal de commerce, il a ressenti comme une gêne au coude gauche. Une poche d'eau s'était formée spontanément à cet endroit, une affection qu'on nomme « épanchement de synovie ».

La synovie est un liquide qui ressemble au blanc d'œuf et qui se situe dans la membrane tapissant la face interne de la capsule des articulations mobiles (coudes et genoux).

Une douleur au coude est à considérer comme un signal d'alerte rouge. Selon mes observations, **le coude droit est le siège de la force d'inertie**. Une douleur atypique à ce coude révèle un refus ou une incapacité d'évoluer. **Le coude gauche est le siège des mécanismes de pénalisation.** Ce qui me fait dire qu'on ne souffre jamais du coude gauche sans raison.

Une douleur atypique au coude gauche peut aussi être prédictive d'un événement à venir.

Mylène se plaignait d'une douleur sourde au coude gauche. Elle avait consulté son médecin, passé des radios. Négatif ! La douleur demeurait stable mais gênante. Interrogée sur sa situation conjugale, RAS, selon elle. Trois mois environ après le début de ses douleurs au coude, le mari de Mylène lui a annoncé sans ménagement qu'il la quittait pour aller vivre avec sa secrétaire, une jolie blonde qui aurait pu être sa fille. Les douleurs ont disparu du jour au lendemain. L'échec annoncé de son couple était censuré par sa conscience. Elle refusait de voir et surtout de parler de ce qui était sans doute inévitable. J'avais évoqué une possibilité de rupture affective avec elle, quelques semaines auparavant. Elle avait opposé une fin de non-recevoir outrée à ma suggestion. Un scénario désapprouvé !

Le poids d'une pensée

Dans un autre registre, quel est le coude que vous privilégiez pour vous reposer du poids de vos pensées ?

Combien pèse une pensée parasite ? Quel est le poids d'une pensée positive ? La réponse aux deux dernières questions est évidente : une pensée parasite pèse deux coudes en appui car elle a besoin de l'intervention de la morbidité ; la pensée positive est un sentiment roboratif qui se passe de l'aide des coudes en appui. Elle ne pèse rien. Pour ce qui est du coude privilégié, il faut choisir entre l'objectivité ou la subjectivité. Les auditeurs subjectifs (coude gauche) traduisent leur écoute en images, ils sont créatifs. Les auditeurs objectifs (coude droit) analysent le discours de l'autre sans se référer à leur imaginaire. Il n'y a pas de créativité sans subjectivité. Le créatif est un individu qui est capable d'imaginer la réalité d'une diversité de points de vue différents, tous virtuels, et il est apte à les projeter dans le réel. La subjectivité est une forme d'appropriation de la réalité. Le créatif s'approprie un événement et le déplace virtuellement dans un contexte qui lui paraît plus adapté. L'objectivité n'autorise pas ce genre de gymnastique mentale.

Elle est en train de nous exposer son projet. Non seulement elle est brillante, je l'ai toujours trouvée sculpturale, divinement belle. Je craque chaque fois que je la rencontre ou que j'assiste à une réunion du staff. Hélas, je ne suis pas son genre. Trop blet, sans doute ! Je suis né trop tôt ou elle est née trop tard. Alors, je pose mon menton dans ma paume gauche, coude en appui, et je transforme la réalité en fantasme pour mon usage personnel. Elle est nue sur un drap noir, blonde cendrée aux longs cheveux défaits. Le regard sauvage qu'elle m'adresse se passe de commentaires. Je m'approche à plusieurs reprises de ce corps fantasmatique en essayant de ne pas lui sauter dessus à la cosaque pour prolonger mon rêve mais sa voix me rappelle à l'ordre : « Alors, Joseph, vous écoutez ou vous rêvez ? » Moi ? Qui ? Où ? Comment a-t-elle fait pour se rhabiller si vite ? Je suis persuadé qu'elle le fait exprès, elle lit dans mes pensées, je le vois dans ses yeux impitoyables. Elle détourne son regard et replonge à nouveau dans son exposé, le nez tourné vers le flip-chart et je me noie dans ma rêverie, coude gauche en appui.

Sur le plan de l'écoute, l'objectivité ou la subjectivité dépendent évidemment de l'intervention des aires cérébrales. L'aire gauche commande la partie droite du corps et forcément le coude droit. Le coude droit en tant que support indique donc un mode d'écoute objectif. Le support gauche exprime un mode d'écoute subjectif. Le support de la tête par le coude est un refrain gestuel qui peut être alternatif chez certaines personnes ou invariable chez d'autres. Les introvertis ont tendance à utiliser le coude gauche comme pilier de soutien, les extravertis sont abonnés au coude droit[1].

Le coude gauche

Votre coude gauche est le siège de la pénalisation, qui fait suite à l'échec, et de son avers, la capacité d'achèvement. L'un ne va pas sans l'autre. Aucune réalisation vitale ne s'accomplit sans un pourcentage significatif d'échecs ou d'actions contre-productives. Tout succès est le bâtard d'une copulation entre un essai et une déconfiture, tout achèvement est la conclusion d'une longue route truffée d'échecs comme autant de mines antipersonnel. Si vous voulez réussir dans la vie, commencez par échouer sans vous punir de ces échecs et vous connaîtrez le bonheur de la victoire. Si vous voulez échouer, pénalisez-vous, en vous frappant la poitrine, en vous accusant de tous les maux de la Terre ! Ce geste rituel chez les Chiites symbolise un besoin de sacrifice qui n'est qu'une déclinaison de l'échec institutionnalisé, voire sacralisé par le fatalisme de la religion musulmane prise en otage par des manipulateurs incroyants.

---

1. Pour votre gouverne, l'introverti est un individu qui SE communique aux autres ; l'extraverti communique AVEC les autres. Pour plus d'informations, voyez mon précédent opus, *Les Gestes du succès, les mots de la réussite*, First Éditions, 2004.

Le coude droit

Siège de la force d'inertie, il était fatal qu'il fût aussi associé au doute et à sa sœur ennemie, la foi. Une foi blessée peut entraîner un trouble fonctionnel du type « *tennis elbow* » chez un individu qui n'a jamais touché une raquette de tennis de toute sa vie. L'apparition du doute chez une personne habituellement confiante génère parfois une douleur profuse et atypique du coude droit. Comme je l'ai évoqué plus haut, une douleur ressentie au coude droit peut aussi être prédictive d'un évènement déjà inscrit dans les tablettes de l'inconscient individuel mais dont la conscience n'a pas encore pris connaissance. L'articulation du coude se grippe dès que l'inertie s'installe dans les conduites.

LES DOIGTS

La créativité, source de l'intelligence analogique

Dix doigts ont suffi pour créer la société humaine et polluer la planète.

Ils sont comme les dix petits nains d'un corps immense qui ne serait que le golem d'un esprit infertile si les doigts n'existaient pas. Les doigts peuvent tout faire, défaire ou refaire, ce sont des outils extraordinaires auxquels l'animal humain doit d'être un primate un peu plus ingénieux que ses cousins. Si les mains n'étaient pas terminées par des doigts, elles ne seraient que des pattes avant, tout juste bonnes à supporter le poids du corps. Quand on fait l'amalgame entre les mains et la créativité, c'est une injustice que l'on fait aux doigts. Car les mains ont une autre fonction que celle d'accompagner les doigts dans la création, comme vous le découvrirez dans la section qui leur est consacrée.

Les signaux digitaux

Sans les doigts, où en serions-nous, en termes d'évolution ? Par-delà leur signification symbolique primaire que vous retrouverez dans chacune des sections consacrées aux différents doigts de la main, les doigts ont un langage combinatoire sur lequel reposent les bases de la psychoanatomie et qui est incontestablement le plus riche de tout le vocabulaire gestuel exposé dans ce livre. De l'auriculaire au pouce en passant par toutes les combinaisons possibles, les gestes qui impliquent les doigts se déclinent à l'infini ou presque. Un seul exemple pour illustrer le mode d'interprétation psychoanatomique : l'index droit qui fait moustache sur la lèvre supérieure est un geste courant. Que signifie-t-il ? L'index droit est le doigt de l'affirmation de soi et la lèvre supérieure symbolise la colère ou le mensonge (voir chapitre 5). Affirmation de soi + colère = un sentiment qui ne sent pas bon. C'est le geste du supérieur hiérarchique qui rejette le projet de son subalterne, le geste du professeur qui évalue les maigres connaissances de son élève, le geste de mon éditeur quand je lui demande une avance sur mes droits d'auteur. Il évoque l'agacement, la contrariété, l'exaspération, quel que soit le cas de figure. Voilà un bel exemple d'interprétation analogique sur laquelle repose la psychoanatomie.

Si l'intuition est la vitesse lumière de l'intelligence humaine, la faculté analogique est la capacité de franchir les frontières invisibles qui séparent les mondes parallèles de la pensée humaine.

Étant donné l'importance fondamentale des doigts dans notre évolution, il était fatal qu'on leur attribue une symbolique associée aux caractéristiques psychologiques majeures du tempérament humain. Ces attributions sont le fruit de multiples observations dont j'ai extrapolé le sens en écoutant mes patients, vingt années durant, sur les deux plans d'analyse verbale et non verbale – et notamment en associant doigts et combinaison de bagues. Le contact des doigts avec le reste du corps est un champ d'observation d'une richesse inouïe, surtout quand on l'associe au discours verbal ou au vécu contextuel du sujet.

Elle se gratte continuellement la narine de l'index gauche tout en me rassurant sur son manque de concupiscence. L'index gauche est le doigt de la jalousie, le nez est le représentant du flair ou du savoir-faire. Cette manie trahit une fausse générosité de la part d'une vraie jalouse. Mais comment est-ce possible ? Elle est tellement optimiste, consensuelle, oblative, disponible ! Elle est toujours d'accord avec tout le monde. Quand j'ai eu besoin qu'elle me rende un service, elle s'est défilée sans faire de ronds de jambes.

Un autre éclairage m'a permis d'aboutir à cette classification précieuse entre toutes : celle des doigts polytraumatisés. Je vous en livre quelques brèves pour illustrer ma démarche.

Jean-Pierre avait une manie automutilatoire insensée. Il se rongeait la peau du pouce droit jusqu'à l'os. Pas le pouce gauche, uniquement le droit. Quand il est venu me consulter pour se défaire de cette pulsion, j'ai fini par déduire que cette mutilation était consécutive à une impuissance sexuelle avérée dont il avait évidemment omis de me parler en première instance. Il a confirmé le fait de mauvaise grâce. Cette impuissance avait eu raison de l'estime qu'il s'accordait. Il avait réussi brillamment dans les affaires mais lamentablement échoué sur le plan conjugal. L'impuissance était apparue après qu'il se fut séparé de son épouse, en même temps que sa manie cannibale.

J'ai en réserve de multiples anecdotes thérapeutiques qui concernent le pouce droit, elles sont toutes associées à une démotivation profonde ou à une sexualité pénalisée. Passons maintenant à l'index droit, pour changer.

Jacqueline était avocate au barreau de B. Elle est venue me consulter pour essayer de régler un contentieux avec son père, lui aussi avocat mais retraité. Jacqueline exerçait sa profession sans passion, juste pour des raisons alimentaires. Elle avait rêvé d'un autre destin quand son père l'avait forcée à poursuivre des études de droit. Il avait justifié son exigence en arguant du succès du cabinet familial et du fait qu'il n'avait pas de fils pour reprendre sa succession. Jacqueline s'était soumise au diktat paternel et avait repris la suite. Une série de chutes qui s'étaient produites en l'espace d'une année l'avaient tellement intriguée qu'elle avait décidé de me consulter pour essayer de comprendre le pourquoi de ces accidents.

Elle était tombée à quatre reprises en se brisant à chaque fois l'index droit. Je lui ai proposé une explication psychoanatomique de ces accidents qui a semblé la remuer au plus profond d'elle-même. L'index droit est le symbole de l'image paternelle, de l'autorité et de l'affirmation de soi. Comment peut-on s'affirmer quand on est le clone de son père ? Jacqueline a depuis remis le cabinet de son père à un confrère et s'est inscrite à l'université en philo.

Et l'index gauche ?

Françoise approchait de ses quatre-vingts ans. C'était une femme énergique, mariée depuis un demi-siècle à un homme charmant mais qui avait toujours été très volage. Un ancien pilote de chasse, de dix ans son cadet. Françoise était victime d'une calcification de la phalangette de l'index gauche qui donnait à son doigt l'apparence d'un accent circonflexe. C'était d'ailleurs l'index qu'elle tendait systématiquement dans la direction de son époux quand elle voulait récuser ses allégations mensongères concernant ses frasques.

Doigt symbolique de la possession et de la jalousie, l'index gauche est souvent le premier à souffrir de l'infidélité ou du désinvestissement affectif d'un conjoint. Françoise n'est pas le seul cas que j'ai eu à compter. Des affections de l'index gauche aussi diverses que curieuses dont les médecins ne trouvaient pas l'origine et qu'ils diagnostiquaient souvent en arthrite infectieuse avec raison.

Ou tous les doigts de concert !

Mme de S., une femme de quarante ans d'origine liégeoise, a marqué mon intérêt pour le symbolisme psychoanatomique. Elle souffrait d'une polyarthrite infectieuse digitale. Un handicap d'autant plus grave qu'elle était obligée de faire des ménages pour survivre. Elle n'avait plus droit au chômage depuis plusieurs années et ne bénéficiait d'aucune aide sociale. Ses doigts étaient recourbés et douloureux en permanence. Je l'ai suivie pendant près d'un trimestre avant qu'elle ne m'annonce que ses moyens financiers restreints ne lui permettaient plus de poursuivre sa thérapie. Je lui ai alors proposé un arrangement inattendu. Je lui ai demandé de me payer en aquarelles. Elle n'avait jamais peint de sa vie mais elle m'avait avoué un rêve d'enfance récurrent : devenir une artiste peintre célèbre. Je me souviendrai toujours de la première aquarelle avec laquelle elle m'a réglé sa thérapie la semaine suivante. Le fond était mauve et, au centre du papier, il y avait un papillon posé sur une brindille qui ouvrait ses ailes. Un papillon tellement réaliste que j'ai cru d'emblée qu'elle l'avait tout simplement collé au centre de la feuille. Il était peint avec une telle précision que j'en suis resté baba. Elle a réalisé quelques dizaines de dessins animaliers avec un talent inouï dans les mois qui ont suivi.

Détail important : la rémission de la polyarthrite digitale a été totale. Le réveil de son talent a guéri Mme de S. J'ai gardé ses dessins jusqu'à l'issue du travail psychothérapeutique que nous avons effectué ensemble. Je les lui ai rendus et elle a immédiatement trouvé des acheteurs parmi le personnel du centre de recherche psychosomatique où j'exerçais à l'époque. Quand j'ai relaté cette anecdote a un ami médecin, il a refusé de me croire. Il était rhumatologue. Les doigts sont le siège symbolique de toute créativité, une créativité qui est la racine de l'estime de soi et de la foi en ses talents.

La symbolique digitale

Les doigts ont un sens symbolique fondamental. Chacun d'entre eux cerne une prédisposition essentielle. Ces prédispositions sont une source de créativité sans laquelle l'Homme ne serait pas. Chaque doigt couvre un domaine de prédilection indispensable à l'achèvement de soi.

Les pouces :

Le pouce gauche est le doigt du plaisir au sens large du terme. On peut y associer l'imaginaire, le rêve, la créativité, la sensualité, autant de paramètres qui dépendent étroitement de nos émotions et du cerveau droit féminin ou yin : l'hémisphère cérébral gauche dit cerveau affectif ou du cerveau limbique dit émotionnel.

Le pouce droit est le doigt du désir. Motivation et sexualité en sont les deux déclinaisons principales. Tout désir procède d'une élaboration intellectuelle ou d'un calcul en connaissance de cause. Le bénéfice secondaire du désir est le plaisir.

L'expression du désir dépend du cerveau gauche, le cerveau cognitif avec, cependant, une large participation émotionnelle du cerveau limbique.

Les index :

L'index droit est le doigt de l'être, de l'affirmation de soi, du pouvoir paternel, de la maîtrise de soi ou de ses potentiels et de l'autorité.

L'index gauche est le doigt de l'avoir, de la fusion, du territoire, du pouvoir maternel, de la possession ou de la jalousie et surtout de la vocation.

Les majeurs :

Le majeur gauche est le doigt du narcissisme, de l'estime de soi, de l'image de soi ou de l'image publique.

Le majeur droit est le doigt de l'organisation psychique et des aptitudes intellectuelles. C'est le doigt cérébral par excellence et celui de la confiance en soi et en ses convictions, fussent-elles des préjugés.

Les annulaires :

L'annulaire droit est le doigt de la volonté, des automatismes, de la détermination, de la ténacité et de la persévérance.

L'annulaire gauche est le doigt des émotions ou des affects mais aussi celui de la passion.

Les auriculaires :

L'auriculaire droit est le doigt de l'ambition, de la vanité, de l'avenir et de la curiosité. C'est un doigt qui se projette.

L'auriculaire gauche est le doigt de la mémoire, des racines et de l'enfance. C'est un doigt qui se souvient. C'est également le doigt qui symbolise le talent héréditaire.

LE DOS DES MAINS
Malice et improvisation

Les malins sont capables d'improviser mais les improvisateurs ne sont pas toujours très malins.

Le dos de ma main gauche me démange. Je me gratte vigoureusement à plusieurs reprises jusqu'à ce qu'une rougeur suspecte apparaisse sur l'épiderme, presque un érythème. Je suis en train d'écouter les doléances d'un ami. Il me tient la jambe avec ses problèmes. Je n'ai pas de solution à lui offrir sur un plateau. Il va bien me falloir trouver quelques mots, une idée, un diagnostic vite fait mal fait pour le rassurer et me débarrasser de lui par la même occasion. Il compte sur moi ! Les amis qui comptent sur vous et vous le confirment verbalement par cette formule sont de vrais-faux amis. Mon sens de l'improvisation s'éveille brutalement. Le dos de ma main gauche me démange de plus en plus. Je me lance et les mots viennent tout seuls. Le mécanisme de l'improvisation s'est mis en route. Ma main ne me démange plus. J'ai trouvé le moyen de le semer comme un Petit Poucet au cœur de la forêt de ses mauvaises intentions.

Le sens de l'improvisation

Le dos de la main gauche est le siège du sens de l'improvisation. En psychoanatomie, tout est une question d'observation et de contexte. Je regarde un grand fantaisiste et je m'imprègne de son jeu de scène et des gestes qui l'accompagnent. Et puis je constate ce « gratouillage » du dos de la main gauche chez un artiste dont je sais qu'il improvise en fonction des réactions du public. Une fois, deux fois, dix fois !

À force, je finis par classer le geste dans un coin de ma mémoire. Il n'y a pas d'improvisation possible sans une inspiration qui l'alimente. L'improvisation est une expression sauvage de la liberté créative, voire une forme de délinquance des idées dont l'objectif consiste à secouer l'ordre établi. Elle est aussi instinctuelle que l'instinct de survie qui préside à sa maîtrise. Les tacticiens sont de grands improvisateurs, les malicieux aussi. Ce qui me donne à penser que le sens de l'improvisation est une qualité très proche de l'intelligence pratique du renard de la fable.

La malice

… quand la France était encore le pays de la droite champagne et de la gauche caviar.

Bien plus que la main gauche, le dos de la main droite est le siège de la malice. J'ai souvent observé des vieux briscards de la politique, des malins et demi, qui se grattaient le dos de la main droite avant de répondre à leurs détracteurs. Le plus célèbre d'entre eux reproduisait ce tic avec une constance touchante chaque fois qu'il s'invitait sur un plateau de télévision.

Vous ne devinez pas qui c'est ? Il aimait les roses rouges, se prénommait François et était président des Français d'autrefois, quand la France était encore le pays de la droite champagne et de la gauche caviar.

D'autres politiciens actuels ont récupéré le tic. Ils le pratiquent parfois sur les plateaux de télé dans des débats polémiques. Il faut dire que les naïfs ne font jamais carrière en politique, les intellectuels non plus. Ce qui me donne à penser que ces deux catégories-là n'en font qu'une. Les malins font dans la politique et/ou les affaires, les intellectuels font dans la naïveté.

À chacun sa religion !

LES INDEX

La vocation ou l'affirmation de soi

Le mot ne peut s'affirmer qu'en se diluant dans une phrase, sa vocation est de lui donner un sens.

Le corps est un territoire en mouvement perpétuel, un volume qui bouge, un agglomérat de molécules qui s'exprime en passant par une explosion de gestes divers et variés dont la majeure partie sont parfaitement insignifiants. Des gesticulations qui ne correspondent à rien d'autre qu'au besoin d'offrir à la parole un relief gestuel doublé d'un décor émotionnel. Car chaque mouvement du corps est la traduction d'une réaction émotionnelle sans que cette réaction soit significative. Le geste devient langage quand il se répète à l'envi, toujours de la même manière et dans un contexte identique. Le corps est le terrain de jeu du geste.

Elle pose son index gauche sous sa lèvre inférieure et me jette un regard boudeur, très star de quartier. Une mauvaise imitation des pages « pop-corn » de *Public*. « Je te veux tout à moi ! » est le sens de ce geste assez courant dans les discothèques branchées. L'index gauche est symbolique de la possession et la lèvre inférieure de la cupidité.

J'ai déjà évoqué le rôle primordial de l'index, associé ou non au pouce ou aux autres doigts de la main, dans plusieurs de mes ouvrages. Je trouve intéressant de développer quelques aspects originaux à peine effleurés par ailleurs, comme la longueur morphologique variable des index.

Mais tout d'abord, commençons par la signification symbolique de ce doigt des urgences infraverbales.

Il dégaine ses index comme des six coups destinés à abattre son adversaire. Le geste appartient à la rhétorique gestuelle de l'agressivité sociale et celui qui le reproduit est le Fernandel des Vendéens, bien connu pour son agressivité verbale, le râleur de service : Philippe de Villiers, le roi des contestataires.

J'ai toujours posé l'hypothèse que les index étaient les doigts du pouvoir paternel à droite et du pouvoir maternel à gauche. Ils sont la représentation symbolique du surmoi (les images parentales incorporées dans le moi) dont le rôle est d'assurer la défense des valeurs acquises et de votre personnalité contre les agressions, qu'elles proviennent de l'environnement ou des profondeurs introspectives de votre conscience. Mais les index ont une autre valeur tout aussi essentielle pour l'équilibre psychologique. Tout être humain se trouve chaque jour confronté à plusieurs obligations de faire un choix en fonction des évènements. Un constat qui fait des deux index le siège combiné de la capacité de choisir entre **l'être et l'avoir**.

Être ou avoir ?

Nul ne peut être sans avoir mais avoir ne suffit pas à être.

Tout être humain qui agit doit faire un choix préalable à l'action qu'il envisage : agir pour être ou agir pour avoir. Deux critères antagonistes mais entièrement complémentaires, comme vous le verrez. Index droit ou index gauche ? La balance qui oscille de droite à gauche au cours de l'enfance ou de l'adolescence finit par pencher d'un côté ou de l'autre. Il sera « être » ou « avoir » mais pas les deux, jusqu'à ce que l'adulte parvienne à l'équilibre parfait entre l'être et l'avoir. S'il y parvient jamais. Car c'est à ce niveau que se situe le secret de l'équilibre des passions qui ne sont que le moteur de nos actes et de nos choix vitaux. Les index sont des doigts sacrés en ce qu'ils symbolisent les deux moitiés (père et mère) qui ont réalisé l'entité.

« Au nom du père, de la mère, du fils (ou de la fille), ainsi soit-il ! » Telle est l'invocation que l'esprit fait au sanctuaire du corps. Telle est la pierre philosophale de la religion corporelle.

L'être répond à l'index droit, message de l'image paternelle : « Affirme-toi, et tu seras un homme, mon fils ! » **L'avoir** correspond à l'index gauche, message de l'image maternelle : « Possède ! Et tu seras en sécurité, ma fille ! » Celui ou celle qui souscrit au message existentiel s'identifiera à l'image du père ; celui ou celle qui souscrit au message sécuritaire s'identifiera à l'image de la mère.

Celui qui aura tout acquis voudra exister enfin – « *J'aurais voulu être un artiste* » –, celui qui existe voudra acquérir cette sécurité matérielle qui lui fait défaut – « *Si j'avais des sous.* » Mais peut-on exister si on ne possède pas ? Peut-on posséder si on n'existe pas à ses propres yeux ? Ceux qui croient exister en se prévalant de ce qu'ils possèdent sont des faux-self (des coquilles vides sur le plan de la personnalité), ceux qui croient posséder parce qu'ils ont conscience d'exister confondent l'amour de soi et l'eau fraîche. Ce qui prouve bien que, comme toujours, aucun des deux camps ne détient la vérité. Existence et sécurité matérielle sont indissociables.

Une curiosité morphologique

J'ai déjà eu l'occasion d'aborder brièvement la longueur des index, une curiosité morphologique inexplicable. Malgré son importance, l'index n'est que le troisième doigt par la taille, plus petit que le majeur ou l'annulaire. Néanmoins, chez 22 % des hommes et 45 % des femmes, il est le deuxième en taille sur l'une des deux mains au moins, reléguant l'annulaire à la troisième place. Ces pourcentages sont rapportés par D. Morris. Cette différence selon les sexes est significative mais demeure un mystère. Je pose une hypothèse qui vaut ce qu'elle vaut mais qui a au moins le mérite de s'appuyer sur la symbolique digitale de la psychoanatomie.

Index droit dominé = persévérance

Si votre index droit est plus court que votre annulaire droit, cela pourrait signifier que vous êtes plus tenace ou plus persévérant qu'orgueilleux. Que l'origine de cette différence de longueur tienne à l'hérédité ne change rien à cette proposition interprétative. Il existe des familles tenaces et d'autres plus fières (index droit dominant).

Index droit dominant = orgueil

Si votre index droit est égal ou plus long que votre annulaire droit, vous manifesterez votre amour-propre ou vous chercherez à vous affirmer en toute occasion. Vous serez plus manipulateur que dans le premier cas de figure. La fin justifiera toujours les moyens. Leader, vous serez autocrate et parfois tyrannique pour les besoins de VOTRE réussite. Les index droits dominants vivent, aiment et parfois épousent en fonction de leur carrière. J'en ai fréquenté un certain nombre au cours de mes tribulations de psy. Cette curiosité morphologique m'a toujours fasciné. Ce sont des battants. Ils ont le vice de la victoire chevillé au corps de leurs vertus.

Index gauche dominé = affection

L'index gauche étant plus court que l'annulaire correspond à un premier constat : le plus grand des deux annulaires est souvent le gauche chez la plupart des femmes. Cette comparaison est fonction de la différence de dénivellation qui existe entre l'index et l'annulaire de chaque main. Ce qui pourrait vouloir dire qu'une majorité de femmes sont plus affectueuses et altruistes que jalouses et égoïstes. Ce constat vaut pour les deux sexes évidemment. L'index gauche dominé détermine, en théorie, des sujets affectueux quand ils aiment et redoutables quand ils se mettent à haïr. Il ne faut pas les trahir. Ce qui expliquerait pourquoi les divorces débouchent presque unanimement sur des conflits insolubles. Le fait est facile à vérifier dans la mesure où les index gauches dominés sont majoritaires dans la population occidentale. Je ne connais pas les proportions des autres régions du globe, mais je suis persuadé qu'une étude sur ces distorsions morphologiques pourrait déboucher sur une nouvelle vision anthropologique de l'évolution.

Index gauche dominant = jalousie

Autre observation que j'ai pu noter au fil des années, les index gauches plus longs appartiennent à des individus nettement plus fusionnels. Ils réussissent en général mieux sur le plan affectif que les index courts. Ils sont fatalement plus possessifs. Ce sont les extrémistes de l'amour, ils ont toujours leur partenaire dans la peau. Il ne s'agit évidemment que d'une série d'observations qui ne reposent pas sur des données statistiques suffisantes pour être confirmées. On peut avoir un index gauche dominant et un index droit dominé : fusionnel et tenace ; et *vice versa*, un index gauche dominé et un index droit dominant : altruiste mais orgueilleux.

Les doigts égalitaires

L'égalité de longueur entre les index et les annulaires existe aussi. Elle est plus rare. Une égalité entre l'index et l'annulaire de la main droite indiquerait une personne tenace et jusqu'au-boutiste. La volonté d'aboutir est constamment mise en avant. Cette même égalité du côté gauche pourrait se traduire par un esprit envieux et un refus de s'engager qui empêche souvent l'individu de progresser dans la vie. Comme on ne peut pas faire appel à la chirurgie esthétique pour se débarrasser de cette distorsion digitale, il suffit d'une prise de conscience du handicap pour arriver à vaincre le doute et trouver la foi en soi qui manque à l'appel. On peut aussi se casser involontairement le doigt incriminé. Je crois fermement que rien n'est marqué au fer rouge et qu'aucune montagne n'est assez haute pour être infranchissable.

À vous de jouer ! Observez vos annulaires en comparaison de vos index ! Quel est le diagnostic ?

Il serait bien entendu passionnant de faire cette analyse sur une population significative. Hélas, la gestuelle n'a pas encore franchi les portes de l'Académie sans laquelle aucune étude sérieuse ne peut être entreprise. J'ai établi qu'il existait bien un langage gestuel à travers une somme de refrains corporels et kinesthésiques invariables, comme le croisement des bras, ou alternatifs, comme les jambes croisées[1]. Mais il en va de toutes les techniques d'observation comme des inventions destinées à améliorer le quotidien. Il faut une rencontre du troisième type entre la nécessité de la technique et le groupe d'individus qui en fera le prosélytisme.

Le doigt de l'affirmation de soi

Le moi s'affirme quand le doute s'abstient.

L'index droit est le doigt de l'affirmation de soi, de l'autorité paternelle ou de l'*animus* et le doigt existentiel de l'être. La capacité de choisir, c'est aussi celle de prendre une décision. Nous avons tous le loisir de choisir un camp plutôt qu'un autre mais certains d'entre nous préfèrent laisser ce soin à leur conjoint, à leur chef ou au hasard. Ce sont des sujets qui « conditionnalisent » leurs décisions parce qu'ils manquent d'autorité. Ils ont peur de s'affirmer : « Je voudrais y aller mais il faut d'abord que je demande à mes parents, à ma femme, à mon patron, etc. » Les chevaliers de l'index droit ne sont pas responsables de leurs choix, ainsi ne seront-ils jamais coupables des erreurs éventuelles que ces choix pourraient entraîner. Le lien de causalité est ici évident : la capacité de choisir est une responsabilité qui les rend chèvres.

Quant à la maîtrise de soi, ils ne la connaissent que de loin.

Capter la lumière

S'affirmer est un passage à l'acte du regard.

L'affirmation de soi est une quête du Graal proposée par les spécialistes du développement personnel comme un

1. Voir *Les Gestes du succès, les mots de la réussite*, First Éditions.

remède miracle contre la timidité. S'affirmer, ce n'est pas squatter le devant de la scène ou voler la parole à son adversaire, c'est d'abord capter la lumière et exister aux yeux des autres sans avoir besoin d'augmenter le volume du son ou de mouliner avec son index droit sous le nez de son interlocuteur.

Et cela, les *coaches* en développement personnel ne sont pas en mesure de le fournir à leurs initiés. Car pour prendre la lumière à son adversaire, il faut apprendre à se taire et à laisser parler son corps et surtout ses yeux. Comme l'a écrit Jean Didier Vincent : « *Le regard est un geste des yeux.* » Apprendre à discipliner cette arme gestuelle qu'est le regard exige un travail kinesthésique de longue durée mais je ne vous cache pas que le résultat en vaut largement l'investissement. La première chose que vos interlocuteurs doivent voir chez vous, ce sont vos yeux, quelle que soit leur beauté ou leur couleur. Si vous atteignez ce résultat, votre affirmation est confirmée. Or, pour qu'on aperçoive votre regard en premier, il faut apprendre à se taire, surtout quand on a très envie de prendre la parole.

Le doigt de la vocation

La vocation entre en scène avec la résilience.

L'index gauche correspond symboliquement à l'avoir, à l'image maternelle ou l'*anima*, aux sentiments de jalousie et au besoin de posséder pour se sentir en sécurité. Mais c'est aussi le doigt de la vocation dans laquelle celui qui en bénéficie s'investit corps et âme.

La vocation fait partie de *l'avoir* à l'origine, même si elle permet d'affirmer *l'être* par la suite. Cette vocation n'est pas uniquement transmise par la lignée maternelle, mais il faut croire que son éclosion dépend en partie des conduites affectives de la mère. La vocation est une aptitude préétablie qui détermine souvent sinon toujours le choix d'une carrière. Il arrive cependant que ce choix ne soit pas aussi précis que celui de votre cousin qui est devenu chercheur par vocation, ou de cette nièce qui s'est vouée à Dieu en rentrant au couvent. Vous pouvez avoir une vocation littéraire et devenir libraire, bibliothécaire, éditeur ou documentaliste sans jamais vous douter que votre choix de carrière a été dévoyé par l'attitude sécuritaire qui régnait au sein de votre famille. Il faut embrasser des carrières salariées pour pouvoir envisager de vivre une existence stable. Mais par-delà ce message sécuritaire, la nourriture affective dispensée par votre mère était réductrice sur le plan de la liberté de choix. Elle a bien constaté que vos dissertations étaient de véritables morceaux d'anthologie mais elle a vous a laissé entendre que le métier d'écrivain n'était pas une carrière sérieuse.

Beaucoup d'appelés et peu d'élus ! Ce qui est vrai dans les faits. Mais le talent convoqué s'est vu refuser l'entrée de vos rêves les plus secrets.

Et c'est ainsi que vous êtes passé à côté d'un destin aléatoire qui n'attendait que vous. Rassurez-vous, vous n'êtes pas une exception qui confirme la règle mais une règle qui confirme l'exception. Chaque individu naît avec une ou plusieurs vocations en kit. Elles s'exprimeront ou non suivant le genre de vie que vous choisirez.

Certaines vocations sont tellement dominantes qu'elles vous forceront à passer à l'acte malgré vous. Les paramètres qui éveillent une vocation sont des chocs émotionnels ou affectifs puissants et pas toujours agréables à vivre (deuil, accident de la route, divorce, faillite, bouleversements de toutes sortes). La vocation entre en scène avec la résilience (la faculté de se reconstruire après un choc traumatique). Les chevaliers de l'index gauche sont exclus de leur véritable vocation. Ils gaspillent souvent leur temps de vie à jouer des rôles qui ne leur conviennent qu'à moitié.

À retenir...

Si vous accompagnez votre discours de l'index droit, vous avez besoin de vous affirmer ! Si vous vous exprimez en soulignant vos propos de l'index gauche, vous avez besoin de persuader ou de convaincre. Vous-même ou l'interlocuteur qui vous fait face. On peut aussi en conclure que le premier craint de ne pas être à la hauteur (l'index droit) et que le second tente de se défaire de ses doutes (l'index gauche).

LES MAINS
La communication

C'est la main qui a fait la société.

Chaque main interroge le cerveau avant de passer à l'action. La main droite demande pourquoi. La main gauche demande comment. Pourquoi faut-il faire cela ? Comment le fait-on ? On attribue la formule suivante à Kant : « *La main est le cerveau extérieur de l'homme.* » Je cite Jean-Didier Vincent[1] : « *Cette main avec son pouce opposable aux autres doigts est l'indispensable compagne dans l'évolution du néocortex de l'homme.* » Et selon A. Philonenko : « *C'est à l'intérieur de celui-ci que s'entrelacent le pourquoi et le comment...* »

L'espace-temps

Le temps se dilate ou se contracte
de la manière dont on le meuble.

La main droite symbolise le temps et la main gauche, l'espace ou le volume occupé par l'individu dans cet espace. Ces deux dimensions sont étroitement associées dans notre esprit aux images parentales. Le temps est un phénomène linéaire incorruptible, qui va du passé vers l'avenir sans dévier de sa trajectoire. L'espace symbolise l'infini émotionnel ou le volume affectif. L'image du père s'associe au temps qui passe et au cerveau gauche qui en gère l'appréciation objective. Une minute dure soixante

1. Jean-Didier Vincent, *Le Cœur des autres*, Plon.

secondes sur toute la surface de la planète. Le cerveau droit, symbolique de l'image maternelle, gère le sens de l'espace. Une minute équivaut à un siècle ou à un million d'années en temps universel. La main droite a le sens des distances parcourues ou qui restent à parcourir, la gauche le sens du volume que vous occupez dans l'espace.

Explorer, créer, communiquer

Les mains sont le sémaphore indispensable
à la transmission du message.

Les mains peuvent atteindre toutes les parties anatomiques du corps humain ou presque. Leur mobilité, l'angle de rotation des bras, la longueur des doigts et leur capacité de préhension en font un outil adaptatif plus que parfait. Leurs fonctions primaires : explorer et créer. Parmi leurs fonctions secondaires, les mains sont l'outil corporel fondamental de la communication non verbale.

Les mains interviennent dans un nombre incalculable de séquences gestuelles involontaires. Elles n'en tiennent pas toujours le premier rôle mais figurent intelligemment dans presque toutes. Elles sont avant toute chose le siège symbolique de toute communication entre les hommes. Cette allégation est tellement vraie qu'il est quasi impossible à une large majorité de gens de convaincre sans le concours de leurs mains. Comme si la parole n'était pas suffisamment explicite pour être comprise d'emblée. Les mains enveloppent le mot, ponctuent les subordonnées, contiennent les phrases et soutiennent les émotions. Elles sont le sémaphore indispensable à la transmission du message. Elles véhiculent aussi un double message que peu de gens sont capables de décoder. Les mains sont une source de vérité qui embarrasse tous les menteurs. Il utilise les mains polarisées pour exprimer sa pensée. Ses mains voyagent en parallèle de la gauche vers la droite et retour, comme s'il tenait un ballon entre ses mains. Il situe la gauche à droite et la droite à gauche. Une dyslexie inconvenante dans la mesure où il s'agit de Jack Lang, un baron du PS. C'est vrai que je le verrais bien à l'UMP. Les mains résument le climat mental du locuteur sans se préoccuper de la nature de ses prises de position verbales. Ce que dit la bouche est une chose, ce qu'expriment les mains en est une autre. Trahison corporelle ? L'esprit et le corps ne partagent pas toujours le même point de vue. La manière dont les mains chorégraphient leur rôle est à la fois un code d'intention et un refrain gestuel. En tant que code d'intention ponctuel, elles suivent généralement le discours et lui servent d'appui. Elles révèlent parfois une fraude verbale manifeste et trahissent une prise de position que le locuteur souhaite garder pour lui.

« Je le trouve adorable », s'exclame la star en parlant d'un ami « très cher » et concurrent de plateau télé malgré tout. Elle agite ses mains en pronation, sans doute pour tempérer les débordements de son enthousiasme verbal. « Non, non ! C'était très bien ! » admet Patrick Fiori du bout des lèvres pour s'excuser de n'avoir pas entendu les fausses notes d'Élodie, la lauréate de la StarAc 3. Ses mains repoussent ses paroles vers le bas. Du révisionnisme de bon ton ! N'oubliez jamais d'observer les mains de votre interlocuteur, vous éviterez bien des déceptions ! Un rapide tour de piste vous édifiera.

Leçon de chorégraphie manuelle

Les mains enveloppent le mot, ponctuent les subordonnées, contiennent les phrases et soutiennent les émotions.

L'oblatif s'exprime souvent avec **les mains en supination**. Les paumes sont dirigées vers le haut. Ce sont les mains en offrande. Elles illustrent une ouverture d'esprit.

Le révisionniste pose plutôt **les mains en pronation**. Les paumes sont dirigées vers le bas. Ce sont les mains réductrices. Le mode de la pronation peut apparaître ponctuellement quand il faut calmer le jeu. Les fondamentalistes de tous les horizons – politique, religieux, scientifique, social ou philosophique – sont des individus qui privilégient les mains en pronation en tant que refrain gestuel. Ce sont des réducteurs de tête, ils repoussent vos idées vers le bas, anéantissent vos arguments en abusant d'un double langage typique de la pensée extrémiste, intégriste et parfois fascisante. On en rencontre de plus en plus dans les débats « communautaristes » qui squattent les plateaux de télé.

Le censeur dresse ses **mains en opposition**. Les paumes sont face à face. Les mains représentent les limites qu'il s'impose. Il se conduira toujours comme le garde-frontière de vos succès. C'est un envieux, comme tous les censeurs d'ailleurs !

Le consensuel est abonné **aux mains centrifuges**. Ce sont des mains qui tendent à s'écarter du corps du locuteur. Elles appartiennent aux codes gratifiants pour l'image publique. Le général de Gaulle abusait des mains centrifuges dans ses discours politiques. Il se donnait au peuple. La plupart des hommes de haute taille en usent. Y aurait-il un rapport entre les mains centrifuges et le nombre de centimètres en plus ? Les grands hommes sont généralement plus émotifs que les hommes de petite taille, plus égocentriques.

L'égoïste privilégie les **mains centripètes**. Les mains reviennent systématiquement vers le corps du locuteur. « Moi ? » dit-il, étonné, en se désignant du plat de la main. Ce mode gestuel dénonce aussi un individu plus victime de ses devoirs qu'acteur de ses entreprises. Ce qui sous-entend qu'il refusera de porter la responsabilité de ses échecs mais acceptera volontiers d'endosser vos succès.

Quand les doigts sont tendus mais restent collés, les mains dévoilent un individu psychorigide, nourri de ses préjugés. **Si les mains sont ouvertes et les doigts déliés**, ce sont les mains du séducteur. Les doigts s'expriment en toute liberté au rythme des propos. Ce mode d'expression gestuel est le plus difficile à obtenir. Il exige une double conscience[1] de tous les instants et, parfois, un travail de reprogrammation gestuelle de longue haleine.

---

1. Voir *Ces Gestes qui manipulent, ces mots qui influencent,* First Éditions.

Le travail de base commence par un exercice de gymnastique digitale : les arpèges. Ce sont des mouvements digitaux que l'on observe chez les danseurs de flamenco. Il consiste à refermer un doigt après l'autre en partant de l'auriculaire vers l'index en accélérant progressivement le mouvement. Chaque main est observée séparément. Celle dont le mouvement est le plus harmonieux révèle le mode séducteur. À gauche, il s'agit d'un mode séducteur affectif ; à droite, la manière de séduire procédera du pouvoir d'influence. Le mode de communication sera plus manipulateur. **L'exercice des arpèges** est un moyen souverain pour délier les doigts d'un individu contrôlé ou rigide et un excellent outil antistress.

Le possessif referme toujours ses doigts. Ses mains n'ont rien à offrir mais tout à prendre. Attention ! Il ne faut pas confondre les mains fermées et les poings fermés.

Les mains compulsives de l'obsessionnel sont une dépense d'énergie permanente. Elles reposent l'une sur l'autre *a priori* mais s'écartent dans un mouvement d'ouverture à intervalles réguliers avant de revenir systématiquement à la case départ. C'est un geste de ponctuation du discours verbal. Les mains tentent de s'exprimer mais sont rappelées à l'ordre chaque fois qu'elles quittent les starting-blocks. Ce refrain peut révéler un trouble obsessionnel et compulsif dit TOC. La situation du locuteur le met mal à l'aise, il ne maîtrise pas les évènements. Les mains compulsives sont comme des portes battantes qui s'ouvrent et se referment constamment pour laisser passer les mots. Certains animateurs de télévision débutants reproduisent ce tic gestuel. Le trac en est la cause, évidemment.

Tous les indécis polarisent le discours de leurs mains. **Les mains sautent de droite à gauche ou de gauche à droite** avec une constance exaspérante. On dirait qu'ils peinent à choisir leur camp. En vérité, **les mains polarisées** définissent un tempérament alternatif, incapable de prendre une décision claire et nette. Le tempérament alternatif est une version remaniée du caractère indécis. Les mains voyagent de concert de l'aller au retour et du retour à l'aller mais jamais ne se quittent. Certains politiciens expriment leurs convictions en abusant des mains polarisées. Elles signifient qu'il est plus urgent d'attendre et de voir venir que de prendre le taureau par les cornes. Il est vrai que nos élus ne sont pas des toréadors. Comme je l'ai déjà évoqué, j'ai même pris Jack Lang en flagrant délit de situer la gauche politique à droite et la droite à gauche de son corps. Oh ! le traître ! Preuve éminente de son indécision politique réelle quant à sa véritable appartenance !

Si tous **ceux qui serrent les poings** étaient des combatifs, le PIB (produit intérieur brut) de la France serait créditeur. Signe de force, de violence et d'agressivité, l'homme serre les poings symboliquement quand son destin lui est contraire ou quand il veut réveiller son courage défaillant. Il faut éviter d'abuser de ce code gestuel réflexe car sa reproduction exagérée solde la combativité. Un peu comme toutes ces gentilles personnes dépressives qui vous quittent en vous souhaitant : « Bon courage... »

Les moteurs du discours

Celui qui parle n'est pas toujours celui qui sait.
S'il utilise ses deux mains en appui de son discours, il sait.
Si ses mains restent scotchées, il parle.

Parler avec ses deux mains en appui du discours est un mode séducteur parfaitement pédagogique. Cette expression gestuelle n'est pas courante. La plupart des débatteurs politiques ont recours aux ancrages manuels (doigts croisés) ou à leur index revolver pour embrocher leurs adversaires. Certains utilisent une main privilégiée et scotchent l'autre sur un support. Ils sont alors « pourquoi » à droite ou « comment[1] » à gauche, rappelez-vous ! Le langage des mains est essentiel au sous-titrage du discours. Trop de gens tentent de contrôler cette expression gestuelle en

1. Le sujet « pourquoi » est un théoricien, le sujet « comment » est un praticien.

figeant leurs mains sur un support ou en les cachant sous la table. D'autres **agitent la tête** pour compenser inconsciemment l'inertie de leurs mains. Ce faisant, ils se privent d'un mode de communication non verbal essentiel.

Cependant, il faut admettre que la mise en mouvement des deux mains n'est pas aussi élémentaire qu'il y paraît. Elle exige un entraînement qui représente pour certains un véritable parcours du combattant.

La censure exercée par le cerveau cognitif (cerveau gauche) génère une expression manuelle exclusive de la main droite avec comme conséquence une psychorigidité du mode de communication et une déperdition du pouvoir d'influence. Les émotions sont censurées (le cerveau droit correspondant à la main gauche) et le discours manque de relief (ton monocorde).

La dissimulation des mains sous la table répond à un mode de défense. Le sujet craint les réactions de son interlocuteur. Cacher ses mains, c'est aussi cacher sa pensée ou travestir son propos.

Et surtout, n'oubliez jamais que le ballet des mains est toujours une ouverture en matière de communication. Le remplacement des mains par les mouvements de la tête indique une attitude de fuite simulée. Vous constaterez d'ailleurs que nombre de personnes agitent le chef en parlant, quand elles sont anxieuses, en situation de stress et/ou de frustration. Dans les accès de colère sourde, l'agitation de la tête se généralise au détriment de l'usage des mains.

Mais il existe des individus qui n'utilisent jamais leurs mains et qui expriment leurs émotions de manière quasi exclusive par l'agitation de la tête (voir le chapitre 5).

La main droite

Elle est le siège de l'esprit d'initiative.

La main « pourquoi » ou main du temps est l'équivalent du cerveau gauche, celui qu'on dit cognitif.

La main droite dynamique est la main du stress, celle qui agit, un outil efficace et pragmatique programmé pour accomplir des milliers de tâches sans participation intellectuelle. Une main droite dynamique lors d'un discours signale un individu identifié à l'autorité paternelle. Il se comportera de manière directive et axera sa communication sur le mode stratégique. Accrocheur, tenace, agressif et directif, il essayera toujours d'avoir le dernier mot. Plus tendu et parfois hypertendu, c'est un théoricien plus qu'un praticien. Plus « pourquoi » que « comment », il se fera toujours avoir par la main dynamique du praticien : la gauche.

La main gauche

La main « comment », c'est la main de l'espace, toujours prête à donner un coup de main à la droite, en cas de besoin. Mais cette main-là est moins spécialisée, c'est aussi la main de la tendresse, de la caresse, de la sérénité, la main contemplative. Une main gauche qui est souvent en contact avec le visage ou les lèvres est la main d'un individu qui observera plus qu'il n'interviendra mais qui agira en technicien. La main gauche dynamique indique un individu non directif identifié à l'image maternelle.

Un créatif ! C'est la main du cerveau qui sait toujours comment se sortir d'affaire. La main de la débrouille et qui identifie l'autodidacte et le séducteur.

La main tendue

La poignée de main en guise de signal de bienvenue est une pratique récente (XIXe siècle). Quelle que soit la façon dont votre hôte vous serre la main, la distance qui vous sépare est plus essentielle que la manière. Savoir qu'une poignée courte est prédictive d'un entretien stérile est une information précieuse. Aussi précieuse que celle de la poignée longue qui vous avertit que vous êtes très (ou presque trop) bienvenu. C'est un indicateur fiable du niveau de disponibilité de votre hôte.

Le bras en angle droit, coude collé au corps, est le bras d'un homme mesquin qui n'a rien à vous offrir d'autre que son temps, et encore. Vous êtes son obligé dans la mesure où il a accepté de vous recevoir. Si vous n'avez pas expressément besoin de le persuader ou de le séduire, écourtez votre visite car vous n'en retirerez aucun bénéfice. Il est inaccessible, indisponible et très calculateur. **Le bras en extension** est le fait d'un accueil convivial ou intéressé. C'est la réception d'un hôte qui a besoin de vous ou qui attend quelque chose de votre visite. Il se rend totalement accessible et sera forcément disponible et spontané.

Le bras cassé en angle obtus est une poignée accrocheuse mais sans excès. Il vous accueille de manière opportuniste en attendant d'en savoir plus ou de mieux vous connaître. Il est peu accessible *a priori*, sauf si vous éveillez son intérêt.

Soyez attentif, voire hyperattentif, à cet instant crucial qu'est la rencontre avec un interlocuteur dans un contexte professionnel. L'extension du bras passe tellement vite qu'on oublie généralement d'y prêter attention. La poignée longue est l'exception, la poignée moyenne est la norme, quant à la poignée courte, elle se manifeste surtout avec les hommes de pouvoir ou supposés tels. Depuis que j'ai posé cette hypothèse de travail, j'ai serré des milliers de mains et les conclusions n'ont souffert d'aucune exception.

Restent deux cas de figure : la main qu'on évite ou qu'on fait semblant d'ignorer, la vôtre en l'occurrence. Un conseil : rompez sans un mot et partez sans vous retourner, si vous désirez conserver l'estime de la personne qui vous est la plus chère au monde : vous-même.

Le second cas de figure est **la main gauche tendue** par celui qui vous reçoit. Il s'agit d'un acte de mépris pur et dur dont vous êtes la cible. On ne serre jamais la main du diable ! C'est aussi une marque de mépris non déclaré.

Quand vous levez le bras au ciel pour dire adieu ou au revoir, de quel bras s'agit-il ? Communiquez-vous sur le mode temporel ou sur le mode spatial ? Les adieux du bras gauche ou de la main gauche appartiennent à des personnes qui seront ravies de vous revoir. Les adieux du bras droit concernent des individus qui vous reverront avec plaisir, sous condition suspensive. À bon entendeur…

LES MAJEURS

Estime de soi ou confiance en soi

Aime ton prochain comme moi-même !

Selon Christophe André, le programme pour une bonne estime de soi est simple, en apparence : « Il s'agit de vivre en paix avec soi-même, c'est-à-dire d'accepter d'être imparfait, d'entreprendre pour apprendre, de ne pas se punir pour ses erreurs, mais d'en tirer simplement les leçons, de se donner le droit à l'échec...[1] »

Un programme bien vu et d'une simplicité dépouillée auquel il est cependant difficile d'adhérer, vous en conviendrez. L'auteur en convient d'ailleurs lui-même en ajoutant *« en apparence »*.

Quand un collègue vous tape sur le bras pour vous quitter dans l'urgence, cela signifie que vous ne valez même pas l'effort d'une poignée de main. Dont acte ! L'estime de soi est une déclinaison indirecte du narcissisme ? Ou est-ce le narcissisme qui a bâti son fonds de commerce avec les bénéfices de l'estime de soi ? Le débat reste ouvert. Quant à la foi en soi, elle dépend très étroitement de vos prédispositions accessibles et du niveau d'organisation mentale ou intellectuelle dont vous bénéficiez. Les deux majeurs sont montés en grade, depuis que ces deux atouts, estime et confiance en soi, sont devenus les mamelles nourricières de la mode du développement personnel et de l'individualisme militant qui en découle. Dans la foulée, on a escamoté l'image de soi (majeur gauche) qui est le fonds de commerce de l'estime de soi ; on a oublié que l'organisation mentale ou intellectuelle conditionne la confiance en soi.

1. Christophe André, *Vivre heureux*, Odile Jacob.

Actualités

Elle s'aimait tellement qu'elle a fini par s'épouser.

L'indéboulonnable Mme de Fontenay, la mamy des miss France, promène ses chapeaux de plateaux repas en plateaux télé en nous présentant sa dernière pupille. Vous la trouvez si belle que ça, la nouvelle c(o)uvée ? Si vous ne pensez pas comme ces messieurs dames du tube cathodique, vous prenez le risque de vous sentir exclu du cadre, en d'autres termes, de perdre votre foi en vous-même. Déjà chahutée par un destin en forme de montagnes russes, votre confiance en vous perdra encore un point ou deux à la Bourse de vos sentiments.

Mme de Fontenay est une bonne cliente des plateaux télé et une dame haute en couleur sans laquelle certaines émissions seraient aussi plates, incolores ou insipides que du château la pompe. J'ai eu l'occasion de m'entretenir avec elle au téléphone. Elle sait ce qu'elle veut, où elle va et d'où elle vient. Il en faudrait un peu plus comme elle (ou comme Marianne James, un autre personnage haut en couleur) sur le PAF pour que la télé retrouve son estime de soi.

La multiplication des films *gore*, des œuvres qui annoncent la violence plus qu'elles ne la dénoncent est un symptôme de la méfiance en soi d'une société mal aimée par ceux qu'elle a portés au pouvoir. Les politiques nous montrent le mauvais exemple, en abusant de la langue de bois, en nous rejouant *Le bonheur est dans le pré* et *La vie est un long fleuve tranquille*, auxquels répond *Le fabuleux destin d'Amélie Poulain*. Même le génial acteur belge Benoît Poelvoorde y va de son grain de sel moralisateur ! Il nous la fait en format *Podium*, joue les Claude François pour trouver finalement son salut dans la rédemption d'un Julien Clerc plus vrai-faux que nature. *Exit* le climax, fini les *happy ends* à l'américaine ! La nouvelle mode des *scenarii* est aux fins tristes mais dignes. À la française ! On oppose l'estime de soi à la confiance en soi, comme s'il s'agissait de deux attitudes mentales antagonistes. « Je suis resté honnête mais j'ai tout perdu », se plaint ce commerçant qui vient de déposer son bilan. Il a conservé l'estime de son moi au détriment de la confiance en son soi, disqualifiée par son échec. Il est resté propre sur lui. Mais comment peut-on s'estimer si on ne peut plus se faire confiance ? Je vous le demande.

Faire comme si, c'est déjà se mentir à soi-même parce qu'on n'a pas le courage d'affronter ses propres convictions. C'est solder la confiance en soi après laquelle on court sans faire le moindre effort pour la rattraper. Car la confiance en soi n'est pas héréditaire, comme le talent. Et le talent ne peut s'exprimer et encore moins s'imposer sans la quote-part de cette foi en soi. Nous avons tous hérité de plusieurs talents inscrits dans l'ambre de notre hérédité. Mais pour que ces talents émergent, il faut y ajouter l'indice d'octane qui leur manque : la foi.

« *En France, rien n'est impossible. Aux États-Unis, tout est possible.* » Quelle différence sémantique divise ces deux formulations que d'aucuns considèrent comme chou vert et vert chou ? Croire que tout est possible n'a pas la même signification que « rien n'est impossible ». Cette dernière expression est une fraude verbale manifeste. Jusqu'à nouvel ordre, l'adverbe « rien » est le contraire de « tout ». La négation qui précède l'auxiliaire « être » anéantit doublement la survivance de la possibilité. Enfin, dans l'attribut « impossible », le préfixe « im » annule tout. Croire que tout est possible, c'est déjà fermer la porte au doute. L'optimisme américain s'oppose au pessimisme gaulois. Si vous passez votre temps à remettre vos objectifs en question, vous ne risquez pas de ressentir ce sentiment magique qu'est la foi en soi. Et vous aurez beau enfiler une bague au majeur droit pour conjurer le mauvais sort qui semble vous donner tort alors que vous avez raison d'y croire, ça ne changera rien. Pour que la confiance en soi noie vos doutes comme des chatons aveugles, il faut faire place nette, éjecter vos incertitudes en cessant notamment de vous rattraper par les poignets pour ne pas vous perdre en chemin. La manie de menotter ses poignets (un ancrage) est devenue un refrain gestuel très tendance. Ce qui prouve bien que la confiance en soi n'a plus vraiment la cote, malgré le nombre impressionnant de bouquins qui lui ont été consacrés au cours des dix dernières années et qui lui seront consacrés dans les dix prochaines. Ce qui nous amène naturellement à l'un des sièges symboliques les plus visibles de la confiance en soi : **le majeur droit.**

Le doigt de la confiance en soi

Nul ne peut avoir foi en Dieu, Allah ou Adonaï s'il n'a pas foi en lui-même. Car la foi en soi est le carburant de l'âme.

Les majeurs sont généralement plus longs que les autres doigts de la main. Cependant, il arrive que l'index ou l'annulaire soit aussi long que le majeur. Ces détails morphologiques ont un sens en psychoanatomie. Si votre majeur droit (confiance en soi) est rejoint par l'annulaire droit, votre confiance en soi repose sur vos schémas volontaires. Si c'est l'index droit qui rejoint le majeur droit, votre confiance en soi repose sur votre besoin de vous affirmer. Le majeur gauche représente l'estime de soi. Si l'index gauche lui est équivalent en taille, cela signifie que cette estime passe par un caractère jaloux du succès des autres. Ce qui est un excellent moteur de réussite. Si c'est l'annulaire gauche qui équivaut au majeur gauche, l'estime de soi dépend du niveau de narcissisme investi dans l'image que l'on offre aux autres.

Les majeurs sont les doigts les plus protégés de la main et les plus forts en traction. En langage gestuel, l'action des majeurs est souvent associée à celle des index plutôt qu'à une combinaison gestuelle sollicitant les annulaires. Le majeur est enfin celui qu'on nomme pudiquement le *doigt d'honneur*. Mais la raison de ce choix me semblait obscure jusqu'au jour où un cameraman de France 3 m'a donné sa vision de l'origine historique de ce geste très explicitement conventionnel. À la bataille de Crécy, en 1346, qui a vu la victoire des Anglais sur les troupes françaises de l'époque, les archers français présomptueux (comme de juste) ont levé leur majeur droit en guise de provocation envers leurs adversaires anglais en leur criant : « Vous n'aurez pas celui-là ! » Et de pointer leurs majeurs vers le ciel. Pourquoi le majeur ? Parce que les archers utilisent le doigt le plus fort pour tendre la corde de leur arc. Faits prisonniers, on coupait le majeur droit aux archers afin qu'ils ne puissent plus se servir de leur arme favorite contre leurs ennemis. Provocation guerrière parfaitement légitime ! Mais pourquoi, dans ce cas, le majeur est-il devenu un pénis virtuel par la suite ? La question reste ouverte.

Y a-t il un rapport entre la force musculaire de ce doigt particulier (le majeur droit du droitier) et la confiance en soi ? Si vous faites l'expérience de soulever un haltère sans le concours du majeur (donc uniquement avec les trois autres doigts, pouce non compris), vous constaterez que la force manquante vaut largement celle des trois doigts réunis (index, annulaire et auriculaire). Comparativement aux symboles psychoanatomiques que représentent ces trois autres doigts, il faut admettre que la confiance en soi est le lauréat des atouts qu'ils représentent : l'affirmation de soi (index droit), la volonté (annulaire droit) et l'ambition (auriculaire droit) demeurent des coquilles vides sans la quote-part indispensable de la confiance en soi (majeur droit). Comment pourrais-je m'affirmer, vouloir aboutir ou même envisager un avenir, si je me méfie de moi-même ? Dans le même ordre d'idées, que valent la mémoire (auriculaire gauche), la passion (annulaire gauche) et la vocation (index gauche) sans l'estime de soi (majeur gauche) ? Aucun individu ne peut se réaliser sans cette estime qu'il s'accorde.

Le doigt de l'estime de soi

Dis-moi, miroir, si je suis la plus belle en ce royaume ?

Attachons-nous maintenant au majeur gauche ! L'estime de soi commence par le reflet que vous apercevez dans votre miroir.

L'estime de soi passe par l'image de soi et par l'image publique, *a priori*. Elle est évidemment interdépendante de la foi en soi (que symbolise le majeur droit). Comme on essaye de nous le faire croire à grand renfort de discours sur la dignité citoyenne, la victime est digne et le vainqueur est suspect, un exploiteur qui se dissimule derrière l'écran protecteur de ses sociétés. La pauvreté est une vertu de gauche, un gage d'honnêteté à droite. La pauvreté est synonyme de probité. Les salaires exorbitants des grands patrons de multinationales, des stars du foot, du showbiz ou du cinéma sont un scandale aux yeux de la France qui paye ses impôts et survit grâce aux aides et autres abattements de toutes sortes. En France, on ne peut pas devenir riche en toute discrétion. Pour pouvoir s'estimer, il faut emporter l'estime des autres, et l'estime ne rime pas avec les paillettes d'une société à deux étages. La France d'en haut est psychotique, elle nous adresse des doubles messages du style : « Ayez l'esprit d'entreprise, enrichissez-vous et vous enrichirez la nation... avant d'être pénalisé pour avoir créé des richesses. » Alors, vous pourrez vous estimer heureux quand vous aurez payé vos impôts et toutes les charges sociales, patronales, syndicales, etc., il vous restera l'inestimable estime de soi. On comprend mieux pourquoi certains exploiteurs « sans scrupule » délocalisent leur production au Vietnam (ou ailleurs) pour ne pas déposer la clef sous le paillasson. Celui qui donne du travail crée de la richesse, d'accord ? Les salaires de ses collaborateurs ou de ses employés serviront à faire tourner la machine économique.

Hélas, la logique de l'État n'est pas la même que celle du premier naïf venu : il faut le plomber de charges et de pénalités diverses avant qu'il ne réussisse à s'enrichir. L'estime de soi est sauve mais pas la confiance qui s'est noyée dans son désespoir.

Pragmatiquement...

Une bague enfilée sur le majeur droit est un aveu de méfiance en soi qui est l'image inverse de la confiance en soi. Un majeur gauche bagué trahit une mauvaise perception de l'image de soi mais aussi une personnalité narcissique qui accorde une grande importance à son image publique. Si vous vous gratouillez souvent le visage avec le majeur gauche, vous êtes très concerné par votre image publique. La gratouille du majeur droit en exclusivité indique un besoin de remettre sa pensée en ordre de bataille.

LES ONGLES
Discipline, ordre et méthode

L'ordre est le compagnon idéal de la méthode tout comme l'improvisation est la maîtresse attitrée du désordre.

J'étais hypnotisé par la beauté de ses ongles. Limés d'équerre, vernis incolore, d'une propreté impossible et surtout blanchis au crayon au niveau du dépassement de la pulpe. Le tout planté sur des doigts délicats comme des bâtonnets d'encens. Elle était assise au bar en forme de fer à cheval de l'aéroport de Dublin en compagnie de deux amies du même modèle. Un homme d'âge mûr s'est approché d'elles. Il était engoncé dans un manteau de cachemire bleu nuit, une écharpe blanche en mohair, négligemment jetée sur ses larges épaules.

Très chic. La jeune femme aux ongles délicieux l'a embrassé sur le bout du nez. Ils sont partis ensemble vers je ne sais quelle destination inconnue. Elle m'a laissé le souvenir d'un dernier regard pesant, adressé en catimini. Le regard d'une femme aussi charmeuse qu'orgueilleuse.

Le bristol

La vitrine doit toujours être alléchante.

Une secrétaire de direction dont les ongles sont toujours manucurés de manière impeccable est une véritable carte de visite pour son patron dans la mesure où ce détail, aussi futile qu'il puisse vous paraître, renforce le pouvoir du patron dans l'entreprise. Le temps consacré à se faire un raccord n'est pas une perte de temps, quoi qu'en pensent les petits chefs jaloux des prérogatives de la nounou du boss. Siège symbolique de la discipline, de l'ordre et de la méthode, les ongles en disent souvent long sur la manière dont l'individu respecte ou non les règles du jeu. Les ongles carrés ne sont pas les ongles manucurés, ongles coupés ras ou en deuil, ongles griffus ou ongles plats, ongles bombés ou ongles cassés... Ce ne sont pas les détails morphopsychologiques que décrypte la psychoanatomie mais le rôle des ongles en tant qu'acteurs de soutien des doigts ou d'autres parties du corps. Ne négligez pas vos ongles ! Si vous en avez les moyens, fréquentez les ongleries pour booster votre degré d'autodiscipline, votre sens de l'ordre et de la méthode. La manière dont vous prenez soin de vos ongles influence favorablement l'émergence de ces qualités au même titre que plusieurs centaines d'abdos quotidiens ont un effet direct sur ce ventre plat dont vous êtes si fier.

Une bonne femme de ménage

Elle s'est présentée un lundi matin au bureau. Le patron m'avait chargée de lui trouver une femme de ménage efficace. Physiquement, elle ne faisait pas du tout l'affaire : blonde, pulpeuse, jupe très courte avec un polo qui laissait percer la voussure de ses tétons. En tant que femme, je ne l'aurais jamais engagée mais mon patron l'a vue de son bureau vitré et m'a intimé l'ordre de lui faire signer un contrat d'essai sur-le-champ. Il avait l'air d'un loup affamé. Le seul détail qui m'avait choquée concernait ses ongles. Certains étaient cassés, d'autres trop longs. Et surtout le vernis écaillé qui trahissait une personne paresseuse ! Ce qui devait arriver arriva. Elle est devenue la maîtresse de mon patron en l'espace d'une semaine. Elle tenait son ménage de nouveau célibataire. Il venait de se séparer de sa femme. Une aventure qui a duré un mois environ, jusqu'à ce qu'il voie la saleté qui s'accumulait dans son appartement de standing et les appareils ménagers qui ne fonctionnaient plus, comme par enchantement. Et puis, au lit, ce n'était pas une affaire, m'a-t-il laissé entendre avec sa délicatesse habituelle. Je suis sa secrétaire depuis plus de dix ans et je n'ai jamais cherché à le séduire. Il est vrai que je ne suis pas une fausse blonde pulpeuse avec des seins qui pointent comme des obus de 45.

Chez la femme, les ongles au vernis écaillé ne sont pas un atout séducteur, à proprement parler. Vous en conviendrez. Ils laissent supposer que la demoiselle qui les affiche ne se respecte pas, pas plus qu'elle ne respecte son territoire. Le vernis écaillé est un signe de négligence, d'inconséquence et d'irresponsabilité, au choix ! Or, les personnes inconséquentes sont aussi à l'origine d'incidents bénins ou d'accidents graves dont elles ne se sentent pas vraiment responsables. Les ongles longs mal taillés trahissent un état dépressif ponctuel ou chronique. Les ongles rongés, un nervosisme ou un état de stress permanent. Quant aux ongles en deuil, je vous laisse seul juge. Je vous livre une définition intéressante de la discipline. « La discipline est la mère de tous les arts et la marâtre de toutes les paresses. » À méditer quand vous en aurez le loisir !

Allez donc vous couper les ongles s'ils sont trop longs ou cessez de les ronger dès qu'un petit vent d'angoisse vous souffle aux oreilles. Si vous n'aimez pas la forme de vos doigts, sachez que la longueur des ongles bien manucurés peut leur offrir une apparence qui vaut réalité.

LES PAUMES
Les mains de la tendresse

Ce qui compte, c'est le degré de compassion
que vous mettez dans vos gestes.
Mère Teresa

Plus le danger d'un conflit mondial permanent se précise, plus l'insécurité urbaine s'installe ; plus le terrorisme s'internationalise, plus le bien-être social passe au dernier échelon des soucis de l'économie mondialisée et plus la compassion fait une entrée triomphale dans les mentalités de ce XXIe siècle. Le citoyen refuse déjà d'être un consommateur obéissant, un téléspectateur idiot et un citoyen discipliné qui vote comme on lui dit de voter tel un veau qu'on mène à l'abattoir. L'électeur sanctionne, commence à se poser des questions et à exiger des réponses. Le consommateur n'achète plus en aveugle, décode la langue de bois des politiciens, s'indigne du laxisme de la justice à l'égard des délinquants récidivistes. L'homme n'est pas le peuple ou la nation. L'homme est un individu qui se respecte et demande qu'on le respecte pour ce qu'il représente. Citoyen, consommateur, électeur, homme ou femme, riche, pauvre, coupable, victime, chacun réclame le droit à la tendresse et à son corollaire direct : la compassion.

La paume droite active et apaise, la paume gauche soulage et guérit. Les magnétiseurs connaissent bien les effets magnétiques des paumes, des outils anatomiques qu'ils utilisent en priorité pour tenter d'apaiser ou de soulager les souffrances des personnes qui viennent les consulter. Il existe des dizaines de monographies qui pourront vous renseigner sur les bienfaits supposés ou réels de cet art ésotérique et millénaire. Un art qui plonge ses racines dans les profondeurs du temps. La main droite de la maman a un effet apaisant sur les douleurs des poussées dentaires du bébé. Le fait est objectivement connu et reconnu. Pourquoi la main droite ? Parce qu'une majorité de mères droitières portent leur bébé sur le bras gauche. Un fait scientifiquement établi par des chercheurs qui pensent que cette habitude vient naturellement de la proximité du cœur et de ses pulsations rassurantes mieux perçues par le bébé.

Les paumes sont de véritables antalgiques, elles calment la douleur de l'autre mais pas la sienne propre. Pour pouvoir en bénéficier, il est donc indispensable de nouer des liens affectifs avec un partenaire ou de faire appel aux services d'un magnétiseur ou d'un spécialiste du massage, si vous êtes un(e) célibataire endurci(e). Le bonheur ? Des mains chaudes et de l'huile de massage !

Les paumes symbolisent aussi la communication tactile, elles entérinent la qualité de la première impression dès la première poignée de main : hypocrite, indifférent, disponible ou séducteur… La température des paumes en dit long.

Le mode hypocrite des mains froides et humides

Ce sont les mains de l'insatisfaction et de la frustration pure et dure. Celui qui exerce une fonction qui ne convient pas à ses compétences aura tendance à développer ce genre de transpiration froide et humide. Elle peut aussi être la conséquence d'une mauvaise entente entre collègues. Il peut arriver que vous ayez les mains froides et humides à l'occasion. Cela ne fera pas de vous un hypocrite patenté pour autant. Mais cette réaction corporelle n'est pas gratuite. Elle peut découler d'un malaise que vous ressentez de manière très ponctuelle.

Georges-Alain est comptable dans une entreprise de travaux publics. Il travaille sous les ordres d'un directeur financier tyrannique. Rien n'est assez parfait pour ce monsieur qui aboie en permanence sur son subalterne. Les mains de ce dernier sont toujours froides et humides quand il est au bureau. Elles retrouvent leur chaleur tout en conservant un certain degré d'humidité dès qu'il quitte son travail. Son hypocrisie n'est qu'un moyen de défense. Georges-Alain est un garçon charmant et très attachant, en dehors du bureau. Il devrait trouver un autre job mais le marché de l'emploi n'est pas assez dynamique pour prendre des risques. Il préférera encore supporter les remarques désobligeantes de son supérieur quitte à le payer par des troubles fonctionnels gastriques, voire une lésion du type ulcère de l'estomac, plutôt que d'envisager de changer de boîte.

Le mode indifférent des mains froides et sèches

Les mains des calculateurs ou des opportunistes sont toujours froides et sèches. Mais ce sont aussi des mains appartenant à des individus réalistes qui ne fréquentent pas les illusionnistes, les utopistes et autres rêveurs. Ils sont inflexibles et peu influençables. On n'y est jamais assez attentif mais les mains froides et sèches appartiennent à des hommes sans compassion, voire sans scrupule. J'ai eu l'occasion de rencontrer plusieurs dizaines de voyous en liberté non surveillée lors d'un doctorat en criminologie que j'ai effectué entre 1983 et 1985. Une petite majorité avait les mains froides et sèches. Une autre partie d'entre eux avaient les mains froides et humides. Très peu les avaient chaudes, sèches ou humides. Pour les hommes de ce milieu particulier, l'indifférence est une qualité vitale et un mode de séduction d'une efficacité redoutable[1].

Il était plus petit que la moyenne, bigleux, les cheveux gras plaqués sur un crâne bosselé. Je ne me souviens plus de son nom ni de son prénom. Nous prenions le café ensemble chaque matin. Quand il a été abattu dans ce même bistrot, je n'étais pas là. Heureusement, sans doute ! Cet homme était un tueur professionnel. La police m'a convoqué pour connaître la nature de nos liens. Je lui serrais la main chaque matin. Elle était toujours froide et sèche. Une main sans compassion. Pourtant, je l'aimais bien et je le prenais pour un petit bonhomme inoffensif. Il était aux ordres d'une famille de gangsters qui a défrayé la chronique du grand banditisme en France dans les années 1960-1970. Un physique de personnage de BD, comment aurais-je pu imaginer un seul instant ?

Le mode disponible des mains chaudes et sèches

Ce sont les mains de la compassion, de l'émotion et du sens de la justice. Les individus qui ont des mains chaudes et sèches sont plus disponibles et généreux que les mains froides et sèches. Soyez attentif à ce type de contact chaud et sec. La prochaine fois que vous vous trouverez en présence d'un individu qui fonctionne sur ce mode tactile, observez-le et écoutez-le, vous constaterez très vite à quel

1. J'y fais référence dans un ouvrage précédent : *Ces Gestes qui vous séduisent*, First Éditions.

point il vous paraîtra agréable à fréquenter, voire enrichissant sur le plan humain.

Le mode séducteur des mains chaudes et humides

Mains sensuelles et fondantes ! Ce sont les mains de femmes ou d'hommes adeptes du *carpe diem*. Cette sensation de chaleur humide imite la transpiration de deux corps qui s'aiment. La chaleur humide peut apparaître chez une femme séduite qui transmet ainsi son message de disponibilité sentimentale à celui qui lui tend la main pour prendre congé. Cette sensation peut disparaître en l'espace de quelques secondes face à une personne qui lui a déplu.

Giuseppe m'explique que c'est sa manière à lui de repérer les bons coups. En boîte, quand il invite une jeune femme à danser, il lui tend toujours la main pour se présenter. Elle lui répond par automatisme. Dès le premier contact, il sait s'il plaît à sa cavalière ou si elle demeure indifférente à son charme de *latin lover*. Et quand la main tendue est chaude et humide, l'ouverture est quasi immédiate. Le rapprochement des corps dansants s'effectue naturellement et les agaceries peuvent entrer en scène sans préambule.

« Ça arrive souvent ? » Giuseppe réfléchit un instant avant de me répondre. Il avoue que c'est assez rare mais que la quête en vaut le graal. « Car quand ça fonctionne, c'est le pied, tu vois ? » J'adore son accent. Il parle comme un acteur italien qui fait de la pub pour les pâtes. Il est vrai qu'il est cuisinier dans le civil.

La main humide et chaude est un signal puissant de congruence émotionnelle. C'est la main sensuelle par définition. Je gage que vous y serez attentif(ve) à présent.

Et les paumes qui vous démangent ?

Chatouillis insupportables ! Le fait de se gratter fréquemment est à l'évidence un signe de tension nerveuse ou de stress. Un individu sous pression peut être pris, sans préavis, de démangeaisons circulant sur toute la surface de son corps, aux endroits les plus incongrus. Les barbus se grattent souvent avec un certain plaisir sans pour autant ressentir consciemment l'aiguillon de la nervosité. Ce qui ne signifie pas qu'ils sont automatiquement des individus calmes et posés. On observe également des personnes qui se grattent le cuir chevelu en signe de perplexité. Il faut savoir que la démangeaison sous-cutanée est le signal par excellence d'une perturbation ponctuelle du climat mental, perturbation qui peut se résoudre spontanément ou se pérenniser. Dans ce dernier cas de figure, la démangeaison se produit toujours au même endroit et devient dès lors signifiante. C'est ainsi que les lieux de démangeaisons récurrents sont d'excellents agents d'information sur les troubles psychologiques. En résumé, la démangeaison est un signal fort du système nerveux et non un simple dérèglement (sous-)cutané. Or, ce système nerveux véhicule des messages dans tout le corps. Le psychisme s'en sert pour évacuer le stress accumulé dans le système nerveux en provoquant ces gesticulations peu élégantes que sont les grattages.

À ce titre, le chatouillement de la paume gauche ne signifie pas automatiquement que vous allez gagner de l'argent et celui de la paume droite que vous allez en perdre. Il en va des paumes comme des pieds qui dérapent sur un caca de chien : du pied gauche ou du pied droit ? Toujours cette différenciation des latéralités associées à la chance ou à la malchance. La gauche sort gagnante à tous les coups. Pourquoi ? Parce que la partie gauche du corps dépend du cerveau droit, celui qui filtre les affects. Et quand les affects et l'intellect sont confrontés, le second est toujours donné perdant face au premier. C'est aussi simple que cela.

LES POIGNETS
Impulsivité ou indécision

Le doute est la maladie de ces nouveaux incroyants qui utilisent toujours le verbe croire comme moteur de leur discours : le style : « Je crois que… » tous les dix mots. « Je crois que vous avez raison », confirme votre *allié* tout en secouant la tête de gauche à droite. La traduction littérale de cette affirmation est la suivante : « Je doute que vous ayez raison mais comme je suis un fourbe, je préfère abonder dans votre sens. » « Je me demande si vous avez raison », s'interroge cet autre intervenant en circuit fermé. *Je* interroge *moi*, pas vous ! La frontière entre « croire » et « douter » est diaphane. Plus la prise de position est opaque, moins on prend de risques.

Sa main droite menotte son poignet gauche. Il m'écoute (ou fait semblant de m'écouter) attentivement. « Votre projet de livre m'intéresse prodigieusement. » Une phrase ponctuée d'un petit rire incongru. Le poignet gauche est toujours prisonnier de la main droite. Cette crapule me ment dans la figure. Je ne veux pas y croire mais je dois m'y résoudre. L'intérêt prodigieux n'ira pas au-delà des mots. J'aurais pu lui dire de s'épargner une fausse promesse. À quoi bon ? Il était innocent de sa gestuelle, il ne savait pas que son corps le trahissait.

Les gestes qui trahissent le doute hypocrite, celui qui se cache sous un vernis de scepticisme, sont assez visibles pour être décodés en traduction gestuelle simultanée. Il faut se méfier de ce genre de personnage qui érige le doute en système philosophique pour dépecer le courage de ses audaces et renvoyer ceux qui y croient encore à leur désespérance. Apprenez à situer le refrain gestuel favori des sceptiques et pendez ceux-ci haut et court dans le jardin secret de vos émotions. Ils polluent vos rêves. Mis à part le site psychoanatomique du poignet droit, le doute est un producteur émérite de gestes aussi variés que divers.

La peur du manque

C'est monsieur « mais », une conjonction à forme vaguement humaine qui vous castrera pour vous apprendre à goûter au manque. *A priori*, tout ancrage d'une main sur l'autre partie du corps est un signal d'insécurité relayé par le climat mental. Qu'elle soit affective, financière, professionnelle ou sociale, l'insécurité prend sa source dans la peur du manque. Manque d'amour, manque à gagner, manque de rentabilité ou manque de relations amicales, tous ces manques explosent dans le contexte d'une crise socio-économique endémique qui se cache derrière des décors de carton-pâte. C'est le manque ou la peur de manquer qui augmente le nombre de séparations[1], de faillites, d'orientations professionnelles erronées ; c'est le manque qui entraîne le sentiment d'incapacité, brise la faculté de réaction et lamine l'instinct de survie individuel ou collectif. C'est le manque de sécurité lié à l'explosion du terrorisme urbain qui entraîne une généralisation de cette manie gestuelle que représente, notamment mais pas seulement, l'ancrage du poignet.

Reprenons quelques instants les bases psychoanatomiques des acteurs somatiques en présence ! Le poignet gauche, siège des mécanismes de décision émotionnelle (cerveau affectif), est retenu prisonnier de la main droite, la main du temps qui passe. *A contrario*, le poignet droit, siège psychoanatomique des mécanismes de décision rationnelle (cerveau cognitif), est enfermé dans la main gauche, main de l'espace. Les décideurs émotifs sont souvent des impulsifs, ils marchent au coup de cœur, à la sympathie. Les décideurs rationnels sont *a priori* des sceptiques et des indécis qui freinent toute initiative des quatre fers.

Quand la main du temps (main motrice) vient préserver le mécanisme de décision émotionnel d'un emportement fatal, le geste indique un besoin de tempérer un emballement

1. Il existe une corrélation entre le nombre de séparations suivies de divorces et la santé économique d'un pays.

des émotions. Il faut temporiser avant de sauter le pas. Tel est le sens de cette séquence. Essayez donc de retenir les chevaux qui s'emballent. Les individus qui reproduisent ce type de refrain gestuel sont plus enclins à prendre leurs décisions à l'emporte-pièce pour libérer leurs affects de l'impatience ou du besoin incoercible de trancher. À l'opposé, quand la main de l'espace retient prisonnier le poignet des mécanismes de décision rationnelle, ce geste produit invariablement un court-circuit dans la prise de décision ou le passage à l'acte du décisionnaire. Le doute ou l'indécision s'installe et l'individu est bloqué. Et comme ces deux modes sont des refrains gestuels invariables, ils trahissent sans vergogne le mode opératoire de vos mécanismes de décision à un interlocuteur averti. Le prisonnier du poignet gauche est donc plus influençable que le prisonnier du poignet droit, voilà ce qu'il faut retenir de ce raisonnement psychoanatomique. Je me suis heurté à tellement de reprises à des décideurs rationnels qui refusaient de se laisser emporter par mes enthousiasmes que dorénavant je ne dépose plus mes espoirs sur la table sous le nez d'un décideur avant d'avoir vérifié à qui j'avais affaire.

L'ancrage est prédictif

Réflexe gestuel invariable, l'ancrage du poignet dans le dos est une attitude de détente du dos. Quand les militaires sont au repos, c'est l'attitude qu'ils adoptent obligatoirement. Cependant, la main qui domine est toujours identique. Quand je dissimule mes mains dans le dos, c'est toujours ma main gauche qui retient le poignet droit. Si j'essaye d'en changer, je ressens un véritable malaise. Et l'ancrage des mains sur le bas-ventre ? En principe, il est identique à celui des mains ancrées dans le dos. **Ce code gestuel réflexe est invariable** quand il est reproduit instinctivement et prédictif quand il représente une réaction à une situation d'insécurité.

L'ancrage impulsif : la main droite retient le poignet gauche prisonnier !

L'ancrage indécis : la main gauche retient le poignet droit prisonnier !

L'ancrage du poignet est un refrain gestuel classique et normal tant qu'il ne devient pas répétitif au point de ressembler à un automatisme de fermeture corporelle. Il se convertit alors très vite en trouble obsessionnel et compulsif (TOC). C'est surtout un signal pur et dur d'insécurité. Soyez donc attentif à vos réactions ! Quand vous reproduisez un ancrage au cours d'un entretien professionnel ou d'une discussion avec des amis, posez-vous la question de savoir ce qui a suscité cette réaction ! Vous constaterez très vite que l'impulsivité ou le doute sont les réponses à ces deux ancrages.

À retenir

Un homme qui porte un bracelet en métal précieux au poignet droit est un individu qui vit pour la galerie et son image publique. Le bracelet au poignet gauche trahit le séducteur actif.

LES POUCES

Imagination et motivation

Désir et plaisir se poussent du coude.

Un enfant qui suce son pouce gauche sera un adulte épicurien et sensuel, celui qui suce son pouce droit sera plus concerné par son image publique. S'il passe indifféremment de l'un à l'autre, attendez qu'il fixe son choix pour statuer. Les pouces sont des doigts jumeaux qui symbolisent deux sentiments interdépendants.

Le pouce droit est le siège symbolique du désir, de la motivation et de la sexualité. Quant au pouce gauche, il est le siège symbolique de l'imagination, du plaisir et de la sensibilité. Sans désir, point de plaisir et sans plaisir, le désir tourne, comme la mayonnaise, à la frustration. Les pouces bagués sont des poteaux indicateurs d'individus très concernés par leur sexualité. Ce qui ne signifie pas forcément qu'ils sont accros au sexe au point de sauter préambules et préliminaires. J'ai souvent observé une certaine bravade ou un air de provocation dans le regard de très jeunes femmes baguées au pouce droit. Elles jouent les « nanas qui assurent » mais sont-elles sûres d'elles ? La mode des pouces bagués est émergente chez les adolescents. Je crois que cette émergence n'a rien de fortuit. Les jeunes ont de plus en plus de mal à gérer les frustrations (sida, notamment) qui handicapent leur énergie libidinale (sexualité, motivation, ambition). Hors de son rôle de séducteur, la bague est une sorte de béquille qui a pour objectif de renforcer la caractéristique anatomique du doigt bagué. Une bague au pouce droit peut indiquer un personnage hypermotivé et très créatif si elle est enfilée au pouce gauche.

Le siège du plaisir

L'imagination a du génie de naissance.

De la sensualité au rêve en passant par la disponibilité, l'imaginaire, le plaisir d'être sans se poser de questions superfétatoires ou l'état de non-stress, le pouce gauche est un paradis digital à lui tout seul. Symbole de l'éternité de l'instant, doigt de l'achèvement au sens premier du terme, le pouce gauche est le doigt des épicuriens et des jouisseurs, donc des hédonistes pour lesquels la recherche du plaisir est confondue avec la quête du bonheur. Tous les individus qui sont dotés d'une imagination fertile sont un peu hédonistes. Mais ce n'est pas une tare, rassurez-vous. Les personnes qui posent leur menton en appui sur la pince pouce et index gauches largement ouverte, comme s'ils portaient une barbe postiche, sont des virtuoses de la visualisation. Ils traduisent les paroles en images, sans le moindre effort. Dans le refrain gestuel invariable du maillage des doigts, le pouce gauche dominant indique un niveau d'imagination actif reposant sur une liberté émotionnelle facile à décrypter.

Le siège du désir

Il faut réveiller votre motivation et non oblitérer les promesses que vous n'avez pu tenir à l'enfant que vous étiez.

Le pouce droit ! Si on évacue le désir sexuel, que représente le désir au sens large du terme ? La motivation, l'enthousiasme, le prosélytisme, l'envie, le ravissement, l'extase ! Le désir est ambivalent, à la fois oblatif et sadique, pervers et authentique. Il est une force fabuleuse quand il s'exprime et un terrible handicap quand il se réduit à portion congrue. La motivation apprend à l'Homme à vivre ses rêves au lieu de rêver sa vie, selon la formule célèbre de Gunnar Eklöff, un philosophe suédois. Lorsqu'un interlocuteur croise les doigts sous votre nez, si son pouce droit est dominant, vous saurez que vous avez affaire à un sujet plus cartésien que créatif, plus rigide que flexible, plus retenu que sensible[1].

Méfiez-vous de la force de l'habitude, elle rend le désir inerte, incapable d'accéder au plaisir. Il faut sans cesse faire du neuf avec du vieux pour réveiller le désir qui s'émousse. Tout le monde sait ça. Tout est une question d'imagination et de motivation, en somme. Pourquoi croyez-vous que la nostalgie fait toujours un tabac ?

Le pouce incarné

Les doigts servent de cache-col au pouce. Le pouce incarné est un refrain gestuel invariable ou alternatif remarquable.

---

1. Pour la théorie qui concerne les refrains gestuels invariables, je vous renvoie à mon ouvrage précédent, *Les Gestes du succès, les mots de la réussite,* First Éditions.

Petite leçon de sémantique gestuelle !

Une petite leçon de sémantique psychoanatomique, ça vous dit ? Sinon, rendez-vous à la page 94 pour la suite. Supposons le cas de figure suivant : *votre interlocuteur glisse souvent son pouce entre le majeur et l'index de la main gauche.*

Vous vous apercevrez très vite qu'il n'a pas assez de combativité pour agir ou réagir mais juste assez pour « désagir ». Il disperse le peu d'énergie qu'il lui reste aux quatre vents en s'investissant dans des croisades inutiles ou en faisant les plus mauvais choix possibles.

Si le geste est reproduit de la main gauche, le pouce gauche (le plaisir) est incarcéré entre l'index (la jalousie) et le majeur (l'image de soi). L'accès au plaisir est subordonné à une image narcissique qui ne supporte pas le succès des autres (ce qu'ils possèdent). C'est un envieux qui se trahit par la répétition de cette incarnation du pouce !

Si le geste est reproduit de la main droite, le pouce droit (la motivation) est coincé entre l'index droit (affirmation de soi) et le majeur droit (organisation mentale ou confiance en soi). La motivation est décapitée par une affirmation de soi et une confiance en soi largement handicapées. Il va sans dire que la maîtrise de soi est totalement absente du jeu. Votre interlocuteur glisse souvent son pouce entre l'annulaire et l'auriculaire.

Ce geste est une perle rare et un signal gestuel d'anorgasmie globale. J'ai observé cette variante à plusieurs reprises chez des patientes désorientées, voire des femmes névrosées et surmenées (uniquement des sujets de sexe féminin).

Si le geste est reproduit de la main droite, le pouce droit (la motivation) est subordonné au bon vouloir de l'annulaire droit (la volonté) et de l'auriculaire droit (l'ambition). Étranglée entre la volonté d'aboutir et une ambition démesurée (arrivisme), la motivation s'épuise, poussant l'individu droit dans le mur. Le profil du saboteur n'est pas loin.

Si le geste est reproduit de la main gauche, le pouce gauche (le plaisir) est investi (annulaire gauche) dans une quête frénétique ou une régression névrotique dans le passé ou l'enfance du sujet (auriculaire droit). Le sujet se conduira de manière immature.

Votre interlocutrice glisse souvent son pouce entre le majeur et l'annulaire de la même main.

Si le geste est reproduit de la main droite, la motivation du sujet (pouce droit) est influencée par la volonté (annulaire droit) de psychologiser ou d'intellectualiser (majeur droit) ses rapports sociaux ou amoureux. Il se conduit en cérébral pur jus, totalement étanche aux émotions des autres. Il peut aussi s'agir de sa vision de la sexualité qu'il exprime gestuellement. Son approche sera plus platonique que sexuellement tonique. Encore une fois, le geste est prédictif d'une intention.

Si le geste est reproduit de la main gauche, l'investissement affectif (annulaire gauche) et le passé (auriculaire gauche) se castrent de leur plaisir (pouce gauche).

En clair : le geste est prédictif d'une rupture ou d'un syndrome de renoncement-abandon, s'il appartient aux réflexes gestuels de la personne observée.

Le premier mensonge

Il me reste un code d'intention à vous décrire car il fait partie du hit-parade des séquences gestuelles que vous croisez quotidiennement. Ce serait un manquement que de l'ignorer, même si je l'ai déjà évoqué dans d'autres livres, par le passé. « Ce ne sont que des gesticulations sans fondement », objectait un grand manitou de la communication et de la publicité que j'ai rencontré dans un tout autre contexte que celui de la gestuelle. Quand on sait que ce personnage s'illustre en tant que consultant en image publique, on est en droit de se poser des questions sur l'efficacité de ses conseils. Il est vrai que ses clients n'ont pas de fins de mois difficiles. Il reproduisait sous mon nez un geste réducteur appartenant à la gestuelle de la fraude. Il est vrai que du haut de son immeuble tour, la vision de la société est beaucoup plus globale que celle qu'on peut apercevoir dans le métro ou dans la rue. Et puis chacun sait qu'un publicitaire doit savoir mentir sans que son nez ne s'allonge.

Votre interlocuteur a les doigts croisés, ses pouces s'écartent régulièrement tandis qu'il tente de vous convaincre.

Ce geste-là, vous devez le connaître comme le loup blanc. On peut le voir tous les jours à la télé, dans tous les débats politiques un peu houleux, dans toutes les émissions grand public où chacun a droit à son quart d'heure de célébrité. Geste pare-chocs, destiné à l'origine à protéger son producteur contre toute attaque qui viendrait le déstabiliser, l'écartement régulier des pouces trahit le peu de conviction que le locuteur investit dans ses propos ou le peu de connaissances qu'il possède sur le sujet qu'il prétend maîtriser.

Code gestuel réflexe du menteur ! Vous avez bien lu ! Les bras (symboliques de la liberté d'action ou de pensée) et les mains (symboliques de la communication) sont prisonniers du croisement des doigts.

Donc, si on retire la liberté d'action, la communication et la créativité (les doigts), que reste-t-il ? Un simulateur ou un menteur, ce qui revient au même ! Il use souvent d'un discours réducteur tout en promettant la lune à son interlocuteur. La contradiction entre le discours verbal et la reproduction de ce geste ne devrait plus vous échapper. Aussi malins qu'ils puissent être, les menteurs professionnels refusent d'accorder tout crédit au langage du corps. Sans doute parce qu'ils sentent confusément que leur corps les trahit.

Les pouces marionnettes reviennent tellement souvent sur les différentes chaînes de télé qu'ils méritent une réflexion plus approfondie que le premier réflexe gestuel venu. Si on admet que ce geste trahit le menteur, la multiplication des pouces marionnettes indique une inflation du mensonge chez les leaders et autres « pipole » susceptibles d'influencer l'opinion. Et tous ces menteurs ont l'air tellement sincères qu'il y a de quoi s'interroger le plus sérieusement du monde. Ou je me trompe, et il m'arrive de le souhaiter du fond du cœur quand je décode un ministre au JT en train de jouer à « pouces marionnettes », ou cette séquence gestuelle réflexe signifie bien ce que je prétends qu'elle veut dire. Alors ? Alors on est mal ! On est mal parce que nous sommes dirigés et influencés par des menteurs. Et un menteur, c'est surtout quelqu'un qui ne veut pas voir la réalité ou la vérité en face de peur de se brûler les yeux. Le mensonge d'État est le déni de la démocratie.

Si vous repérez des pouces marionnettes dorénavant, observez bien le producteur du geste. Le mensonge ne vous semblera pas aussi évident que celui d'un gamin de huit ans. D'autant plus que certains responsables scientifiques usent volontiers de ce code réflexe. Il est gênant de se dire qu'eux aussi nous servent des vérités de carnaval !

Lors de la canicule de l'année 2003, j'ai assisté à la plus incroyable pandémie de pouces marionnettes jamais enregistrée dans mon souvenir. Tous les responsables s'y sont mis. Tous responsables mais pas coupables ! Non ! Le mensonge n'a rien à voir avec le nez, sauf chez Pinocchio, mais il a tout à voir avec les pouces marionnettes.

LA PULPE DES DOIGTS

L'empathie, dite aussi intelligence émotionnelle

L'instinct devine toujours ce qui se trame dans le cœur.

Le cas de Solange est exceptionnel dans la carrière d'un psy. Solange est capable de plonger ses mains nues dans le four de sa cuisinière, sans se brûler, pour saisir un plat pyrex chauffé à 180 °C. Un seuil de résistance à la douleur totalement incroyable. Elle est schizophrène. Sa personnalité est morcelée entre plusieurs individualités. Elle est une petite fille, elle est sa mère, elle est une jeune femme efficace dans l'exercice de sa profession, elle est aussi la victime d'un abus sexuel gravissime. Elle vient en consultation trois fois par semaine et change de personnalité dès qu'elle pénètre dans mon cabinet. Je la suivrai pendant trois années, parfois quotidiennement, jusqu'à ce qu'elle retrouve une sensibilité normale à la chaleur, la première étape vers l'amélioration de son état. La personnalité « puzzlée » du schizophrène bloque toute possibilité d'empathie, donc de ressenti de l'autre ou, parfois, de sa propre douleur physique.

La sensibilité de la pulpe des doigts ne vous a certainement pas échappé. Symboliquement, les pulpes s'identifient initialement à l'empathie, cette sensibilité intuitive de vos sentiments qui vous permet de ressentir ce que ressent l'autre, comme si les *ego* individuels étaient interconnectés. L'empathie du bout de doigts est bien utile dans plusieurs domaines dont la kinésithérapie n'est pas le moindre. Le développement et le succès considérables de l'ostéopathie et de toutes les techniques de palpation ou de massage confortent l'idée que les pulpes ne sont pas uniquement destinées à permettre à la police scientifique de classer vos empreintes digitales dans leurs dossiers.

Mais, au fait, qu'est-ce que l'empathie ?

L'empathie est la quatrième dimension de l'intelligence. Comment peut-on ressentir ce qui se trame dans la tête ou dans le cœur de l'autre ? « Faire toucher du doigt », « Mettre le doigt sur... », « Mon petit doigt me dit que... », « Savoir sur le bout des doigts », « Être à deux doigts de tout deviner »... Les locutions idiomatiques digitales se bousculent pour ouvrir la voie à l'empathie ou à la science infuse.

Il est une sensibilité quasi photographique aux sentiments qui animent nos interlocuteurs, cette sensibilité (très féminine à la base) est le fondement de ce qu'on nomme aujourd'hui l'intelligence interpersonnelle ou émotionnelle. Un individu naturellement doué de cette intelligence fera merveille dans toutes les professions d'aide ou de développement mais aussi en tant qu'enquêteur judiciaire de la police chargé des interrogatoires de suspects.

Les bébés montrent dès leur naissance des comportements émotionnels spécifiques, différents et bien marqués suivant leur sexe. Âgée de quelques heures, une petite fille manifestera déjà une grande réceptivité aux émotions de son entourage immédiat. Elle sera sensible aux pleurs d'un autre bébé alors qu'un garçon n'y prêtera aucune attention. En définitive, les femmes expriment plus facilement ce qu'elles éprouvent et perçoivent davantage ce que l'autre ressent. Elles ne sont pas plus émotives mais communiquent mieux leurs émotions. Ce qui nous amène à découvrir l'incontestable différence : les filles sont de plus grandes lectrices que les garçons. Sept lecteurs de romans sur dix sont des lectrices. En classe de troisième, 82 % des filles interrogées projettent de passer un baccalauréat littéraire. Cette aptitude est étroitement liée à la supériorité langagière des filles sur les garçons, dès le plus jeune âge.

Le sens de la communication au sens large est donc une aptitude plus féminine que masculine et l'empathie, une qualité transmise par la mère. Les fillettes de deux ans à peine préfèrent les livres aux jouets. Elles adorent qu'on leur lise des histoires, ce qui n'est pas le cas des petits garçons du même âge.

La première qualité du psy

Ressentir, c'est sentir deux fois plus fort !

Si l'empathie était une qualité incontournable pour accéder aux sciences humaines, une majorité de futurs psychologues ne seraient pas reçus à l'examen. Curieusement, les praticiens qui exercent la psychothérapie en milieu institutionnel sont souvent des individus rébarbatifs, d'une approche froide, voire alexithymiques (insensibles à la souffrance d'autrui). En revanche, les psychothérapeutes ou psychanalystes qui exercent leur pratique en privé sont beaucoup plus sensibles à la détresse. Il faut dire, à la décharge des premiers, que l'enseignement académique de la psychologie est totalement déconnecté de la réalité du terrain. Psychotique serait le mot juste !

Heureusement, il existe des médecins ou des psychothérapeutes pour réconcilier le public avec le bon sens sur lequel s'appuie la psychologie, hors des enceintes académiques dans lesquelles l'hermétisme intellectuel est de rigueur.

Plus les textes sont abscons, indéchiffrables et énigmatiques, plus les tenants de la psychologie académique s'enferment dans une tour d'ivoire qui les coupe des réalités de la souffrance humaine. Ils ne sont plus crédibles mais ils sont les seuls à l'ignorer.

Un tic gestuel classique : quand les pulpes font des pointes !

Les pulpes sont associées à très peu de gestes aussi significatifs que la calandre, un grand classique de la gestuelle télévisuelle. Un geste qui trahit, *a contrario*, le peu d'empathie du personnage qui le reproduit. Révisionnisme et langue de bois, tel pourrait être le sens synthétique de ce geste particulier et surtout très politique. Les pulpes des doigts se touchent sans que les paumes entrent en contact formant une sorte de toit qui rappelle parfois la garniture de tôle découpée qui protégeait autrefois le radiateur d'une automobile.

La consistance des arguments du locuteur est aussi virtuelle que la couche d'air qu'il tient entre ses mains. Ce refrain gestuel appartient à tous ceux qui font semblant de comprendre ce qu'ils ignorent.

Les individus qui privilégient ce type de refrain jouent volontiers les petits professeurs pénétrés de connaissances qu'ils maîtrisent mal ou pas du tout. Les pulpes des doigts se touchent comme l'ossature d'une calandre virtuelle. Ce geste symbolise l'aspect désossé du discours. Les locuteurs qui reproduisent la calandre jouent parfois à rompre le contact entre les pulpes. Une espèce d'impatience des doigts, coudes en appui. On dirait qu'ils sont pressés de franchir la ligne d'arrivée. Vous l'avez certainement compris. Ils sont effectivement impatients d'en finir avec l'intrus qui leur occasionne un prurit : vous ! Si votre interlocuteur se met à vous jouer le menuet des pulpes impatientes, écoutez-le poliment et saluez-le dès qu'il aura fini son discours. Il ne vaut pas le temps que vous lui consacrez. S'il s'agit d'un « pipole » coincé sur l'écran 16/9 de votre téléviseur, n'oubliez jamais qu'il s'agit aussi d'un pollueur psychique, l'équivalent d'une pensée parasite. Zappez !

POUR CONCLURE LE CHAPITRE DES BRAS ...

J'ai décidé d'être heureux parce
que c'est bon pour la santé.
Voltaire

Existe-t-il un siège du bonheur dans le corps ?

Réponse facile : peut-être que le corps tout entier contient cette extase mystérieuse qui est devenue très tendance depuis quelque temps ?

Réponse plus audacieuse : peut-être que le bonheur est inscrit dans le patrimoine héréditaire de certaines lignées bénies des dieux ; ces individus que la malchance évite comme la peste pour ne pas être contaminée par la poussière d'étoiles.

Dans une enquête lancée sur Internet auprès des internautes parisiens concernant les mots clefs qu'ils privilégient, le bonheur arrive en quatrième position, après l'amour, la révolte et l'avenir[1]. Sur 1333 réponses incluant les dix mots les plus fréquentés, le bonheur obtient 135 voix, soit à peine 10 % des votes. L'amour remporte 16 % des voix, la révolte 14 %. Le courage culmine à 120 voix (9 %), la réussite à 112 (8 %), la famille à 105 (8 %), l'action à 112 (8 %), le rêve à 87 (7 %) et la solidarité à 84

1. *Le Parisien* du 15 mai 2004.

(6 %). En comparaison, la vérité vaut 1,3 % des voix, le travail 3,5 %, le sexe 3,1 % et la nation 0,7 %. Amour, révolte, bonheur, etc., sont des concepts qui n'ont pas d'autre sens que la valeur sémantique qu'on leur attribue. Ils sont arrachés du contexte émotionnel dans lequel ils peuvent s'exprimer et, surtout, on les extrait du corps dans lequel ils siègent. Un sentiment qui est détaché du corps n'a plus aucune autre valeur que celle qu'on veut bien lui accorder. Cette enquête n'est qu'un fac-similé des valeurs qu'on peut attribuer aux sentiments humains. Il manque le premier de tous les mots : l'argent, ce mauvais maître qui est un si bon serviteur. Car dans la société qui est la nôtre, l'argent est le sang qui contribue au bonheur, qu'on le veuille ou non. Il est indispensable pour satisfaire nos besoins les plus élémentaires et nos caprices les plus superflus. Mais il existe aussi un autre chemin qui conduit au bonheur de l'intime : celui de la connaissance de soi, de cet agglomérat de cellules qui vous représente et du trésor enfoui dans la spirale héréditaire de votre patrimoine génétique. La vie est un apprentissage permanent du monde qui vous habite en interaction avec celui qui vous accueille temporairement.

Chaque information qui vous permet de mieux vous connaître est une caresse qui gratifie votre *ego*. Que cette information soit qualifiante ou non, elle vous obligera à réfléchir et à modifier vos comportements pour aller mieux. Il vous manque peut-être un peu de ceci mais vous avez trop de cela. Les critères psy sont invisibles mais nous sommes en mesure de les ressentir, de les confirmer subjectivement. Apprenez à être plus attentif aux mouvements de votre corps qu'au cortège désordonné de vos pensées ou de vos spéculations et vous gravirez déjà la première marche qui mène au sanctuaire du bonheur. À l'instar des enfants malades, votre corps se fait douloureux pour attirer votre attention. En le négligeant au profit d'une multiplication de pensées parasites, vous perdez de vue le bonheur de vivre dans ce corps aux pouvoirs fabuleux. Réinvestissez-le par la pensée et débarrassez-vous de vos spéculations inutiles ! Marchez, courez, respirez, faites-le bouger mais surtout prenez conscience de son rôle de vaisseau spatial du moi pour qu'il puisse vous offrir en échange le bonheur d'y habiter.

CHAPITRE 2

LE BUSTE

Au sommaire

LES AISSELLES
Optimisme ou pessimisme
Le verre peut être à moitié plein ou à moitié vide. C'est vous qui voyez !

LE BAS-VENTRE
Les pensées parasites
Et si les pensées parasites n'étaient que les flatulences de l'esprit ?

LE BUSTE
Le stress
Précipitez-vous lentement au-devant du stress qui vous agresse et opposez de l'inertie quand on vous presse.

LA COLONNE VERTÉBRALE
La sagesse
Pour devenir sage, il faudrait vivre cent mille ans de violence jusqu'au dégoût de toute cette barbarie.

LES CERVICALES
La foi
La foi sans la confiance en soi n'est qu'illusion du moi.

LES DORSALES

La culpabilité

La culpabilité est le cancer de la présomption d'innocence

LES LOMBAIRES

Obstination, exaspération et versatilité

L'obstination est une qualité, l'entêtement, un défaut et la versatilité une détente.

LE SACRUM

L'instinct de survie

Si la vie est sacrée, la mort est un sacrilège.

LE COCCYX

L'enthousiasme

L'enthousiasme est une énergie vulnérable.

LE DOS

L'équilibre affectif

La capacité d'aimer est fonction de la sensibilité du dos à la caresse.

LES OMOPLATES

L'intuition

L'intuition a pour but de vous faire réfléchir et non de vous en ôter l'envie.

LES REINS

Voir les lombaires !

LES ÉPAULES

Virilité, féminité

Il n'y a pas si longtemps de cela, la femme est devenue un être humain à part entière dans notre société occidentale alors qu'elle demeure un ventre tout juste bon à accoucher d'enfants du sexe fort sous d'autres latitudes.

L'ÉPAULE DROITE
L'ambition
L'ambition est un caractère viril récupéré par une majorité de femmes contemporaines. Toutes celles qui portent leur sac à droite.

L'ÉPAULE GAUCHE
Les affects
Sympathie ou antipathie sont des affects de base que le cœur commande sans le concours de l'esprit.

LA POITRINE
La sécurité
La sécurité est une illusion que l'homme fréquente volontiers pour rassurer ses angoisses.

LE PLEXUS SOLAIRE
L'audace et la peur
Elles sont le versus l'une de l'autre. Quand on retourne la peur, on trouve l'audace.

LE STERNUM
Le sens critique, la capacité de recul
L'art est le fruit de la distance, la prudence est celui de la méfiance.

LES FLANCS
La vanité
Qui m'aime me suive ! Et son ombre de lui emboîter le pas.

LA TAILLE
Le fatalisme et la soumission
À force d'étrangler la taille des femmes, il était fatal qu'elle devienne le symbole de la soumission.

LE VENTRE
L'humour et l'espoir
L'humour est l'antidote du désespoir.

LES AISSELLES
Optimisme ou pessimisme

Qui l'eût cru ? Les aisselles sont le siège de l'optimisme opposé au pessimisme.

Et tout cela à cause d'un tic gestuel archicourant qui consiste à coincer la main sous l'épaule – main droite sous l'épaule gauche et *vice versa*.

L'optimiste

La déprime réactionnelle est la maladie des optimistes.

Il croise les bras, pouces en érection, paumes coincées contre les flancs sous les aisselles. Une bonne façon de se remonter les épaules pour donner l'impression qu'on a de la carrure. Paradoxe ! Cette attitude typique chez les ados est symptomatique d'un état de dépression, d'épuisement chez l'adulte, aussi appelée *burn out*. Il s'agit d'une forme particulière de dépression réactionnelle qui survient à la suite d'un surmenage et qui apparaît en général chez les individus submergés par des responsabilités dépassant leur niveau de compétences. On l'appelle aussi « la maladie des managers ». La plupart des sujets atteints par cette forme de déprime ont une personnalité sensible, manquant de maturité, une tendance à l'introversion et des relations sociales difficiles qui engendrent des craintes irrationnelles, l'incertitude par rapport à l'avenir et, fatalement, un fort sentiment d'insécurité. Certains auteurs insistent sur le fait que ces états dépressifs sont parfois difficiles à reconnaître parce que camouflés sous des attitudes sociales trompeuses et des symptômes variés comme des fatigues brusques, des troubles du sommeil, une hyperactivité, une hyperthymie, etc.

Cependant la noirceur de ce descriptif ne doit pas occulter le fait que les individus qui reproduisent ce geste régulièrement sont aussi des optimistes par nature. Et c'est sans doute là tout le grand paradoxe du comportement humain. Il leur reste toujours assez d'énergie pour sortir la tête de l'eau. Tout n'est pas aussi noir que noir ! L'optimiste est un phénix qui renaît constamment de ses cendres.

Quand la main droite se réfugie régulièrement sous l'épaule, paume plaquée sous l'aisselle gauche et pouce en érection à la pliure, cette attitude est prédictive d'une réaction tonique de revendication et/ou de révolte face à une situation frustrante. Le geste est rassurant car la paume entre en contact avec les battements du cœur. L'aisselle gauche est le siège symbolique de l'optimisme. Tant que le cœur bat, tout va.

Le pessimiste

La dépression chronique est la maladie des pessimistes.

La personnalité pessimiste présente une tonalité affective durablement sombre de toutes les expériences vitales, un pessimisme foncier devant la vie s'exprimant en particulier par des ruminations moroses et/ou des appréhensions hypocondriaques.

Henri EY, *Manuel de psychiatrie*

La main gauche se réfugie sous l'épaule droite, paume coincée sous l'aisselle droite et pouce en érection à la pliure. La réaction annonce un personnage stressé. Le sujet a le sentiment d'être mal perçu par son entourage. Un sentiment de rejet peut également entraîner la répétition de ce geste particulier. La course à la reconnaissance est essentielle dans le vécu de l'aisselle droite. Justement pour se défaire d'un sentiment de frustration qui l'épuise. Les deux plus gros problèmes du pessimiste sont son incapacité à se focaliser dans une direction et une seule (il est versatile) et/ou de faire un choix.

Il y a évidemment un cousinage très étroit entre le pessimisme et la superstition. Dans les réunions ésotériques, la majorité des personnes présentes tiennent un discours fataliste ou pessimiste. « Ils ont bien de la chance d'être encore en vie » ; « Il ne faut pas se réjouir trop vite de peur de déplaire aux dieux » ; on ne dit pas « bonne chance », on dit « m… » pour que la malchance s'égare dans la puanteur du caca, j'imagine. Je n'ai jamais rencontré d'individus optimistes dans les boutiques parapsy que j'ai fréquentées autrefois : beaucoup de dépressifs chroniques, une majorité d'anxieux en recherche d'une thérapie « alchimique » et un maximum d'occultistes qui coinçaient leur main gauche sous l'aisselle droite ou qui croisaient les bras en permanence.

Le syndrome d'abandon

Celui qui ne tient pas sa parole mérite d'être abandonné.

La main coincée sous l'aisselle, gauche ou droite, trahit toujours la peur d'être abandonné, qu'on soit optimiste ou pessimiste. Les paumes plaquées sous les aisselles, pouces repliés, quand un sujet croise les bras, sont aussi un signal de déprime pur et dur.

« Je l'ai quitté de peur qu'il ne m'abandonne. » La logique de l'abandonnique est résumée dans cet aveu. Le syndrome d'abandon (dans les deux sens) est un véritable problème de société à une époque où le divorce est devenu une institution, voire un droit inscrit dans une nouvelle charte du couple. Charles Odier a particulièrement bien exploré ce syndrome qu'il a intitulé « névrose d'abandon » à une époque où ce trouble se rattachait essentiellement à des situations anciennes de séparation mal vécues chez ses patients. Le syndrome a singulièrement évolué en l'espace d'un quart de siècle et s'est inséré dans les modes de communication interpersonnels privilégiés. « On se rappelle ! » est un exemple verbal du mode d'abandon que j'intitule : « Suis-moi, je te fuis. » « On » ne représente personne. Si tu ne rappelles pas, tant pis pour toi car tu ne vaux pas un coup de fil supplémentaire. Telle est la traduction en clair de l'expression abandonnique « on se rappelle ! ». Si je ne veux pas qu'on m'abandonne, il faut que je suive ceux qui fuient devant moi, pour être accepté au sein du groupe.

Je me suis acheté un blouson de cuir noir avec des bandes blanches sur les manches. Un caprice rock'n roll en solde ! Il me va très bien. Merci. Je me balade l'autre jour avec mes enfants dans une braderie de province, histoire de passer le temps agréablement. Un stand de motards Harley Davidson ! Ils portent tous un blouson de cuir noir avec des bandes blanches sur les manches. Ils me saluent comme un des leurs. Je réalise avec trois temps de retard qu'ils ont été abusés par mon beau blouson en cuir noir, acheté en solde rue de Rennes à Paris. Je ne possède pas de moto mais je suis immédiatement intégré par la grâce d'un beau blouson car l'habit fait toujours le moine quoi qu'en pensent les beaux esprits.

Sandrine raconte :

J'avais tellement l'habitude d'appeler mes relations professionnelles au téléphone que je tombais des nues quand le téléphone sonnait. Personne ne se donnait la peine de m'appeler. J'avais institutionnalisé, sans le vouloir, le mode « fuis-moi, je te suis ! » avec tout le monde et j'en souffrais. Finalement, je me suis mise à envoyer des mails pour communiquer plus efficacement et j'ai coupé mon portable pour éviter de me laisser tenter. Je suis devenue progressivement intouchable en direct. Mes relations me contactent par mail et je leur réponds par le même canal. Ça manque de chaleur humaine mais le temps est une denrée précieuse pour tout le monde et le mode « suis-moi, je te fuis » est devenu la norme. Je me sens frustrée de contacts humains mais qu'y puis-je ?

Nous vivons dans une société alphanumérique où les messageries vocales à choix multiples ont remplacé la voix humaine. Le sentiment d'abandon est général. Il s'incruste progressivement dans l'inconscient collectif des classes laborieuses. Seuls les ados et les seniors sont épargnés. Ils peuvent encore passer des heures au téléphone sans se soucier de rentabiliser leur temps.

Ce syndrome d'abandon est le signe du pessimisme d'une société qui privilégie le complot, présume la culpabilité au lieu de l'innocence. L'individu se renferme sur lui-même, absorbant trois heures trente d'images télévisuelles par jour. Le pessimisme est en passe de gagner la bataille contre l'optimisme. La bataille, mais pas la guerre, j'espère !

LE BAS-VENTRE
Le siège des pensées parasites

Qu'est-ce qu'une pensée parasite ?

Une spéculation, une appréhension, une catastrophe fantasmée, une impression d'inutilité, un sentiment d'échec, une crainte irrationnelle, un sentiment de culpabilité sans fondement, etc. En bref, la plupart des pensées qui ne sont pas des réflexions structurées sont des pensées parasites. Le bas-ventre est le siège de l'angoisse de castration, sur le plan symbolique. J'y ajoute aussi celui des pensées parasites et polluantes.

Quelques gestes typiques

Assis, il croise ses doigts sur son bas-ventre comme s'il avait besoin d'un suspensoir pour protéger son sexe.

Il s'agit d'un geste inconscient coutumier chez les individus enrobés, ceux qu'on nomme aussi les bons vivants. Il révèle effectivement un besoin de protéger le bas-ventre d'une agression éventuelle, fût-elle verbale.

Votre interlocuteur marche les mains nouées sur son bas-ventre.

Cette démarche est un grand classique des attitudes d'échec. Les mains nouées sur le ventre ou plus bas (tout dépend de la longueur des bras) représentent symboliquement une entrave à la marche. Attitude corporelle courante chez les retraités ou les personnes désœuvrées, elle devient un véritable virus si vous fréquentez un individu qui la privilégie. Quand votre interlocuteur intervient dans une affaire, l'espoir s'échappe. S'il se mêle de vous rendre service, la somme de vos ambitions se désagrégera en molécules vidées de leurs atomes. Il porte la poisse. Si vous avez l'insigne malchance d'être à la fois son collègue et son ami, vous venez de comprendre un peu brutalement, je dois l'admettre, la raison pour laquelle vous avez si peu de chance ensemble. Je ne fais pas de l'ironie à bon marché, même si le ton de mes propos pourrait prêter à sourire. Le porte-poisse se repère à une multitude de séquences gestuelles. Personne ne peut être de plus mauvais conseil que lui. Le simple fait de le fréquenter suffit à transformer votre vie professionnelle en un véritable parcours du combattant. La seule amulette pour se prémunir du mauvais sort qu'il traîne dans son sillage consiste à l'éviter ou à le fuir.

Les douleurs abdominales

La souffrance humaine a beaucoup d'imagination.

La souffrance humaine a beaucoup d'imagination. Certaines douleurs abdominales sont d'origine psychogène, comme les maux occasionnés par les ballonnements et les flatulences, la constipation ou les perturbations du transit intestinal. Il y a clairement un rapport de cause à effet entre ces douleurs atypiques et la santé de vos motivations ou de vos désirs. Au même titre qu'une culture assidue des pensées parasites peut entraîner des constipations avec météorisme ou des diarrhées intempestives, un transit intestinal problématique provient souvent d'une frustration vigoureuse ou d'un entretien de pensées nocives (on dit aussi nociceptives) dans le secret de votre conscience. C'est notamment le cas dans le tableau clinique des troubles fonctionnels de la dépression, associée au syndrome de renoncement-abandon. Perte matérielle ou affective, déception par rapport aux autres ou à soi-même (blessure de l'image idéale) sont certains vecteurs qui débouchent sur un syndrome de renoncement-abandon, comme dans le cas exemplaire du patient suivant, rapporté par un confrère belge.

Jérôme a travaillé plusieurs mois pour monter son projet d'entreprise, un snack. De la restauration rapide dans un quartier de bureaux. Tous les signaux étaient au vert : niche, marché, banquier, locaux idéalement situés, plan financier, rentabilité quasi immédiate, pas de concurrence, etc. Il abordait la dernière ligne droite quand il a dû renoncer abruptement à son projet. Le banquier qui était prêt à le soutenir financièrement a été muté sans préavis et remplacé par un collègue paranoïaque. Le prêt envisagé a été refusé par le comité de crédit et les locaux que Jérôme visait ont été loués à une autre locataire. Adieu veaux, vaches, cochons...

Profondément déprimé, Jérôme est venu me consulter, poussé dans le dos par son épouse. Il m'a exposé ses amertumes, disséqué les raisons de sa malchance tout en essayant de me persuader que je ne pouvais rien faire pour lui.

« Vous êtes venu en voiture ?

— Non ! J'ai pris le métro, pourquoi ?

— Pour rien ! Vous aimez marcher ?

— J'adore ! réplique-t-il sur un ton désabusé.

— Combien de temps vous a-t-il fallu pour monter ce projet ?

— Je ne sais pas moi, disons trois mois. Pourquoi ?

— Est-ce que vous pourriez me traduire votre motivation de manière concrète ?

— C'est-à-dire ?

— Je sais que ça vous sera difficile mais je voudrais que vous me traduisiez votre investissement en kilomètres.

— En quoi ??? (Il est interloqué par ma requête.)

— Prenez ça comme un jeu ! Trois mois de travail acharné pour monter votre projet, ça représenterait combien de kilomètres à pied ? »

Il s'abîme en grimaçant dans une réflexion profonde. La question est saugrenue mais il accepte de jouer le jeu. Jérôme souffre de constipation chronique depuis son échec. Ses flatulences sont douloureuses et il fait d'énormes efforts pour ne pas se laisser aller en public. Il est déjà sorti plusieurs fois pour se rendre aux toilettes au cours de notre entretien. La traduction prend du temps. Il serre les lèvres, secoue la tête de gauche à droite, change de position à plusieurs reprises. Il transpire légèrement.

« Mille bornes, crache-t-il soudain avec une espèce de provocation dans le ton.

— Ça fait du chemin ! Mais voilà ce que je vous propose. Je vous donne le choix : soit vous vous achetez un podomètre qui permet de mesurer le chemin parcouru par un randonneur, soit vous avez les moyens d'investir une somme dans un tapis déroulant de marche à domicile. Mille bornes, hein ? C'est le chemin de croix que vous devrez parcourir pour vous faire pardonner votre échec et vous débarrasser des troubles fonctionnels que vous endurez. Si vous souscrivez à ma proposition, je vous garantis que vous retrouverez la hargne suffisante et nécessaire pour vous battre et réussir à ouvrir votre snack-bar dans les meilleures conditions possibles. »

Mon patient est abasourdi, la mâchoire inférieure pendante comme un *toon* de Tex Avery. Il quitte mon bureau sans même me saluer, après avoir réglé sa consultation, tout de même. Je ne le reverrai plus pendant une année. Jusqu'au jour où... J'ai une petite faim et je rentre dans un snack comme il y en a tant à Bruxelles.

Une jeune fille me sert, je règle et je m'apprête à sortir quand Jérôme pousse la porte du snack. Surprise surprise ! Il a l'air ravi de me revoir.

« Je les ai faites vos mille bornes ! À pied ! Ça m'a pris six mois mais nom de D... après ça, je l'aurais bouffé tout cru, mon banquier, s'il avait osé me refuser le prêt que je lui ai demandé. »

Les troubles fonctionnels dont il a tant souffert ont disparu dès qu'il s'est mis en route pour jouer les Forrest Gump, sans Tom Hanks dans le rôle. Il a traversé la Belgique à pied en partant de Knokke-le-Zoute jusqu'à Arlon. Sa femme et lui sont partis ensuite dans le sud-ouest de la France pour leurs vacances d'été. Il a marché plus d'une centaine de kilomètres dans les Landes. Son épouse pédalait à ses côtés.

« J'ai souvent voulu abandonner mais je me suis dit que si je le faisais, je me maudirais à jamais. Et puis, j'étais de plus en plus persuadé que mon snack m'attendait au bout du chemin.

— Et ça marche bien ?

— Du tonnerre de feu le père ! »

L'énergie stockée au cours de ses mille kilomètres a été un carburant détonant qui a contribué au succès de son entreprise. Comment est-ce possible ? L'effort initiatique extraordinaire qu'il a fourni a inscrit sa détermination dans l'infrastructure de sa personnalité. Détermination = ténacité, persévérance, endurance, conviction, évidence, certitude et révélation. Il est allé jusqu'au bout de lui-même, ce qui lui donne le droit d'aller « jusqu'au bout de ses rêves » comme le chante J.-J. Goldman. Mon confrère lui avait mis le marché en main, une forme d'initiation destinée à lui redonner une image explosive de lui-même. Mille bornes ! C'était la valeur qu'il accordait à l'investissement d'un trimestre pour monter son affaire avortée. Il aurait pu les faire à vélo. Son psy le lui a proposé mais il a préféré jouer à Forrest Gump. Quand il a terminé son périple, il était comme enragé, selon ses dires. Il aurait bouffé tout cru n'importe quel imbécile qui se serait mis en travers de ses projets.

« *J'y ai tellement pensé en marchant que je suis devenu une espèce de rhinocéros. Tout a changé, mon approche des autres, mon audace, mon efficacité relationnelle, tout.* »

La gratification ressentie après une telle compétition contre le sentiment d'échec est une fierté légitime qu'il est difficile de ressentir si on ne l'a jamais vécue.

Et les pensées parasites ? Écrasées comme de vulgaires moustiques ! Jérôme n'a plus jamais souffert de ses intestins. « Il m'a offert le café. Ma récompense », a conclu mon confrère en souriant.

Le conseil du psy

Les pensées parasites agissent comme des virus qui déstructurent l'organisation mentale. Elles sont non seulement une entrave à la mémoire et à l'intelligence mais aussi une contrainte pour le corps qui en subit les assauts sous la forme de troubles psychosomatiques ou de dysfonctionnements variés et divers. Existe-t-il un antidote qui permettrait d'évacuer cette pollution mentale ? Il en existe plusieurs mais le premier de tous s'appelle le sport. À défaut d'en pratiquer un assidûment, vous pouvez aussi vous jeter des défis à la figure en vous regardant dans le miroir de votre salle de bains ou encore apprendre à dépasser vos limites pour alimenter votre endurance. Combien de mètres carrés de votre jardin seriez-vous capable de retourner à la bêche ? Dix mètres carrés ? Mettez-vous au défi d'en faire le double. Combien de pages d'un roman pouvez-vous avaler en une heure de lecture ? Soixante ? Mettez-vous au défi d'en lire dix de plus dans le même temps. Vous défier en toute occasion est une manière idéale d'évacuer les pensées parasites. Pourquoi ? Parce que chaque petite victoire est la preuve de votre valeur ajoutée, comme une TVA que vous percevez sur vos actions les plus banales. C'est aussi une question de mentalité à acquérir. Chaque fois que vous le pouvez, mettez-vous au défi de faire mieux ou plus que ce que vous faites habituellement. Vivez un challenge permanent avec vous-même jusqu'à ce que les pensées parasites cessent d'envahir votre esprit. Car ces pensées polluent non seulement vos capacités intellectuelles mais elles sont aussi à l'origine de nombreuses somatisations dont celles qui touchent au transit intestinal ne sont pas les moindres. Contre les pensées parasites, le seul remède efficace qu'on ne trouve pas en pharmacie s'appelle le défi.

LE BUSTE

Le siège du stress

Précipitez-vous lentement au-devant du stress.
Opposez de l'inertie quand on vous presse.

« Le stress provient d'une stimulation imaginaire de l'aboutissement d'une action alors que la ligne de départ n'est pas encore franchie. » Méditez cette définition, si vous avez deux secondes devant vous, avant de poursuivre !

L'orientation naturelle du buste est une observation essentielle en psychoanatomie. Il se comporte comme une girouette face au vent social du stress. Quand le buste s'efface vers la droite, cette rotation subtile signale une préparation à l'attaque verbale ou physique. Le corps se ramasse à droite avant de bondir (virtuellement) sur l'adversaire. Imaginez un coup de poing ! Il a besoin du recul de l'épaule pour être asséné avec violence. L'effacement vers la gauche trahit une velléité de fuite, même si votre adversaire vous donne l'impression d'« un engagement total ». Écoutez attentivement son discours : « Non, non, je suis d'accord avec vous. » Évidemment, il faut vérifier sa latéralité, si vous en avez le temps, car un gaucher exercera une rotation vers la gauche pour attaquer et fuira par la droite. Il suffit souvent de situer le poignet auquel est fixée sa montre. La fuite n'est pas le terme exact, en fait. La rotation à gauche du buste du droitier indique toujours un désengagement prédictif tandis que la rotation vers la droite confirme une implication ou une adhésion. Ce genre de rotation est tellement subtil que j'essaye généralement de l'ignorer, surtout quand j'ai très envie de conclure. Et bien entendu, je me fais souvent avoir.

Quand votre interlocuteur a tendance à projeter son buste en avant, il a peur d'être récusé ou censuré. Il se met en position d'infériorité. *J'ai besoin de vous ou de votre aide,* sous-entend-il, ou : *je vous trouve sympathique,* dit ce corps de votre collègue. Le buste en retrait, le dos collé au dossier de la chaise, trahit un besoin de prendre du champ ou la peur de perdre son libre arbitre. S'il vous arrive de reproduire cette posture involontairement dans le feu d'une négociation, vous saurez dès à présent que votre hôte tente de vous enfermer dans son argumentation ou qu'il vous manipule pour vous persuader d'approuver son point de vue. *J'ai l'impression d'une mauvaise odeur,* songez-vous. La mauvaise odeur est la traduction d'une hallucination olfactive : la situation sent mauvais pour vous.

Si le buste de votre nouvelle stagiaire est souvent penché vers la droite quand elle s'assoit face à vous, vous pourrez en déduire qu'elle fait le maximum pour s'investir dans le job qui lui a été confié. Elle est motivée et décidée à vous satisfaire. *J'espère que mon dossier est bien ficelé.* En revanche, si son buste penche souvent à gauche quand elle est assise en face de vous, ses émotions sont déstabilisées, soit parce que la fonction qu'elle occupe ne lui plaît qu'à moitié, soit parce que vous lui plaisez trop pour qu'elle puisse se concentrer efficacement sur son job. *Qu'est-ce qu'il est beau avec ce nœud pap. Il faut que je regarde ailleurs.* Dans les deux cas de figure, elle tente de fuir symboliquement les opportunités qui se présentent à elle.

Toute personne assise de trois quarts sur son siège est prête à vous quitter séance tenante même si elle vient de poser son postérieur sur sa chaise. Il s'agit là d'une attitude caractéristique, voire caricaturale, de pseudo-fuite. Elle vous fait l'aumône d'un instant de sa vie, vous accorde trois sous d'inattention avant de vous laisser choir comme une vieille chaussette pour aller sévir auprès d'interlocuteurs plus rentables ou plus gratifiants.

Le buste est une partie corporelle globale qui ne s'exprime que par ses contorsions, ses orientations ou ses décorations (ses tatouages très en vogue, notamment). Sachez tout de même qu'un tour de reins intervient souvent quand on a foulé aux pieds des traditions qu'on respectait par la force de l'éducation. C'est le prix à payer. Les ceintures lombaires en cuir que portent certains hommes forts (les déménageurs notamment) peuvent être justifiées par la pénibilité d'un métier mais elles sont aussi liées à une fragilité des muscles lombaires. J'ai aussi remarqué que les individus sujets à des tours de reins à répétition sont souvent plus têtus que la moyenne des gens. Les reins sont le siège symbolique de l'obstination mais aussi de la versatilité qui est son image miroir.

« J'ai de nouveau un tour de reins. À propos, j'ai changé d'avis, je ne viendrai pas à Paris demain. » C'est déjà la quatrième fois qu'elle reporte son déplacement et son deuxième tour de reins, ce mois-ci.

Le buste BD

Le buste est un lieu de tatouage privilégié par les hommes et les femmes BD. Cette appellation est de mon cru, elle désigne un individu qui rêve sa vie à l'abri d'un corps « œuvre d'art » mais dont le moi est sacrifié au profit de l'apparence du soi. Le soi est le reflet idéal du moi. Une image publique (ce que Jung nomme la *persona*) qui lui permet d'exister aux yeux des autres. Le tatouage est essentiel car il représente l'imagerie des rêves qu'il ne vivra jamais. Il existe sans doute une autre raison à cette obsession du buste BD : « Plein à l'extérieur, vide à l'intérieur ! » dit le dicton populaire. *Qu'on admire ou qu'on rejette mon corps, j'existe aux yeux des autres.* Le tatouage est la succursale « externalisée » d'une vacuité affective profonde, mais ça fait joli.

Comment évacuer le stress ?

Le but n'est pas d'aller loin mais de durer longtemps.

Très simplement en faisant du vélo fixe ou du tapis de marche déroulant face à l'écran de votre téléviseur. Choisissez-vous un bon film et pédalez ou marchez du début à la fin de ce film. N'oubliez pas de boire en chemin ! Les toxines que vous évacuerez sont la traduction liquide de votre stress. Rien ne sert de courir, il faut pédaler lentement ou marcher à l'aise, sans forcer la dose !

Le but n'est pas d'aller loin mais de durer longtemps. Trente minutes tous les soirs ou presque vous offriront un sommeil de plomb, des mollets de fer et un moral d'acier. Quant au stress, il n'osera même plus vous approcher de trop près de peur d'être transformé en gouttes de sueur.

UNE COLONNE VERTÉBRALE EN OR MASSIF
Les sept piliers de la sagesse

La sagesse est la dernière escale avant l'automne de la vie et la première escale avant l'éternité.

Je venais de passer en caisse pour régler mes achats. Il manquait au jeune étudiant qui me suivait deux euros pour payer les siens (manifestement, son dîner du soir même). La caissière affichait son exaspération et son mépris. La pauvreté n'est jamais sympathique. Je lui ai refilé la différence pour qu'il puisse manger ce soir-là et je suis parti sur un sourire entendu. Ce n'était pas de la charité, c'était du plaisir à l'état pur. J'ai apporté ma contribution sans attendre la reconnaissance d'un merci. J'ai goûté à la sagesse de la compassion, l'espace de dix secondes. C'était bon à prendre.

La cariatide du corps humain

Apparente comme un exosquelette quand le relief de l'apophyse épineuse est bien visible et palpable sous la peau ou cambrée, offrant au dos une apparence ravinée beaucoup plus sensuelle que dans sa première version, la colonne vertébrale est composée de sept vertèbres cervicales (les sept piliers de la sagesse), de douze vertèbres dorsales, de cinq vertèbres lombaires, de cinq vertèbres sacrées soudées qui forment le sacrum et de quatre à six coccygiennes qui constituent le coccyx.

Le rachis (ou colonne vertébrale) est évidemment un siège fondamental puisque rien n'est possible sans son concours. Il est la cariatide du buste et de la tête, le permis à points qui vous ouvre la porte de la liberté de mouvement.

Je vous propose les sept piliers suivants pour ouvrir la porte à la sagesse qui vous manque.

La foi

La foi est la racine de l'instinct de survie et le moteur de la confiance en soi.

L'amour

L'amour est un don de soi avant de devenir un échange de sentiments.

L'authenticité

Ou si vous préférez : la sincérité envers soi-même.

Le courage

Il faut savoir dépasser vos peurs qui vous empêchent de vous dépasser.

La lucidité

Écouter n'est pas entendre ! Voir n'est pas regarder ! La lucidité se nourrit de la vérité et s'obscurcit du mensonge.

La patience

La patience a bien de la chance de ne pas en avoir besoin.

La tolérance

Commencez par respecter votre territoire et vous apprendrez à respecter celui des autres !

J'ai rangé les sept piliers de la sagesse dans un ordre aléatoire. Mais lequel est le premier, le deuxième, etc. ? Y a-t-il une préséance ? Elle est subjective et surtout fonction de critères personnels. Car ces sept piliers sont autant de clef qui vous ouvrent les portes de la sagesse.

L'histoire des douleurs atypiques

C'est si bon quand ça s'arrête !

Si vous êtes souvent sujet à des douleurs *sine materia* de type vertébral ou paravertébral, il est important de situer le siège de ces douleurs d'une part et de vérifier qu'elles ne sont pas d'origine pathologique d'autre part, avant de statuer sur une possible origine psychogène.

Les douleurs cervicales

Si vous cessiez de faire du rase-mottes sous votre ligne d'horizon, vous seriez déjà beaucoup moins complexé(e).

Elles sont souvent consécutives à une blessure narcissique qui vise à déstabiliser la confiance en soi. Ces douleurs peuvent apparaître soudainement et disparaître tout aussi vite quand le sentiment d'infériorité s'efface. D'ailleurs, si ce n'est pas le cas, une méfiance en soi installée risque de se transformer en torticolis pour bien marquer la conscience. Si vous êtes victime de douleurs cervicales atypiques, ne courez pas bille en tête chez le kiné avant d'avoir effectué un tour d'horizon de vos sentiments et de vos pensées parasites. Le coupable n'est jamais très loin. Si c'est un proche qui vous veut du bien, fusillez-le mentalement avant de prendre vos distances physiquement. Si c'est un sentiment délétère, visualisez le nettoyage de votre champ psychologique avec un motoculteur mental. Il faut retourner la terre de la conscience pour lui donner de l'air. Les cervicales baptisées « les sept piliers de la sagesse » sont d'abord et avant tout **le siège symbolique de la foi** (en soi, en Dieu ou en n'importe qui ou quoi). Sachez tout de même que la foi est le premier de ces piliers, quel que soit l'ordre dans lequel vous classez les six autres. Quand la foi s'absente du jeu, la douleur cervicale s'installe.

Les douleurs dorsales

Les coupables sont souvent victimes
de leur besoin d'expiation.
« Les hommes ne sont pas assez mûrs pour vivre
sans la peur d'être damnés. La contrainte leur est nécessaire.
Ils ont besoin de souffrir pour se sentir meilleurs. Ils ont
besoin d'être coupables pour recevoir l'absolution et jouir
de ce doux sentiment du rachat. »
Serge Lenz, *La Stratégie du bouffon*

Si les douleurs dorsales ne sont pas liées à une scoliose ou une cyphose ou à toute autre cause structurale, elles peuvent être la conséquence du « dos rond psychique ». La peur des retombées ou d'une volée de bois vert qui vous attend pour une faute que vous avez commise ou parce que vous aimez vous sentir coupable par pur plaisir masochiste. La peur de la punition peut parfaitement vous sembler excitante, attendue et espérée pour vous délivrer de ce sentiment psychotoxique qu'est la culpabilité. Un plaisir trouble et pervers qui ne fera de tort qu'à votre dos. Les vertèbres dorsales sont justement **le siège symbolique de la culpabilité.** Curieux, n'est-il pas ? Nos aïeux ont appris à être battus pour un oui ou pour un non par leurs seigneurs et maîtres, c'est sans doute la raison pour laquelle les vertèbres dorsales sont devenues une succursale psychoanatomique de la culpabilité. Et pourquoi les bossus ne seraient-ils pas les descendants d'une lignée d'esclaves battus comme plâtre, tout comme certaines cirrhoses sont dues à une hérédité alcoolique ? Mais certaines douleurs dorsales peuvent aussi provenir d'un sentiment de culpabilité réel dont la souffrance représente la punition obligée de manière totalement inconsciente.

On a toujours tort d'être coupable
Alors qu'on voulait naître responsable
La vie nous tire au sort comme des pantins
Elle nous colle un destin insupportable

Qui est-ce qui décide du scénario
Il ferait bien de revoir sa copie, ce charlot
C'est pire qu'un génocide comme cadeau
Réveille-moi d'ce cauchemar
car trop, c'est trop !
(refrain d'une victime)

Les douleurs lombaires

Elles sont à mettre en corrélation avec un entêtement ou une obstination non fondée (voir la section consacrée aux reins dans ce même chapitre).

Les douleurs sacrées

Une santé en bonne santé est le seul sacrement qui vaille.

On retrouve **l'instinct de survie** à différents endroits du corps, dont le sacrum qui en est l'un des sièges symboliques. Contrairement à ce que professent certains ésotéristes, l'instinct de survie n'a rien à voir avec la réincarnation ou la métempsycose (réincarnation de l'homme en animal).

Cet instinct particulier est un talent hérité d'une longue lignée d'ancêtres qui ont survécu aux pires brimades, aux plus grandes difficultés d'existence, aux conflits meurtriers ou aux catastrophes naturelles et qui vous ont transmis cette fabuleuse prédisposition à survivre envers et contre tout. Un amour immodéré de la vie, voilà ce qu'est l'instinct de survie. Des douleurs atypiques au sacrum vous informent que votre instinct de survie est malmené et qu'il vous faut réagir. Votre santé est en péril ou vos chances de réussite risquent d'être exterminées.

Réagissez !

Les douleurs coccygiennes

Le kundalini est la source de toute énergie sexuelle et spirituelle que la philosophie tantrique situe au bas de la colonne vertébrale.

Vous connaissez le gag stupide de la chaise que l'on retire au moment *ad hoc*. Pour le plaisir de votre douleur ! Est-ce parce que le comique de service sent confusément que votre coccyx est **le siège symbolique de votre enthousiasme** qu'il vous a choisi comme victime de sa mauvaise blague ? L'enthousiasme des autres est souvent mal perçu par les pessimistes de service qui représentent la majorité.

Si vous êtes sujet à des douleurs atypiques du coccyx (sans qu'il soit question de chute, évidemment), rendez donc une petite visite de courtoisie à votre enthousiasme. Est-il au chômage technique depuis votre séparation ? En deuil depuis que vous dépendez des Assedic ?

Rien que de très normal. Cependant, si vous souhaitez que les choses changent, il faudra remotiver votre enthousiasme pour que les douleurs coccygiennes disparaissent.

Et puis, cessez de vivre assis ou de vous asseoir en toutes occasions. Les douleurs au coccyx peuvent aussi provenir de cette paresse très citadine.

L'enthousiasme est un sentiment fragile. Il dérange ceux qui ne le partagent pas avec vous et qui feront tout ce qui est en leur pouvoir pour vous démoraliser. « J'admire votre faculté de vous enthousiasmer mais je regrette de devoir vous dire que votre projet ne sera pas accepté. »

Les beaux esprits n'aiment pas ce sentiment qui exalte l'envie de faire ou d'agir. Ils ne partagent pas votre ivresse et sanctionnent cet enthousiasme qui dérange une saine digestion de leurs préjugés. L'enthousiasme a le mérite de rajeunir ceux qui en abusent. Ne laissez personne ni aucun évènement gâcher le vôtre ! Les tueurs d'enthousiasme sont des individus polluants par définition. Ils sont pessimistes, fatalistes, cultivant la médiocrité des sentiments pour ne pas ressentir la détresse dans laquelle ils vivent leur vie. Un détail qui vaut son pesant d'or : ils souffrent de gastralgies fréquentes, ce qui leur donne une haleine un peu lourde au parfum acide. Il faut toujours se méfier d'une personne qui vous honore de son haleine fétide. L'halitose[1] est un signe de rejet de l'autre ou des autres en général. Elle se manifeste parfois très soudainement quand une personne est vivement contrariée par la présence d'un intrus. La colère rentrée peut aussi en être à l'origine. Bref, n'étalez pas vos enthousiasmes sous le nez d'un individu à l'haleine chargée.

LE DOS

Le siège de l'équilibre affectif

L'amour est une question d'énergie
qu'on nomme aussi des sentiments dans les romans.

Elle tapote rythmiquement le bébé de l'une de ses mains. Ce tapotement se limite pour l'essentiel à une seule partie du corps du bébé : le dos. Il se fait à une vitesse et à une force caractéristiques. Inférer qu'il s'agit là d'une aide au petit rot ne rend pas un compte exact de la réalité, selon Desmond Morris[2]. C'est une réaction maternelle plus fondamentale et plus répandue qui ne se limite pas à une seule manifestation d'inconfort infantile. Chaque fois que le bébé semble avoir besoin d'un peu de réconfort, la mère complète la simple étreinte de quelques tapes dans le dos. À l'origine, la petite tape dans le dos est ce que les spécialistes de la gestuelle nomment un code d'intention. C'est un mouvement qui est censé simuler un sentiment de réassurance ou d'apaisement du bébé. Sa généralisation planétaire en a fait un geste anxiolytique universel. Le dos est la

1. Mauvaise haleine dont l'origine ne se situe pas dans la bouche. Du latin *halitus*, vapeur.
2. *Le couple nu*, éditions Grasset, 1971.

première partie corporelle sur laquelle la main de l'ami vient se poser quand il faut consoler ou montrer sa compassion, le bras autour de l'épaule vient en second. Les petites tapes répétées contribuent à calmer le bébé ou l'enfant qui s'est fait un petit bobo ou qui éponge un gros chagrin.

Le dos est le siège de l'énergie la plus fondamentale pour la survie de l'humanité : l'amour. Le dos, pris dans sa globalité, est le siège anatomique de toute sensibilité affective, ce qui a été prouvé scientifiquement au cours des années 1980. David Servan-Schreiber rapporte les faits suivants dans son remarquable ouvrage intitulé *Guérir* et paru en 2003 chez Robert Laffont : « Malgré toutes les conditions requises pour maintenir en vie des prématurés, ces derniers ne prenaient pas de poids et ne grandissaient pas, ce que les scientifiques considéraient comme un mystère. En revanche, une fois sortis de la couveuse, les nourrissons survivants rattrapaient leur poids rapidement. Un jour, dans une unité de néonatalogie américaine, les médecins ont remarqué que certains bébés en couveuse grandissaient normalement. Pourtant, rien n'avait changé dans les protocoles de soins. Sauf que... une infirmière de nuit avait bravé l'interdiction de toucher les prématurés, incapable qu'elle était de résister à leurs pleurs de détresse. Elle avait entrepris de caresser le dos des bébés pour les calmer. » De cet incident, les chercheurs ont pu déduire que le contact affectif tactile est bel et bien un facteur indispensable à la croissance.

Incroyable mais vrai ! Et la portée de ce constat est incommensurable car elle confirme que le dos est bien le siège anatomique de l'amour.

L'expérience des orphelinats roumains, dont les images sont encore dans toutes les mémoires, a démontré de manière éclatante que la plupart des enfants qui ne reçoivent pas leur dose de nourriture affective en meurent. D'où il ressort que la principale source de régulation biologique est l'amour de la mère ou d'un substitut de celle-ci. David Servan-Schreiber ajoute un principe fondamental en ces termes : « Chez les humains, on a établi que la qualité de la relation entre les parents et leur enfant, définie par le degré d'empathie des parents et leurs réponses à ses besoins émotionnels, détermine dans le temps la tonicité de son système parasympathique, c'est-à-dire le facteur précis qui favorise la cohérence du rythme cardiaque, ce facteur essentiel qui lui permettra de mieux résister au stress et à la dépression... » Ce qui est vrai pour les tout-petits dont l'équilibre physiologique dépend de l'affection qu'on leur porte est aussi vrai pour les adultes.

Un dos dont on souffre est un signal qu'il ne faut jamais négliger. Il signifie que vous en avez « plein le dos » d'un imbroglio, d'une situation professionnelle ou d'un partenaire dont vous vous détachez insensiblement. Mais les douleurs dorsales peuvent également indiquer une carence affective installée depuis l'enfance. Les tensions s'installent un peu comme des couches sédimentaires qui se superposent. Ce n'est qu'une image mais elle parle mieux à l'imagination. Seul un retour en force de l'estime de soi peut contrecarrer cette sédimentation. Un coiffeur de plus, des caprices vestimentaires, un petit bijou fantaisie, une paire de chaussures superflues mais si mignonnes, quelques séances de massage, crèmes et parfums... les occasions ne manquent pas de se faire plaisir. Et si votre conjoint proteste, profitez des prochaines vacances pour le solder en lui présentant sa nouvelle maîtresse. Il ne vous aime pas plus que vous ne vous aimez vous-même.

Les dorsalgies chroniques

Mal au dos rime souvent avec découragement, démotivation ou désinvestissement. Le dos voûté est toujours significatif d'un passé difficile. Il porte le poids du monde sur ses épaules. Le dos est aussi le siège de toutes les tensions musculaires qui ne sont que les déclinaisons subjectives de troubles ou de traumatismes affectifs anciens et non résolus. Si vous souffrez régulièrement du dos, sans origine pathologique déterminée, il est évidemment facile d'accuser la posture au travail ou l'incapacité de vous détendre, le stress quotidien ou les angoisses du lendemain qu'on vous fait subir en vous mettant la pression au boulot. Les dorsalgies chroniques ne sont pas négligeables, elles ont clairement une origine affective qu'aucun kiné ne peut effacer, même si son travail de fond vous soulagera toujours.

Soulager n'est pas guérir ! Toute douleur atypique de cette région du corps est associée aux affects, à un investissement de soi qui n'a pas abouti au résultat escompté ou à un investissement professionnel pris en otage par votre employeur. J'ai observé certains étudiants qui avaient fourni un effort réel pour se remettre à niveau. Ils ont été victimes de douleurs dorsales « compensatoires » parce que, malgré leurs efforts, ils avaient échoué à leurs examens.

Un VRP du secteur éditorial a été transféré dans une nouvelle région pour élargir le potentiel de clientèle de la société de diffusion. Malgré les avantages qui ont accompagné cette mutation, il a commencé à souffrir du dos, mettant cette gêne sur le compte des kilomètres de routes départementales mal entretenues qu'il devait emprunter quotidiennement. En réalité, il s'est retrouvé confronté à des libraires démotivés avec, pour conséquence, un chiffre d'affaires inférieur à la moitié de celui qu'il obtenait dans son secteur précédent.

Certains chercheurs prétendent que l'une des causes majeures des douleurs dorsales serait liée à la frustration sexuelle. Le simple fait de refaire l'amour régulièrement les chasserait automatiquement. Si vous avez mal au dos et si vous oubliez vos devoirs conjugaux, vous savez ce qu'il vous reste à faire. Mais on peut aussi privilégier les massages ou les caresses mutuelles sans connotation sexuelle.

Le succès considérable des stages de massages orientaux n'est pas le prolongement unique de leur efficacité. Une majorité de stagiaires s'inscrivent à ces formations pour recevoir cette compensation affective de la caresse qui leur fait cruellement défaut dans leur vie quotidienne. J'ai eu l'occasion d'en discuter avec plusieurs thérapeutes qui enseignaient le shiatsu. Ils ont admis ma suggestion du bout des lèvres. Il n'empêche que la partie anatomique la plus fréquentée dans ces formations demeure le dos des stagiaires.

Masser les fous, c'est fou ?

L'amour grandit l'Homme. On pourrait peut-être songer à en donner à tous ceux qui vivent sans amour.

L'importance de cette partie anatomique dans le maintien d'un équilibre psychoaffectif est tout aussi essentielle mais n'a jamais été mise en avant. Le bénéfice des massages du dos dans des institutions psychiatriques pourrait abaisser très sensiblement le taux d'agressivité qui y règne. De même en milieu carcéral, la possibilité pour les détenus de se faire masser par des kinés agréés pourrait avoir des conséquences constructives, préventives et incalculables sur les rapports conflictuels que les détenus entretiennent avec les gardiens ou leurs codétenus. Mais le ministère de la Justice en a-t-il les moyens ? « Il ne faut pas rêver, me rétorque un fonctionnaire de ce ministère. Pourquoi pas des visites hebdomadaires de péripatéticiennes pour satisfaire les besoins sexuels de ces messieurs ? » La confusion entre massages et sexe est encore très présente dans les mentalités. Dès qu'on touche le corps d'autrui, le contact est considéré comme pervers.

Jeux de mains, jeux de vilains

À ce propos, le contact tactile est toujours sujet à caution. Les baisers sociaux sont souvent des joues qui s'effleurent, les poignées de main des échanges rapides et peu chaleureux, comme si l'autre était potentiellement contagieux. Deux hommes ne peuvent se promener dans la rue en se tenant amicalement par l'épaule ou par le bras sans être catalogué homos. Les coutumes des Orientaux qui se baladent en public main dans la main heurtent nos convictions occidentales. Le toucher n'est décidément pas une habitude judéo-chrétienne. Et pourtant, le toucher est probablement le meilleur remède contre le stress, la dépression ou les crises d'angoisse et toutes leurs déclinaisons pathologiques.

À l'exemple du Christ, certains guérisseurs arrivent à provoquer des rémissions miraculeuses par une simple imposition des mains. Les rois de France étaient considérés comme de grands guérisseurs devant l'Éternel. Ils imposaient leurs mains royales pour guérir le petit peuple souffrant. Et ça marchait parfois ! Une façon étonnante d'assurer leur pouvoir de droit divin. Ce qu'ignoraient les rois, c'est que leur don de guérison était dû à ce qu'ils représentaient dans l'esprit du peuple bien plus qu'au contact de leurs mains. La France d'en haut a des pouvoirs dont la France d'en bas est démunie.

Elle accroche souvent ses mains derrière ses épaules, sur ses omoplates.

Un geste tellement éloquent dont son compagnon ignore superbement la signification. Elle lui réclame un peu d'amour mais il croit qu'elle se gratte le dos pour apaiser des démangeaisons. *Parle à mon dos, mon cœur est malade* ! Telle pourrait être la formule idéale pour signaler un vide affectif à son partenaire ou à un candidat au partage de sentiments amoureux. En tout état de cause, tout contact entre les mains et le dos est l'appel au secours d'un bleu à l'âme. Soyez-y attentif et vous serez comblé en retour !

LES ÉPAULES

Le siège de la virilité ou de la féminité

La femme est la moitié qui manque à l'homme
pour devenir un être humain.

Prises dans leur ensemble, elles sont, pour l'homme, le symbole de la virilité, de la force. L'homme porte le globe terrestre sur ses épaules. Il est fort. Pour la femme, les épaules représentent la féminité. Mais chaque épaule est aussi identifiée à un critère psychoanatomique particulier. **L'épaule droite correspond aux ambitions, l'épaule gauche à l'investissement affectif.** Ambition et affects ont déjà été identifiés : auriculaire droit et annulaire gauche.

On porte toujours son ambition en bandoulière sur l'épaule qui commande au bras moteur. Le sac sur l'épaule droite est celui d'une femme déterminée, impliquée dans sa vie professionnelle.

Nina est la cadette de mes enfants. Elle a deux ans et demi. Elle adore se balader avec son sac bourré de doudous. Je lui accroche intentionnellement son sac à l'épaule gauche, elle l'enlève et le raccroche à l'épaule droite. Je recommence l'expérience à plusieurs reprises, têtue, elle le cale toujours sur la même épaule. Déjà ambitieuse mais surtout déjà très autoritaire du haut de ses trente mois !

Le sac sur l'épaule gauche est celui d'une femme investie dans sa vie affective, familiale, amoureuse, sociale.

Quand une femme dénude ses épaules, moulée dans une robe de soirée, elle les utilise parfois pour séduire. Ainsi, elle posera son menton sur l'épaule gauche ou droite en tournant légèrement la tête. La séductrice de l'épaule gauche sera toujours plus fugueuse et allusive que celle de l'épaule droite, plus calculatrice et plus directe. Cette attitude est courante chez les actrices de cinéma ou les top models qui inondent les magazines féminins. Les femmes fragiles ne sont pas toujours celles que l'on croit ou qui veulent nous faire croire qu'elles le sont. En revanche, certains caractères bien trempés sont de parfaites sentimentales, plus fleur bleue que tendance « trash ».

Au-delà de l'investissement affectif**, l'épaule gauche** est le siège symbolique de la féminité. Dans un contexte séducteur, la jeune femme qui suspend sa main droite ou gauche à son épaule gauche exprimera une conduite de séduction. Un tatouage à l'arrière de cette épaule trahit un personnage en quête d'affection, voire un traumatisme affectif (séparation récente, vide sentimental) que le tatouage est censé exorciser. D'un strict point de vue ethnologique, toute décoration inamovible incrustée dans le corps (boucles, piercings, tatouages, os, etc.) est un objet initiatique destiné à conjurer le sort et à se purifier pour entrer dans l'avenir.

L'épaule droite est le siège symbolique de la virilité mais aussi de l'esprit d'équipe (donner un coup d'épaule à quelqu'un est un geste destiné à lui remonter le moral), du tempérament fédérateur et du pouvoir de persuasion. Une virilité amoindrie, pénalisée ou castrée pourrait entraîner des douleurs atypiques de type rhumatismal à l'épaule droite ou dans le deltoïde correspondant, voire une tendance aux torticolis.

En général, **on hausse les épaules** pour atténuer l'importance d'un échec ou pour effacer l'amertume d'une désillusion. Il s'agit aussi d'un signal de perplexité et non, comme on pourrait le croire, d'un aveu gestuel de je-m'en-foutisme. Le haussement d'épaules est parfois moins théâtralisé, donc plus subtil. Un sujet qui hausse souvent les épaules confirme son manque de combativité. Point.

Je me suis parfois énervé, à tort, contre l'un de mes fils. Chaque fois que j'élevais la voix, exaspéré par ses gaffes à répétition, il rentrait la tête dans les épaules. J'ai fini par réaliser que je commettais une erreur en lui reprochant ses maladresses. Je me suis forcé à en rire au lieu de me fâcher. Il a cessé de rentrer la tête dans les épaules pour un regard de travers et a surtout cessé de commettre des gaffes.

Le simple fait de rentrer la tête dans les épaules symbolise aussi la peur du ciel qui vous tombera fatalement sur le crâne. Ce qui signifie par analogie que ce tic gestuel se rencontre généralement chez des individus fatalistes. À ce propos, une information qui vaut son pesant d'or : les hommes ou les femmes fatalistes sont généralement plus faciles à séduire. Pourquoi ? Parce qu'ils ou elles sont plus superstitieux, donc plus vulnérables. On rentre également la tête dans les épaules quand on craint les retours de manivelle de promesses impossibles à tenir. Ce qui induit quelques défauts comme la tricherie, la vanité ou le mensonge pour faire joli, ceci pour autant que votre interlocuteur reproduit souvent ce tic.

La posture du double ancrage aux épaules – *les bras sont repliés l'un sur l'autre se croisant sur la poitrine, les mains sont accrochées aux épaules* – trahit un tempérament hyperémotif de la part d'un individu qui tire volontiers des plans sur la comète. Beaucoup de « pipoles » qui se retrouvent en couverture des magazines sont abonnés au double ancrage des épaules. La peur de l'avenir n'est pas un sentiment gratuit quand on est propulsé du jour au lendemain au ciel des étoiles éphémères. Le public ignore par quelles angoisses passent ces jeunes chanteurs ou acteurs propulsés dans la lumière. Un rouleau compresseur ! Leur vie hors caméra n'est pas un cadeau ou « que du bonheur » comme ils le clament sur les plateaux télé. Ils accumulent les frustrations, les ambitions gelées, les rêves castrés ou les projets avortés. La vie de star est un parcours du combattant, loin du destin de Cendrillon ou du marquis de Barabas, maître du Chat Botté. Et le double ancrage est une bien maigre protection contre les coups bas de leurs « amis » de plateau.

La main droite de votre amie est accrochée à l'épaule gauche, le bras replié sur lui-même.

L'attitude peut être déclarative et parfois très sensuelle dans un contexte amoureux bien qu'assortie d'une mise à l'épreuve. Elle change de sens dans un contexte professionnel et se traduit par un ou plusieurs pas en arrière. Quand l'enthousiasme se dégonfle, quand le désir est bafoué ou quand l'implication débouche sur le vide, la main droite s'accroche souvent à l'épaule gauche pour confirmer l'échec annoncé. L'ancrage à cette épaule exprime alors la frustration.

Et l'inverse ! Comme vous le savez déjà, l'épaule droite est le siège symbolique de vos ambitions. On y accroche sa main gauche pour protéger l'ego d'un échec toujours possible. Il faut avoir les moyens de sa politique. Si vos ambitions dépassent vos moyens vous aurez tendance à reproduire ce code gestuel plus souvent qu'il ne le faudrait.

Soyez-y attentif (ve) ! Votre ambition a déjà rendu son tablier.

Rythmer la musique avec l'une de ses épaules ! Ce mouvement particulier appartient au registre des gestes de la séduction de masse. C'est la roue du paon féminin, par excellence. La même posture reproduite en cour de récré à l'âge de dix ans est une attitude typique de provocation féminine. C'est fou comme les gestes évoluent avec l'âge. Mais provoquer, c'est déjà séduire, non ?

LES FLANCS
Le siège de la vanité

Encore un figurant qui brigue la tête d'affiche !

Je ne vois pas la différence entre la vanité et l'orgueil. Erreur ! Ce n'est pas du tout le même combat sur le plan des émotions. La vanité n'est pas chargée de la même épaisseur de sentiments que l'orgueil. La fierté de l'orgueilleux est souvent légitime, même si elle exaspère ; les vantardises du vaniteux amusent la galerie, pour autant que la galerie a de l'humour et un sens critique en ordre de marche.

« Je m'en bats les flancs. » L'expression est un peu vieillotte. Elle signifie que l'on fait des efforts vains et inutiles sans obtenir de résultats. Est-ce la raison pour laquelle les autorités françaises qui ont choisi le coq comme emblème national ont fait de la France un pays ubuesque où l'on se bat les flancs avant de se faire plumer par l'État ? L'expression est une allusion au coq qui se bat les flancs de ses ailes. Le coq est le parangon des animaux vaniteux. Quel mauvais choix ! Le Français est-il à ce point le modèle de l'homme vaniteux ? C'est ce que pensent la plupart des étrangers que j'ai rencontrés. Quand on prête le flanc à la critique, on s'expose à l'échec. Le flanc d'une armée est le ventre mou des plans de bataille. Il faut toujours protéger ses flancs avant de se lancer dans une entreprise. Les vaniteux s'en moquent et c'est souvent la raison de leurs fiascos.

Mon ami Jules se gratte les flancs en permanence. On dirait un gorille en train de mesurer le vide intersidéral de ses états d'âme. « Y en a encore pour longtemps », demande-t-il. Et d'ajouter : « J'ai bien l'impression qu'on poireaute pour des queues de cerises. » Jules est un peu fruste mais c'est un excellent ami. Il ne parle pas beaucoup dans la mesure où il n'aime pas remplir les blancs. En revanche, c'est une source gestuelle fabuleuse. J'aurais dû écouter ses impressions ou traduire le geste prédictif que représente la gratte des flancs, un geste qui signifie, en gros, que l'avenir est bouché. On a attendu en vain, effectivement.

Mais quel est le rapport entre la vanité et cette anecdote ? C'est la vanité de l'Homme (son complexe de supériorité) qui est la source de ses angoisses irrationnelles. Si les hommes étaient en phase avec la nature et aussi avec la nature organique qui les habite ; s'ils avaient appris à respecter leur propre nature, les angoisses dont ils se plaignent – et qui sont à l'origine d'un nombre considérable d'affections psychosomatiques – n'auraient pas lieu d'être. Cessez de vous vendre à un prix surfait sans pour autant vous solder à la moitié de votre valeur réelle !

Le conseil du psy

Êtes-vous vaniteux ? On se le demande ? Vous n'en avez ni l'air ni la chanson mais il vous arrive de servir quelques vantardises ou quelques vérités déguisées accompagnées de « moi, je » si cela peut vous aider à vous hisser d'un étage dans l'estime de votre voisin. Rien de bien méchant. La vanité est un gaspillage d'énergie auquel vous n'adhérez pas. C'est comme la trop grande modestie qui n'est que le signe de la fierté, de l'orgueil avec un masque de carnaval. Méfiez-vous des individus qui se cachent derrière leur petit doigt (« Moi, monsieur, je ne suis qu'une cheville ouvrière ! »), ce sont les plus puants des vaniteux. Des provocateurs qui vous mettent en confiance pour que vous leur fassiez un strip-tease de vos talents ou de vos atouts. Ils adorent prêcher le faux pour savoir le vrai, monter vos qualités en épingle pour désarmer votre méfiance. « J'ai adoré votre dernier livre, j'aimerais tellement l'offrir à un ami. Vous pourriez peut-être me faire une faveur et m'en donner un exemplaire ? » Servez-leur des mensonges plus gros que nature et voyez leurs réactions. Si ça mord, rajoutez-en !

Commencez toujours vos phrases par : « J'ai entendu dire que... » Devant les ragots, les vaniteux craquent à chaque fois et se chatouillent les flancs de plaisir.

LE CREUX ENTRE LES OMOPLATES
Le siège de l'intuition

Les omoplates sont les ailes de l'ange déchu.

Il a été chassé du paradis parce qu'il a osé croquer la pomme. La pomme qui (comme tous mes lecteurs le savent déjà) est le symbole de la séduction[1]. Le creux entre les omoplates est le triangle des Bermudes du corps. Le lieu du mystère dont le plaisir n'est que la partie immergée. Lieu difficile d'accès de manière autonome, il est en revanche très accessible par le compagnon ou la compagne qui vous prend dans ses bras. Le creux entre les omoplates est très innervé, donc ultrasensible. Quand on ressent un frisson dans le dos, c'est à ce niveau que se situe le point de départ du frisson de peur ou de plaisir.

1. Voir *Ces Gestes qui vous séduisent*, First Éditions.

Le phénomène des frissons

Phénomène thermodynamique à l'origine, le frisson se manifeste en cas de fébrilité. Il sert notamment à diminuer la température corporelle. La surprise d'une rencontre inattendue avec un vieux pote du lycée peut également déclencher ce genre de réaction. L'effet de surprise joue un rôle éminent dans la production du frisson.

La caresse érotique aussi. Reste l'expression : « Ça me donne froid dans le dos » qui signale clairement une angoisse soudaine, l'expression d'un pressentiment. Mais le circuit neuronal de la peur (l'amygdale du cerveau) est aussi celui du plaisir. Ce qui me permet de conclure que le frisson est surtout une expression de la surprise, bonne ou mauvaise. L'amygdale du cerveau, en tant que système d'alarme central, se manifeste par le truchement de diverses réactions comportementales (les postures de fuite) ou biomécaniques, telles que le frisson.

Le triangle des Bermudes

Il arrive qu'on se gratte les omoplates quand elles démangent, la démangeaison à ce niveau est un signal très particulier que je vous conseille de mémoriser. Il s'agit d'un appel en PVC du futur. De votre futur. Il existe une catégorie d'individus passionnés de futurologie, dont les prémonitions tombent généralement au bon endroit. Ce sont aussi des sujets impressionnables dotés d'une imagination fertile et d'un sens aigu de l'anticipation. Il s'agit de ces collègues que vous fréquentez jour après jour, qui sont constamment assaillis par ces chatouillements et passent souvent leur temps à se gratter le haut du dos tandis que vous discutez avec eux. On dit d'eux qu'ils ont de l'intuition, de l'inspiration ou du flair. La plupart se dirigent vers des métiers ou des secteurs d'activité excentriques : mode, métiers de la beauté, divination, publicité, showbiz mais aussi la Bourse et toutes les activités humaines qui exigent d'avoir un vasistas ouvert sur l'avenir. Si vous vous reconnaissez dans ce portrait, vous constaterez aussi que le triangle des Bermudes ou les omoplates qui le cernent sont plus sensibles que le reste du dos.

Et les tatouages sur les omoplates ?

On les remarque souvent sous les épaules dénudées de naïades en bikini ou en petit haut largement échancré dans le dos. Sous l'épaule droite ou sous la gauche ? Statistiquement, l'épaule droite l'emporte largement. On aime ou pas ! Un peu vulgaire, je vous l'accorde, mais le tatouage est aussi une manière de se marquer pour se démarquer. Quand on n'a pas ce qu'il faut là où il le faut, il faut bien trouver un moyen d'attirer l'attention ailleurs. La peau est un vêtement nu et mal décoré. Le bronzage peut y pallier mais il est de plus en plus déconseillé. Les rayons du soleil peuvent être cancérigènes. Et puis mon corps, je ne l'ai pas choisi, pensez-vous. Il ne me plaît pas. Trop ceci ou pas assez cela. À force de scruter les pages des magazines people, les yeux me sortent de la tête. Elles sont toutes parfaites, ces stars, et pas moi. Et ma collègue, depuis qu'elle s'est fait tatouer une espèce de symbole dans le bas du dos, elle a du succès avec les hommes. Pourquoi pas moi ? Mais, moi, je préfère un dessin sous l'épaule.

Alors, omoplate gauche ou droite ? C'est le « suivez-moi, jeune homme ! ». Le tatouage hypnotique par excellence.

L'intuition dévoilée

L'intuition est la vitesse-lumière de l'intelligence. Elle court-circuite l'analyse et débouche directement sur la synthèse. On l'appelle aussi « inspiration » dans les métiers d'art ou de création, « empathie » dans les métiers de communication. Elle peut devenir délirante quand le sujet croit qu'il est initié à l'occulte ou béni des dieux. Récemment, Paco Rabane, un couturier célèbre, prédisait la destruction de Paris par une comète pour l'an 2000. Il a même écrit un livre qui a été un beau succès de librairie avant de jouer profil bas quand l'évènement prédit ne s'est « malheureusement » pas produit. Les intuitions dites fulgurantes n'ont pas toujours la même infortune. L'intuition de certains financiers ou hommes d'affaires repose sur une connaissance approfondie de leur domaine de prédilection. Éditeurs, producteurs de disques, de spectacles ou de films, chasseurs de talents, tous comptent largement sur leur intuition pour décrocher le gros lot. Une intuition géniale peut effacer dix échecs. C'est d'ailleurs la proportion logique des grandes réussites de l'intuition. Un succès pour neuf fiascos ! Si cela vous paraît maigre, sachez que les échecs ne sont négatifs qu'en apparence. L'intuition fonctionne sur le mode « essai-erreur ». Chaque initiative inaboutie, chaque démarche stérile, chaque refus est un galop d'essai qui renforce la valeur de votre projet, votre résistance à la frustration et votre capacité de réagir. Le bénéfice que vous en retirez ne tient pas en cas d'abandon, évidemment. Votre intuition ne vous a pas mené sur une voie de garage, quoi que vous en pensiez, elle se réserve pour votre victoire quand vous serez en face de la fenêtre de tir idéale. Or, pour y parvenir, il faut un nombre suffisant d'essais non transformés, c'est-à-dire un nombre suffisant de corrections de trajectoires. Neuf échecs au moins pour un succès ! Tout dépend de la manière dont vous accepterez d'échouer. Les vrais perdants sont ceux qui renoncent avant d'avoir combattu. La vie est une bataille avec ses nombreuses défaites et ses quelques victoires. L'intuition est l'une des armes fatales dont vous disposez pour aller au feu. Ne la confondez pas avec une boule de cristal !

L'intuition ou l'inspiration, sa cousine, prennent leur source dans le sentiment amoureux. Elles sont des déclinaisons sublimées de l'émotion qui court-circuite la démarche intellectuelle.

LE PLEXUS SOLAIRE

L'audace et la peur

La peur est le négatif de l'audace.

Joël est pétrifié. Il doit entrer en scène dans une poignée de secondes, l'estomac aux bord des lèvres. Il a mal au ventre, le trac le tient en haleine au point qu'il ne sait plus pourquoi il est là. La peur de se faire huer, de chanter faux, d'oublier son texte. Les pensées qui lui passent par la tête ont chahuté ses rêves de célébrité. Ce n'est pourtant qu'un concours régional. Pas encore le jury de *La Nouvelle Star* ! Ses parents sont dans la salle. Sa copine aussi. Ils comptent sur lui pour leur prouver qu'il est le meilleur. Qu'il sera le lauréat du crochet. L'emporter. Emporter quoi ? Déjà, lors des répétitions, il s'est bien rendu compte que les autres décoiffaient le soi-disant talent d'interprète que sa mère lui a décerné comme un diplôme, une bouée de papier. La honte ! Sa prestation sera un fiasco, on parie ? Mais alors, comment réagira sa mère ? Elle croit en lui, elle le lui répète depuis des semaines, des mois, des… depuis toujours. Et surtout depuis qu'elle l'a inscrit d'autorité à cette mascarade. La sueur dégouline entre ses yeux, plaque des mèches de ses cheveux trop longs sur ses tempes. Il aurait dû passer chez le coiffeur pour les faire raccourcir un peu. Quelqu'un lui tend un kleenex. Une dame essaye de le réconforter. Les mots s'échappent vers les cintres des coulisses avant d'atteindre ses oreilles. Son regard ne voit rien d'autre qu'une projection imaginaire de sa prestation attendue. Il se fait du cinéma. Lamentable Berezina d'un chanteur amateur ! Joël pense au suicide, il rêve de fuite éperdue dans les couloirs du théâtre poursuivi par un animateur furax. Tout pour ne pas affronter les quolibets du public. On siffle le candidat qui le précède. On l'insulte ! Il est scié en deux par la peur tandis que l'autre se retire les yeux embués de larmes. Il est aspiré par la pénombre maléfique des coulisses. La voix de l'animateur explose dans la tête de Joël. Il n'en veut plus, il n'en peut plus. C'est son tour d'entrer en scène, son tour de se faire écharper par un public hystérique et sans pitié. Le sacrifice est annoncé. Le sacrifié s'avance vers le micro, empêtré dans le lacis polluant de ses pensées. Les trois musiciens genre « bal musette » lancent les premières notes de sa chanson. En réalité, ils font semblant de jouer, ils sont là pour faire comme à la télé. Tout est en play-back. Joël est plongé dans un état de rêve crépusculaire. Il est aveuglé par les projecteurs, hypnotisé par la mer sombre des visages grimaçants. Un cauchemar qui commence. Et il chante. Sifflements ! Insultes ! Il n'entend plus rien d'autre que sa propre voix qui déboule des haut-parleurs. Le trac a disparu. Le public se calme. Un petit groupe de spectateurs scandent sa chanson tout en marquant le rythme. Les mains se percutent. Il se sent déjà mieux. Le temps d'une chanson et tout est dit. La prestation se termine sous une salve d'applaudissements. Joël, interloqué, salue la foule et s'échappe du mauvais côté de la scène. Dissimulé entre les rideaux poussiéreux, il est soulagé. C'est fini ! Mais est-ce vraiment fini ? Les applaudissements redoublent d'intensité. On le réclame sur scène. Il ne comprend pas. Il a gagné le concours.

La peur

Il arrive que la peur stimule l'audace…

La peur a servi de fusée porteuse à son talent. Elle a transfiguré sa confiance en lui au moment crucial. Le trac de l'artiste, du vrai, est un carburant et non un handicap. On lui avait expliqué le phénomène mais ne l'ayant jamais vécu face au public, Joël n'avait pas compris le sens de cette expérience unique. La peur dirige le sang vers les muscles qui commandent les mouvements du corps, comme les muscles des jambes, ce qui prépare la fuite et fait pâlir le visage, le sang en étant chassé (d'où la sensation de sang qui « se glace »). Simultanément, le corps est paralysé l'espace d'un instant, ce qui laisse peut-être à l'individu le temps de décider s'il est préférable de se cacher ou d'affronter son destin. Les centres émotionnels du cerveau sécrètent massivement des hormones qui mettent le corps en état d'alerte générale, celui-ci se tend, prêt à agir, l'attention se fixe sur la menace imminente, attitude idéale pour décider quelle réaction est la plus appropriée. Par exemple, le base-jumper qui ignore la peur est un mort en sursis. Faire du saut à l'élastique sans ressentir le trac de la situation d'examen est typique d'un caractère suicidaire. La peur est un sentiment constructif, un véritable tremplin qu'il faut apprendre à apprivoiser pour s'en faire un allié. C'est la quête des individus qui s'adonnent aux sports extrêmes. Ils ne cherchent pas à vaincre la peur, ils se l'approprient car la peur est le moteur de l'audace. Et s'il faut en croire Jean-Christophe Rufin[1], l'audace est toujours sublime. Mais la peur peut aussi accoucher de la lâcheté la plus salutaire. Courage ! Fuyons !

L'audace

L'audace naît d'une alliance entre le courage et le désespoir.

On dit souvent que la timidité est l'antagoniste complémentaire de l'audace. Je crois, pour ma part, que la timidité est le booster de l'audace, son carburant indispensable plus que son contraire. Celui qui manque d'audace n'est pas forcément timide. Il a peur et cette peur bloque tout passage à l'acte. C'est en me fondant sur ce raisonnement que j'ai opposé la peur à l'audace et non à la timidité.

L'angoisse, dont le siège symbolique s'exprime dans la gorge, inhibe l'audace de la plupart des gens. Ils confondent la peur et l'anxiété. « J'ai peur de paraître ridicule » est un abus de langage. Ce n'est pas de peur qu'il s'agit mais de l'expression d'une angoisse d'être ridicule. L'audace est une sorte de trop-plein d'émotion que le désespoir ou la

1. Auteur de *Globalia*, Gallimard.

peur d'échouer pousse à s'exprimer sans préavis. Il ne faut pas confondre l'audace et le culot de ces grandes gueules qui sifflent tout ce qui bouge. Oser, c'est s'affirmer comme un brise-glace dans une atmosphère sociale frigide. Celui qui n'a peur de rien n'est pas un audacieux mais un inconscient. Pour avoir de l'audace, il faut avoir peur d'échouer mais ne jamais craindre le ridicule.

Quand vous ressentez cette peur qui liquéfie vos intentions, posez votre main droite sur le plexus solaire et vous ressentirez un changement subtil dans le concert de vos émotions. Comme l'émergence d'une envie d'oser pour que la peur vous quitte. La chaleur de la paume est un anxiolytique.

LA POITRINE

Le sentiment de sécurité

Siège de tous les fantasmes, elle est aussi le symbole du sentiment sécuritaire. Le sein maternel n'est pas qu'un symbole sexuel mais aussi et surtout le siège de la protection absolue contre l'insécurité du monde.

Nous retrouverons les seins de la femme et ceux de l'homme charpenté dans le chapitre 3 consacré aux accessoires érotiques du corps humain.

Le conseil du psy

Si vous êtes en période de chômage, si vous recherchez activement ou non un nouveau job, l'insécurité vous colle aux semelles comme un vieux chewing-gum. Soyez prudent car dans ce genre de situation, on se dévalorise facilement et on cherche involontairement à se punir de ne plus avoir une bonne image de soi. Le sentiment de sécurité ne débute pas avec un compte en banque bien garni, ni avec un job qui vous permet de survivre. Il est en vous, quelles que soient les difficultés que vous rencontrez. Refaites chaque jour la liste de vos prédispositions et de vos compétences acquises, sans copier sur celle de la veille ! Datez-les et classez toutes ces listes dans une chemise ! Inscrivez vos atouts dans l'ordre où ils se présentent dans votre esprit. Quand vous aurez dressé une douzaine de listes, reprenez-les toutes et faites le hit-parade des prédispositions que vous avez classées dans les cinq premières places.

L'une de ces prédispositions réveillera le sentiment de sécurité et vous aidera à choisir un secteur d'activité qui convient à votre personnalité. Car plus que les capacités, la personnalité de chacun se marie idéalement avec un secteur d'activité et non avec un métier ou une fonction. L'insécurité vécue ou ressentie provient souvent d'une confusion entre le faire et l'être. « Je suis capable de le faire mais suis-je ce que je fais ? » Telle est la question fondamentale qu'il faut toujours se poser avant de s'investir dans une nouvelle activité.

Être ce qu'on fait ou faire ce que l'on est est un paradigme fondamental. Dites-vous bien que si vous ne rencontrez pas le succès espéré dans votre activité actuelle, c'est soit qu'elle ne correspond pas idéalement à ce que vous êtes, soit que le secteur d'activité dans lequel vous exercez votre profession ne se marie pas idéalement avec votre personnalité.

Un écrivain est capable d'écrire, c'est son métier. Mais il peut être un romancier médiocre et un excellent essayiste, un conteur de génie mais avoir un style de roman de gare. Découvrir son domaine d'excellence exige souvent quelques flops en préambule !

LES REINS

Exaspération, obstination et versatilité

« Moi, le Seigneur, je sonde le cœur, je scrute les reins pour rendre à chacun sa conduite et selon le fruit de ses actes. »

Jérémie XVII, 10

Les gens irritables sont des créatures obstinées, surtout quand ils ont tort. Le sentiment d'exaspération et l'entêtement sont presque synonymes et se marient souvent contre leur gré. Le mépris pourrait aussi trouver son siège symbolique au bas du dos.

C'est un macho comme on n'en fait plus. Plus têtu et borné qu'une mule. J'essaye de le décourager d'engager la jeune femme dont il est question. Peine perdue, Jean Maurice est un fanatique des mollets de coq. Elle a les plus beaux mollets du monde. Ses qualités professionnelles passent au second plan. Il ne comprend pas comment je peux rester insensible aux mollets de coq d'une demoiselle plutôt quelconque sous tous rapports.

Elle a aussi une manie : elle pose souvent ses mains sur le bas de son dos quand elle écoute Jean Maurice lui expliquer le fonctionnement de sa PME.

Les reins, c'est le bas du dos sur lequel les mains se posent régulièrement quand le sort vous est contraire. D'où l'expression : « J'en ai plein le dos. » Les doigts sont dirigés vers l'arrière et les paumes couvrent les reins comme des cataplasmes. La posture doit vous être familière. Elle est typique des femmes d'ouvrage ou des ménagères submergées par des tâches répétitives et aussi passionnantes qu'une énième rediffusion du téléachat. Si vous êtes coutumière de la posture sans pour autant vous situer dans la catégorie précitée, je vous conseille d'analyser sérieusement vos conditions de travail, de vie commune, etc., et de comparer la récompense ou le retour que vous en attendez par rapport à l'importance de l'investissement qu'on exige de vous.

Si vous souffrez de douleurs lombaires nocturnes, votre subconscient tente de vous faire passer un signal fort. Ce sont les douleurs de la passion qui s'est trop investie dans une entreprise ou un projet qui n'en valait pas la dépense. Trouvez le coupable et fusillez-le contre le mur de votre esprit ! Les lombalgies disparaîtront aussitôt. N'oubliez jamais que les reins sont le siège symbolique de l'obstination et de l'exaspération. Il faut lâcher prise avant qu'il ne soit trop tard.

La mauvause foi

Une information supplémentaire en valeur ajoutée ! Imaginons que votre patron ou votre chef appuie souvent sa main droite ou sa main gauche dans le bas de son dos. Il se pourrait qu'il fasse semblant d'entretenir avec vous des rapports amicaux pour vous donner le change. C'est sa mauvaise foi qui lui occasionne ces fameuses douleurs lombaires ! Digne héritier d'un mariage de raison entre ses préjugés et ses idées préconçues, il ne vous suivra jamais au-delà de ses convictions. Immobiliste par vocation, votre interlocuteur se méfiera toujours de la nouveauté et se montrera peu coopératif et très têtu dès qu'il faudra collaborer à un nouveau projet. Il aura souvent l'impression (justifiée) d'être un incapable. Pour se venger de ce sentiment indélébile, il dévaluera d'office tous les projets que vous aurez l'imprudence de lui soumettre. L'obstination déraisonnable devient une qualité quand les préjugés remplacent l'ouverture d'esprit.

Ce dont je suis certain, c'est que la position des mains sur les reins, séquence reproduite un nombre incalculable de fois dans divers films par des acteurs émérites, l'a toujours été dans un contexte de franche exaspération. Comme je l'ai déjà précisé par ailleurs, le film est une fabuleuse école gestuelle et les acteurs de talent des *coaches* remarquables. C'est au niveau de l'appropriation de leur gestuelle qu'on situe les acteurs de génie. Exaspération et irritation sont évidemment sœurs de lait. Tout individu têtu s'irrite facilement quand on s'aventure à le contredire et s'exaspère très vite quand on le contrarie, d'où l'utilité de faire appel à la versatilité pour noyer le colère.

LE STERNUM
Le siège du sens critique

« Les Français ont de la merde dans les oreilles ! » Vous vous souvenez sûrement de ce coup de gueule de Marianne James, jurée haute en couleur de la deuxième édition de *La Nouvelle Star* sur M6. L'affaire avait fait grand bruit à l'époque. Les journaux et les radios s'en étaient emparés comme de tout fait divers croustillant. Une femme, et quelle femme, osait clamer la vérité en plein *prime time* d'une émission très populaire. « La vérité ? Si je mens... » Les Français n'ont pas que de la merde dans les oreilles mais je ne vais pas alimenter la polémique car tous les Français ne sont pas à mettre dans la même latrine. Heureusement !

Il manque à beaucoup de Français le sens critique ou le recul nécessaire et suffisant pour se rendre compte de la médiocrité des programmes, de la stupidité des animateurs, du népotisme confraternel qui règne dans le milieu audiovisuel. Il manque à beaucoup de Français la lucidité qui leur permettrait de réaliser que le talent ou la créativité ne sont pas des qualités appréciées en priorité. Les émotions, le look, la fragilité, la vacuité du discours passent en premier. Mais on ne va pas en faire un fromage, n'est-ce pas ? Il suffit de fermer le poste, après tout. C'est la seule liberté qui nous reste. Ça fait quand même cher la redevance !

Arrêt sur image

« Je me gratouille le sternum à intervalles réguliers depuis un bon quart d'heure. Je suis en conférence avec moi-

même. Les questions en circuit fermé fusent l'une après l'autre. Je me demande si… Je me dis que… Je pense que… Le chatouillement s'accentue puis se calme. J'adore autant me gratter à cet endroit que de me poser mille et une questions dont la plupart resteront sans réponses », termine François avec un sourire grimaçant et une dernière gratouille. François se dit cartésien et critique tout ce qui ne concorde pas avec ses convictions. Il prétend avoir beaucoup d'humour mais il exerce souvent cette qualité en la tartinant d'une couche d'ironie. Il considère la gestuelle comme une aimable plaisanterie et la psychologie comme un défouloir pour mémés anorgasmiques. Ce sont ses propres termes ! Il ne réalise même pas qu'il m'a demandé un entretien, sur les conseils de son médecin, pour élucider un problème de démangeaisons qui le prend principalement au bureau. François devrait changer de job mais il n'est pas prêt à accepter l'idée qu'il a soldé ses compétences pour assurer sa sécurité matérielle *a minima*.

Timidité ou sens critique ?

La rétraction du sternum (poitrine creuse, rétracté de Corman) est un signe connu de timidité constitutionnelle en psychologie comportementale. Il existe un geste courant qui consiste à se gratouiller le sternum que j'ai observé à diverses reprises, sans que je puisse affirmer qu'il s'agissait de personnes timides. Je me suis demandé si cette gratouille récurrente ne signalait pas tout simplement un manque d'audace ou de culot. Auquel cas le sternum serait plutôt le siège de la timidité. Et puis je me suis surpris à reproduire le même geste à plusieurs reprises avant de devoir me jeter à l'eau face à un éditeur auquel je proposais un projet de livre ; *idem* face à un chef de rubrique avec lequel je négociais une collaboration ponctuelle à un magazine. Les contre-propositions de mes interlocuteurs étaient largement en dessous de mes espérances. Je prenais du recul en me grattant le sternum.

Qu'est-ce qu'un sens critique ? L'évaluation d'une proposition ou d'un projet exige un certain recul et une masse d'informations qui ne sont pas toujours disponibles. Le recul est évidemment indispensable à la décision finale.

Je dois remplacer un photocopieur. Celui que me propose un agent commercial me semble correspondre aux performances que j'attends de la machine mais le prix dépasse le budget que je peux consacrer à cet achat. Je me surprends à gratouiller mon sternum. Mon sens critique se signale à ma conscience. Il m'oblige à prendre un certain recul. En réalité, cette gratouille est un geste barrière, elle signifie qu'il faut encore attendre avant de prendre une décision.

Toute action de grattage est synonyme d'hésitation, quel que soit le lieu de la démangeaison. Le sternum est situé à la périphérie du cœur et le simple fait de se gratter à cet endroit pourrait indiquer que le coup de cœur tarde à se manifester.

« Je me demande si je dois y aller, dit-elle en faisant la moue et en se gratouillant à la naissance des seins. » Celui ou celle qui s'interroge sur ce mode ne dispose pas de tous les éléments pour prendre une décision en connaissance de cause.

LA TAILLE
Le fatalisme

Un philosophe est un individu qui prend la vie comme elle vient, contrairement au fataliste qui suit la vie comme elle va.

Josiane a toujours été très concernée par sa taille. Non pas la taille en centimètres mais la taille qui sépare le buste du bassin. Elle faisait d'énormes efforts pour conserver une taille de guêpe dont elle était fière comme la femelle d'un paon. Elle s'était mariée à deux reprises mais avait chaque fois demandé le divorce parce que ses époux successifs exigeaient d'avoir une descendance. Josiane refusait la maternité parce qu'une grossesse aurait détruit son atout plastique majeur. Il est vrai qu'elle s'habillait de charmants petits tailleurs très cintrés qui lui allaient à ravir. Genre Grace Kelly avant qu'elle ne soit de Monaco ! Il ne se passait pas une journée sans que quelqu'un ou quelqu'une ne lui fasse compliment de sa taille et de l'allure folle qu'elle avait dans son petit tailleur simili-Chanel. Et puis Josiane a rencontré un troisième homme dans sa vie. Un pervers sadomaso ! Ça l'a transfigurée. Josiane ne jurait plus que par son Jules qui la battait chaque fois qu'il avait un coup dans le nez (pourquoi dans le nez si on boit avec la bouche[1] ?). Elle avait trouvé son maître, disait-elle en se pâmant. Il l'avait soumise comme une esclave et c'est ce qu'elle espérait en secret dans ses fantasmes sexuels les plus secrets : être traitée comme une esclave et violée avec son consentement. Y aurait-il un rapport entre la finesse excessive de sa taille et le besoin de soumission presque pathologique de Josiane ? La morale n'est pas sauve mais elle est suave.

Siège du fatalisme, de la soumission et de la symbolique de l'abandon, la taille de la femme est l'intersection du sablier par où s'écoule le temps qui passe. Plus le temps trépasse, plus la taille s'efface, victime des grossesses successives ou du relâchement des muscles abdominaux. Le besoin de plaire a vécu, la dynamique de la séduction aussi. Tant qu'elle est marquée, la taille demeure une zone érogène par excellence dans la mesure où elle est l'antichambre des fesses et la vitrine des seins.

Vous pouvez refuser d'adhérer à cette vision symbolique de la taille, en tant que femme, ce que je comprendrai parfaitement. Néanmoins, le besoin de poser ses mains sur sa taille ou sur ses hanches chaque fois que nous sommes confrontés à l'autre n'est pas un geste anodin. Il faut en imposer, apparaître pour ne pas disparaître, s'imposer pour

1. Perdre sa clairvoyance mais aussi se détester au point de s'empoisonner ! Avoir quelqu'un ou quelque chose dans le nez, c'est se faire du mal dans tous les cas de figure.

ne pas subir. Tel est le combat quotidien de l'Homme qui communique. Il est victime d'une fatalité liée à un sentiment de soumission qui le rassure, d'une part, contradictoirement avec un besoin d'exister qui lui fait peur mais qui le gratifie, d'autre part. Plus souvent votre interlocuteur (trice) posera ses mains sur ses hanches ou sur sa taille, plus il acceptera de se soumettre à la fatalité ou au pouvoir que vous représentez à ses yeux.

En Grande-Bretagne, à l'époque victorienne, pour être belle, une jeune fille devait avoir une taille dont la mesure en pouces correspondait au chiffre de son dernier anniversaire. Pour y parvenir, nombre de jeunes femmes à la mode devaient porter leur corset vingt-quatre heures sur vingt-quatre, ce qui provoquait fatalement des insomnies. Certaines allaient même jusqu'à se faire ôter les dernières côtes pour avoir la taille plus fine. Le record pour une femme adulte de taille normale serait à l'époque, selon des sources dignes de foi, d'environ 33 cm de tour de taille. Difficile à imaginer !

Ce qu'il y a de curieux dans cette mode du corset, c'est la façon dont elle a fini par perdre de vue son objectif initial qui était de rendre la femme plus féminine, donc plus séduisante, jusqu'à en faire une femme objet.

Autre époque ! De nos jours les séductrices sont des produits humains. « Depuis que je suis devenue un produit, j'existe ! » Tel est le credo des nouvelles poupées Barbie promues par les émissions de télé-réalité. Les choses ont-elles tellement changé ? À l'époque victorienne, les femmes qui ne portaient pas de corsets étaient considérées comme impudiques et dépravées. Les corsets serrés étaient à ce point devenus partie intégrantes de la mode que paraître sans revenait à se déshabiller en public. De nos jours, les femmes qui ne portent pas de string sont rétrogrades. Faites donc l'expérience de pénétrer dans une boutique de lingerie, si vous êtes un homme, et demandez où se trouve le rayon des slips normaux. La vendeuse adressera un regard de commisération, voire de mépris, au pauvre taré que vous êtes. Je l'ai vécu. Elle m'a tourné le dos pour s'adresser à une autre cliente tout en se baissant pour ramasser un string qui s'était décroché. J'ai aperçu le sien, surmonté d'un tatouage au-dessus de la fente fessière, un dessin qui indique virtuellement le chemin du paradis terrestre.

Dans plusieurs danses folkloriques de diverses régions du globe, le danseur pose ses mains sur les hanches de sa partenaire et enserre sa taille de ses doigts. Cette attitude est un véritable aveu de domination amoureuse. Et comme je le signale au début de cette section, la taille est le siège symbolique de la soumission, librement consentie ou non.

Ce qui sous-entend que la femme dont la taille s'est épaissie est une femme insoumise car elle a changé de statut : elle est devenue mère ou elle n'a plus besoin ou plus envie de plaire. Certaines prises de poids sont d'ailleurs liées à ce refus conscient ou non de plaire aux hommes. La taille s'efface et le regard masculin s'évade mais la soumission demeure et le fatalisme s'accentue encore. Les jolies filles d'antan ont grossi, sont devenues des matrones qui posent souvent leurs mains sur les hanches, presque sous le souvenir d'une taille à jamais enfouie sous la cellulite.

Le fatalisme est une attitude de soumission aux évènements de l'existence. C'est écrit dans le ciel ! À chacun son destin ! Quand on est marqué par la malchance, on ne peut pas s'en sortir. « S'en sortir » : le verbe favori des victimes de la société. Le mauvais œil, vous connaissez ? La superstition n'est pas loin. « Je voudrais bien m'en sortir mais ce n'est pas possible. » La formule est un classique du genre.

La traduction en clair est : « Je voudrais bien renaître sous un autre ciel mais je n'en ai pas le courage. Il faut donc que je subisse ma vie jusqu'à la mort qui sera ma délivrance ». Je vous accorde que le programme des réjouissances est un peu morbide. J'ai rencontré une majorité de gens qui portent leur fatalisme dans une banane ceinte autour de la taille, une pochette qui trahit leur degré de soumission au destin.

LE VENTRE
L'humour et le désespoir

Seul l'humour est susceptible d'approcher
la vérité d'assez près sans se brûler l'esprit.

Il doit avoir dans les quarante ans. Assez ventripotent pour son âge. Il est planté sur le bord de mer en slip de bain, muscles abdominaux au repos. Une jolie fille en monokini se rapproche. Quand il l'aperçoit, il réagit instinctivement en rentrant progressivement le ventre. Elle passe à sa hauteur sans un regard pour lui. Il bombe le torse et les abdos sont totalement effacés. Elle l'a dépassé, le ventre se relâche un peu et les épaules recommencent à s'affaisser. Elle disparaît au loin. Le ventre a repris sa forme primitive et les épaules sont retombées. Dix minutes plus tard, la jolie fille revient, accompagnée d'un superbe senior bâti comme un culturiste. Le même observateur les regarde passer sans songer à rentrer son ventre. En revanche, la bouche est ouverte comme s'il gobait des mouches, le regard est vitreux. Les commissures des lèvres dégoulinent de concupiscence. La jolie fille est étroitement enlacée par son vieux compagnon.

Le ventre, siège de l'espoir, est aussi celui du désespoir ! L'un ne peut se passer de l'autre car si on supprime le cache-col du désespoir, on retrouve fatalement l'espoir au premier rang. Il paraît que l'espoir est un bon déjeuner et un mauvais dîner, qu'araignée du soir signifie espoir et qu'araignée du matin veut dire chagrin et que l'espoir survit toujours à la défaite. Et du désespoir à l'humour, il n'y a même pas la valeur d'un palier comme vous le constaterez grâce à la petite fable qui conclut cette section.

A priori, le ventre est le siège de la motivation, des désirs et de l'espoir que les désirs suralimentent, un siège situé légèrement au-dessous du nombril appelé aussi plexus abdominal. Les mains que l'on croise sur son ventre ne sont pas toujours destinées à conforter une motivation déficiente mais à se plonger dans la satisfaction d'une digestion profitable de ses succès.

Ventre creux, ventre plat, ventre rondelet ou panse prête à exploser comme une pastèque trop mûre, toutes les ceintures abdominales trahissent la capacité ou l'incapacité à se motiver. Pour mémoire, il ne faut pas confondre motivation et ambition. La motivation est un enthousiasme massif et immédiat, une dynamique investie dans un projet à court terme. L'ambition est une motivation au long cours. Elle vise un objectif plus ou moins éloigné dans le temps. Quand le ventre s'arrondit fortement, le niveau de motivation manque de souffle, ce qui n'entrave en rien l'ambition. L'homme ventripotent est enceint de son plaisir et non de ses désirs. Le dynamisme des autres le fatigue. De la même manière qu'il a besoin de temps pour se lever de son siège, il lui faut de la durée pour faire le tour d'un projet avant de s'y associer.

En position assise, le ventru a souvent les jambes tendues en parallèle, ses pieds reposent sur les talons, ses doigts sont croisés sur son ventre. Une fausse attitude de désinvolture marquant plus un état de bonne et saine fatigue que de détente. Vous lui donnez envie de temporiser au lieu d'agir. Réaliste mais plutôt désabusé, il ne mord manifestement pas à l'hameçon. En tout état de cause, cette séquence gestuelle trahit une fatigue intellectuelle ou un besoin de décrocher.

Mais de croiser ses doigts sur son ventre est aussi une forme d'ancrage. L'ancrage est un code gestuel réflexe tellement courant qu'on ne le remarque même plus. Les mains s'accrochent à une partie névralgique du corps : cheville, genoux, poignet, avant-bras, coude, biceps, nuque. Pourquoi ressent-on le besoin d'effectuer un ancrage gestuel ? L'ancrage est un geste de protection contre une insécurité réelle ou supposée, un sentiment d'instabilité ou un besoin de retrouver une stabilité chahutée. Refrain réactionnel à une situation d'insécurité, de remise en question ou à une confrontation verbale, l'ancrage est à l'origine un geste de sécurisation. Quand les doigts s'entrelacent sur le ventre, les mains viennent cuirasser le siège des désirs. Le sujet refuse de s'investir, il acceptera une participation du bout des lèvres, à la rigueur, juste pour vous tirer les vers du nez.

Les douleurs gastriques

Les douleurs de l'épigastre peuvent parfaitement provenir de l'accumulation de craintes refoulées ou non avouées. Beaucoup de patrons de PME en souffrent. Ils sont constamment mis sous pression, coincés entre le marteau de l'État et l'enclume d'un personnel plus motivé par ses loisirs que par le boulot. Ces douleurs-là se localisent dans le plexus solaire. Elles sont peut-être aussi l'expression d'une peur souterraine, celle du dépôt de bilan ou du redressement judiciaire dont tout entrepreneur français est menacé dès qu'il veut développer son entreprise sans capitaux propres. Donc, point d'ulcère mais des douleurs qui annoncent déjà sa venue prochaine. Là aussi le stress ne peut être combattu que par une activité physique régulière (marche, jogging, vélo, fitness, golf), voire quotidienne. Mais où trouver le temps ? Il suffit de poser un tapis déroulant ou un vélo fixe dans son bureau, tout simplement. Dix minutes par-ci, cinq minutes par-là. Du temps volé au stress, du temps gagné au loto de la santé.

Espérer est une énergie essentielle. Il n'est pas nécessaire de mesurer cette énergie particulière dans la mesure où vous ressentez parfaitement le type de sentiment qui vous habite : espoir ou désespoir, suivant les époques de l'existence. Il n'existe pas de désespoir total, ni d'espoir à 250 %, uniquement de l'humour pour se soulager du sentiment de désespoir.

Humour et désespoir

« Ça veut dire quoi : j'en ai marre ? » demande Desperado avec un accent indéfinissable. Ni français ni vraiment reconnaissable. Peut-être un peu hollandais, comme celui du chanteur Dave.

« Ben ! Que t'as pas le moral ! Que t'es découragé, quoi ! lui rétorque l'humour, toujours jovial et enjoué.

— Alors j'en ai vraiment marre. »

Desperado aime les surenchères.

« Et si tu supprimais ton cache-col ? Je veux dire les trois lettres qui dépassent du mot (dés)espoir ?

— J'attraperais un mauvais rhume !

— Qu'est-ce que tu peux être pessimiste, toi alors !

— Je ne suis pas pessimiste, je suis le désespoir. C'est bien pis. D'ailleurs, même le pessimisme évite de me fréquenter.

— Pourquoi ?

— Ça le désespère de me voir.

— Je veux bien te croire. En définitive, je suis le seul ami qui te reste.

— Normal ! Tu es l'humour. Je ne risque pas de te contaminer. »

Desperado a un gros nez tout rouge qu'il tente d'abriter derrière son cache-col. C'est un grand type long et maigre comme un jour sans pain, pas très futé et qui parle un peu toutes les langues de la planète sans en maîtriser aucune. Il porte souvent une chapka qu'il a rapportée de ses nombreux voyages en Russie. Là-bas, le désespoir est une star. Les Russes survivent dans des conditions difficiles et l'espoir ne vient pas souvent leur rendre visite. Chaque fois qu'il revient d'un séjour en Russie, il est désespéré, le désespoir. Les Russes sont des gens qui aiment faire la fête mais qui n'en ont pas les moyens. Il aimerait bien faire la fête avec ses amis russes, le désespoir, juste pour se changer les idées.

« Des mots comme moi, ça ne devrait pas exister. Les humeurs du désespoir virent parfois au noir d'encre.

— Tu exagères. Il en faut pour tous les goûts ! Tiens ! Je suis dans un de mes bons jours. Je vais te remonter le moral. Façon de parler ! Imagine que la langue française ne comporte que des mots heureux de vivre et qui servent à rire. D'accord, ce serait super ! Mais ce serait aussi leur rendre un très mauvais service. Le gamin qui échouerait à ses examens rentrerait aussi heureux à la maison que celui qui aurait réussi. Ça ne tiendrait pas debout. Et le cadre d'entreprise qui perdrait son boulot irait illico fêter son accession au chômage au premier bistrot du coin. Heureux ! Et l'ouvrier qui se couperait un doigt sur une machine-outil se le mettrait derrière l'oreille comme un crayon, en rigolant de sa mésaventure. Déjà que les hommes regardent les catastrophes, les guerres, les massacres, la famine et le malheur des autres à la TV sans que ça leur coupe l'appétit, mais où irait-on, sans le désespoir ? Le bonheur se vendrait à Monoprix et tous les bulletins de Loto sortiraient gagnants. Plus de perdants ! Plus de pauvres ! Plus d'espoir...

— Comment ça, plus d'espoir ? intervient le désespoir.

— Réfléchis ! Si tout le monde était heureux, il n'y aurait plus rien à espérer. Logique, non ? »

Desperado se gratte le d. Le raisonnement de son ami l'humour fait son chemin entre les lettres dont il est constitué. Il commence à redresser le torse. Un peu moins désespéré que tout à l'heure.

« Mais alors, ça signifie que le désespoir sert à quelque chose ?

— Eh oui ! Il est le frère jumeau de l'espoir, l'oncle du courage et le cousin de la chance.

— De la chance ? C'est impossible ! Elle me déteste.

— Alors comment expliques-tu que le courage du désespoir est souvent celui qui permet à l'homme de séduire la bonne fortune quand il a tout essayé en vain ?

— Ma foi ! C'est bien vrai, ça !

— Alors, tu en as encore marre ?

— Non ! Plus du tout ! Je te quitte. Je vais aller me désespérer un peu.

— À chacun son jogging, Desperado », lui lance l'humour désespérant de bonne humeur.

Le conseil du psy

Le muscle abdominal participe à toutes les joies du corps, à tous les éclats de rire. Il est le premier à souffrir du fou rire qui est un excellent exercice d'amincissement. Le rire vient des tripes, il est la racine du vrai courage, la terreur de la peur qui trouve également sa source dans le ventre, comme l'indique l'expression « la peur au ventre ». Le vrai rire, celui qui fait du bien, part des profondeurs abdominales et irradie tout le corps. Il est la source de l'espoir dans les situations les plus dramatiques, voire les plus désespérées. Payez-vous une tranche de rire en vous laissant gagner par le fou rire épique de Michel Boujenah ou le talent comique d'un Coluche, d'un Djamel et de tous leurs copains. L'espoir a besoin d'humour pour ne pas désespérer de la vie.

CHAPITRE 3

LE PARADIS TERRESTRE OU L'ENFER DU SEXE

Chacun voit midi à sa porte. J'ai réservé un chapitre particulier à quelques-uns des accessoires anatomiques évocateurs de la quête du paradis sur terre ou de l'enfer du sexe. Une sorte de sous-continent du buste que l'on cache volontiers pour mieux en exposer les détails. Mis à part les hanches qui servent d'écrin valorisant à la finesse de la taille ; le nombril qui est surexposé à la vue de tous et vous en connaîtrez la raison dans la section qui lui est consacrée ; les autres parties anatomiques, fesses, sexe, seins et tétons, font l'objet d'une littérature érotico-sexuelle colossale au point qu'on pourrait se demander ce qu'il reste à en dire. Tout n'a pas été dit, comme vous le constaterez par vous-même. Ce qui n'empêche pas la publication de quelques dizaines d'ouvrages annuels consacrés au sexe. Le paradis terrestre a encore de beaux jours devant lui avant de refermer ses portes.

AU SOMMAIRE

Tous les figurants sont toujours impatients de briguer la tête d'affiche.

LE NOMBRIL

L'individualisme

Péjorativement égoïste, asocial et non solidaire. L'individualiste est mal noté parce qu'il dérange comme un faux pli dans une société de clones.

LES POILS

L'instinct de survie

Qui n'a pas envie de se survivre pour assister à son propre enterrement ?

LES SEINS

Le siège de l'amour

Les seins d'une femme sont l'anxiolytique le plus efficace qui existe sur le marché de l'amour.

LE SEXE

La libido

La libido est la seule énergie qui alimente aussi bien les qualités de l'homme que la barbarie humaine.

LE VAGIN

Le mystère

Le mystère excite la curiosité et la curiosité est une réaction totalement libidinale.

LE PÉNIS

L'orgueil

Il n'existe que deux mammifères qui sourient et qui ont une érection quand ils sentent l'odeur de la femelle : le cheval et l'homme.

LES TÉTONS

Le siège symbolique de l'érotisme

Si les fantasmes n'existaient pas, la sexualité ne serait qu'un mécanisme biologique vivipare.

LES FESSES

Le siège de la provocation

Elle est dotée d'un bassin d'une sphéricité miraculeuse, parfaite, on dirait un bassin humain né d'une amphore romaine ; des fesses dont la rotondité est hypnotique et un buste de petite fille aux seins pointus mais minuscules, planté sur cet autel de chair magnifique. La scène se déroule à sept heures du matin dans la salle du petit-déjeuner de l'hôtel Métropole à Bruxelles. Je la suis des yeux avec la voracité que vous devinez. Une voracité sans convoitise mais les yeux me sortent littéralement de la tête.

Comment peut-on avoir d'aussi belles fesses ? Elle n'a pas un visage qui me chavire, ni des yeux de saphir. Juste deux yeux rien que très banals avec dans le regard une lueur de malice ! Mais dès que mes yeux se posent sur son fessier ou ses hanches, le monde se charge d'une lumière irréelle ; de cette lumière qui doit accompagner la beauté parfaite d'un diamant ou la lumière que certains amateurs d'art aperçoivent sans doute dans le sourire de la Joconde. Je me ressers des œufs et du bacon, pique quelques petits pains dans la corbeille avant de retourner m'asseoir à ma table. Elle est venue se resservir. Elle aussi me croise à me frôler, me dépasse pour regagner sa place. Et puis soudain je réalise le pourquoi de toute cette beauté qui m'est offerte dans ce décor luxueux !

La démarche de la demoiselle est l'écrin qui met en valeur le bijou. Une démarche sans ostentation, sans vulgarité, sans exagération. Une démarche adaptée à la valorisation de cette partie sublime de son corps. Elle a peu de poitrine mais la saillie du fessier qu'elle possède a un tel attrait érotique que j'en oublie l'avers pour ne rêver que du revers. Elle a subjugué mon regard. Nous nous croisons à nouveau dans les couloirs de l'hôtel. Un vague sourire flotte sur ses lèvres. Elle accentue subtilement le balancement de son bassin avant de disparaître dans l'escalier monumental. Provocation !

Les fesses sont le siège symbolique de la provocation, de la violence avec son cortège de déclinaisons comme la cruauté, le sadisme, la méchanceté, la persécution, la tyrannie. Nous sommes loin de l'érotisme pervers que dégage cette partie anatomique très particulière, mais je retiendrai uniquement le sens de la provocation insidieuse ou franche du collier. On a déjà écrit des kilomètres de phrases, des chapitres entiers sur l'effet érotique de la fesse féminine ou masculine. Je n'y ajouterai pas la substance de ma réflexion pour ne pas alourdir le débat fessier. Il est évident qu'une belle paire de fesses est un régal pour les yeux, pour les mains et pour tous les moyens dont nous disposons pour en abuser sans le moindre scrupule.

Provocation ou invitation ?

Le premier personnage a avoir associé ses fesses à une provocation médiatique était Michel Polnareff, en 1972. Son producteur a fait placarder 6 000 affiches « grand format » de ses fesses dénudées pour assurer la promotion de son spectacle « Polnarévolution ». Il a été condamné à payer une amende de 10 F par affiche, soit 60 000 F de l'époque pour attentat à la pudeur. Une somme qui représenterait de nos jours 91 469 €. Il faut avoir les moyens de sa politique, ça fait cher payé la paire de fesses médiatique. Il est vrai que depuis ce précédent historique, c'est devenu d'un tel commun de montrer ses fesses que personne n'y voit plus rien de choquant. La mode des strings y est évidemment pour beaucoup. Elle a banalisé ce qui était, somme toute, déjà insignifiant au Moyen Âge, comme nous le verrons. La mode sadique-anale se libère. Il est vrai que l'anus est un orifice au même titre que le vagin féminin et que nombre d'hommes ont des fantasmes homosexuels qu'ils refoulent consciencieusement. Montrer ses fesses en public est un aveu, une demande larvée de pénétration et pas seulement une provocation pour écarter le diable. La culture du point G n'est pas qu'une fantaisie ésotérique.

Il existerait une masse nerveuse à l'intérieur de l'anus dont la fonction est encore mal connue, voire niée par certains.

Stéatopyge ou callipyge ?

Quand un artiste contemporain transforme les fesses féminines en « superfesses », il ne fait qu'accentuer un phénomène qui existait déjà. Au cours des premiers âges, les énormes fesses semblaient être la règle chez les femelles et l'homme d'aujourd'hui pourrait très bien y réagir encore de façon inconsciente. Les paléontologues nous rapportent que, durant la période de chasse de notre préhistoire, les fesses stéatopyges étaient la norme chez les femmes de cette époque lointaine. Selon les ethnologues, presque toutes les figurines de l'âge de pierre représentent des femmes atteintes de stéatopygie (littéralement : grosses fesses) et l'on retrouve encore cette silhouette chez les Bochimans et les Hottentots d'Afrique, sans oublier les innombrables statuettes africaines qui se vendent sur les marchés artisanaux.

Le phénomène de stéatopygie se poursuit plus près de nous, à l'époque victorienne, où le derrière des femmes était étonnamment mis en valeur par la mode de la tournure, un rembourrage qui se portait sous les robes, au bas du dos. Réalité ou caricature exagérée d'un site anatomique tellement évocateur et stimulant sur le plan érotique que sa représentation statuaire a pu enflammer l'imaginaire des sculpteurs antiques.

Dans les danses rituelles de l'Afrique noire, les femmes creusent les reins pour faire ressortir la rotondité de leurs fesses. Il faut savoir que les Africains ne considèrent pas la poitrine comme un objet d'érotisme à l'instar des Occidentaux ou des Asiatiques. Pour eux, seules les fesses ont ce pouvoir de suggestion et un fessier proéminent a plus de valeur à leurs yeux qu'une belle paire de seins dont la fonction est essentiellement nourricière. Aux yeux des Africains, les belles poitrines sont des seins qui tombent jusqu'à la taille et dont les mamelons pointent vers le sol. Incroyable mais vrai !

Dans l'Antiquité, l'érotisme des fesses féminines était tel que les Grecs avaient un mot pour le désigner : callipyge. Ils avaient même érigé un temple à la « déesse aux belles fesses » : Aphrodite Callipyge. Sa statue ne laissait rien ignorer de ses charmes. On peut la voir de nos jours au musée de Naples. Depuis cette époque, les artistes n'ont jamais cessé de faire poser leurs modèles de façon à mettre en valeur la partie postérieure de leur anatomie. En dissimulant soigneusement les détails génitaux et anaux de la raie séparant les deux fesses, ils ont attiré l'attention sur la courbe particulièrement esthétique de la région pelvienne de la femme, réduisant sa sexualité à un rôle plutôt esthétique. Néanmoins, la forme des fesses à elle seule véhicule un puissant signal érotique datant de l'époque où le mâle montait d'office la femelle par-derrière. Comme le signal érotique a conservé toute sa puissance, la posture n'a rien perdu de son attrait voluptueux. Elle est d'ailleurs réputée pour être plus orgasmique que la classique position du missionnaire.

Que vous soyez dotée de fesses bien proportionnées ou non, n'hésitez donc pas à faire comme si en cambrant bien vos fesses quand vous vous asseyez en face de votre partenaire. Un peu d'exagération ne peut pas nuire à votre pouvoir de séduction, mesdames.

Les fesses au masculin

Quand un homme pose ses mains à plat sur ses fesses, il trahit sans le savoir sa sensibilité anale, ce qui ne veut pas dire qu'il est attiré par d'autres hommes. Dans le climat actuel, les femmes admettent qu'elles sont attirées par les fesses masculines. Leurs préférences vont généralement aux fesses dures, petites et musclées.

Il paraît qu'elles les veulent sportives car elles sont synonymes de poussées pelviennes efficaces durant la copulation. Hélas, la dureté des fesses ne permet pas de préjuger de la valeur des performances d'un futur amant.

Certaines femmes aiment caresser le plus naturellement du monde les fesses de leur compagnon, en privé ou en public. Le geste n'est pas choquant dans la mesure où il est reproduit sur le tissu du jean ou du pantalon. C'est un geste de provocation et un appel du pied qui exprime une demande non verbale de sexe à un partenaire qui fait la sourde oreille. Les femmes admettent qu'elles aussi peuvent être attirées par des fesses. Des enquêtes ont montré que les jeunes femmes du XXIe siècle accordaient beaucoup plus d'importance aux fesses des hommes qu'à d'autres détails anatomiques plus visibles. Un homme qui a des fesses au carré a plus de chances de séduire de nos jours qu'un minet à la belle figure mais aux fesses tristounettes.

Des fesses ou des seins ?

Historiquement, les fesses rondes distinguaient l'homme de la bête, les monstres des ténèbres devaient en être dépourvus. C'est ainsi que le diable gagna sa réputation de ne pas avoir de fesses. Est-ce la raison pour laquelle les hommes qui ont les fesses plates sont réputés comme étant diaboliques en affaires ? Et les femmes qui sont généralement très pourvues sur le plan mammaire n'ont pas des fessiers en rapport avec la générosité de leur poitrine. En revanche, elles sont souvent très exigeantes sexuellement[1]. Le manque de fesses stimule peut-être la demande de compensation ? Statistiquement, les femmes à forte poitrine sont plus clitoridiennes que vaginales. Y aurait-il là un rapport avec les fessiers peu développés ? J'ai pu constater, lors d'une enquête dans le milieu de la prostitution, que les jeunes femmes pourvues de fesses proéminentes privilégiaient largement la pénétration à la fellation (ce sont leurs réponses, évidemment). En revanche, les prostituées à forte poitrine évitaient la pénétration autant qu'elles le pouvaient et

1. Cette remarque ne repose pas sur des statistiques mais sur une enquête réalisée lors d'un doctorat sur la prostitution.

proposaient systématiquement une fellation à leurs clients. Pourquoi ce lien de causalité étonnant ? Pour une raison stupide, à première vue. Les femmes pourvues de fortes poitrines sont fétichistes. Elles sont très fières de l'effet que font leurs seins sur les hommes mais craignent que leurs amants ne fassent une fixation et ne les abîment à force de les malaxer.

En revanche, les femmes bien en fesses (plus vaginales) adorent littéralement que leurs amants les triturent, les malaxent ou les caressent sans cesse et autres modes érotiques compris dans le menu. Or ce type de caresses ou de massages accompagne souvent la pénétration avant ou arrière.

Le cul de Lucifer

Pour en revenir à Lucifer, les populations du Moyen Âge étaient en effet convaincues que le démon, même s'il pouvait prendre forme humaine, ne parvenait jamais à parachever sa transformation car il était incapable d'imiter le derrière arrondi de l'homme. C'était le seul détail anatomique échappant à ses pouvoirs maléfiques. Le diable, disait-on, était fort rebuté par cet échec et on tenait là une occasion en or de le tourmenter. Pour exciter sa jalousie, il suffisait de lui montrer ses fesses et comme c'était ainsi lui rappeler sa faiblesse, il était contraint de détourner le regard. L'homme qui exhibait ses fesses était donc protégé contre le Malin et ce moyen servit beaucoup à repousser les forces du mal. Les historiens rapportent que ce geste n'était considéré jadis ni comme vulgaire ni comme libertin. Luther lui-même raconte qu'il l'employait quand il était tourmenté par des visions nocturnes du démon. Les fortifications et les églises primitives contenaient souvent des sculptures représentant des personnages humains montrant leurs fesses rebondies pour chasser les mauvais esprits, les derrières nus toujours dirigés vers les entrées principales. Dans l'Allemagne du XVe siècle, quand un orage particulièrement violent éclatait en pleine nuit, les hommes comme les femmes passaient leurs fesses nues par la porte d'entrée dans l'espoir d'écarter ainsi les puissances du mal et d'éloigner la foudre. D'acte religieux, ce geste est devenu l'étalage obscène d'une partie taboue du corps humain.

Les signaux orgasmiques

Selon les ethnologues, il est intéressant de noter que les femelles de nombreuses espèces de singes ont des derrières violemment colorés. Leur postérieur devient de plus en plus visible et gonflé quand le moment de l'ovulation approche. Le mâle peut donc d'un seul coup d'œil juger si la femelle est dans une phase sexuelle active et l'accouplement se produit en général quand elle exhibe des organes sexuels au plus fort de leur dilatation. Si les hommes étaient attentifs à la turgescence de la vulve de leur compagne, ils pourraient mieux juger de l'instant T d'une pénétration efficace. Cependant, peu d'hommes s'inquiètent de ce détail pourtant essentiel et propre à tous les mammifères (il faudrait allumer la lumière et une majorité d'époux font l'amour dans la pénombre ou le noir absolu). Hypnotisés par les performances sexuelles des stars de la pornographie, ils se prennent pour des athlètes. Ils ne se doutent pas une seule seconde que l'orgasme de leur partenaire tient plus à l'inventivité de leurs conduites érotiques qu'à la performance du marathonien en chambre, voire à la dimension de leur organe.

Les fesses en ascenseur

En observant la démarche des gens, on remarque très vite que coexistent plusieurs styles d'allure, de port ou de cadence auxquels il faut bien ajouter la participation obligée de certaines parties du corps, les mains enfoncées dans les poches, par exemple. Je distingue ici la démarche de la station verticale. La façon de marcher est étroitement liée à la personnalité de base. Elle peut être influencée par le contexte mais la variation n'intervient que sur la cadence et le port. Il vous est certainement arrivé de reconnaître un ami de dos rien qu'à sa démarche particulière. La démarche d'un individu est unique dans la mesure où elle demeure libre de toute entrave, de toute uniformisation ou de toute contrainte. Elle appartient à la personnalité gestuelle au même titre que ses qualités ou défauts font partie de son profil psychologique. Mais la démarche d'une femme est aussi un atout séducteur primordial. À ce propos, je vous conseille d'observer de dos les fessiers en mouvement des femmes qui vous dépassent dans la rue. Le poste d'observation idéal est une terrasse de bistrot sur une avenue très fréquentée, comme les Champs-Élysées par exemple.

La démarche féminine entraîne deux mouvements distincts :

- le balancement vertical dans lequel les fessiers descendent et remontent en alternance ;
- le balancement horizontal dans lequel les fessiers voyagent de gauche à droite.

Le balancement vertical est globalement séducteur et vise à attirer l'attention sur les fesses de celle qui le reproduit consciemment ou non. Le balancement horizontal est réducteur et révèle une insatisfaction affective ou sexuelle et un refus de séduire. S'il est vrai que la plupart des jolies femmes adoptent le balancement vertical, il en existe une minorité importante qui rejoignent le camp réducteur. Ce balancement est alternatif et étroitement relié au climat mental ponctuel de la femme observée. Une femme en colère quittera son partenaire en adoptant un balancier horizontal, donc non séducteur.

Pourquoi ? Parce qu'elle changera de mode de locomotion. Elle orientera ses pieds vers l'extérieur pour marquer sa colère. Les pieds de la séductrice sont toujours orientés vers l'avant ou vers l'intérieur. La démarche est plus détendue ou plus maniérée. La manière de se chausser et de se vêtir joue également un rôle dans le choix de la démarche.

Elle est sculpturale et n'a que quatorze ans. Une vraie femme achevée. Son mode de locomotion est vertical et très appuyé, les pieds en dedans. Elle est manifestement fière d'attirer les regards de son entourage. Séductrice en herbe mais surtout petite narcisse amoureuse de son reflet dans le regard de ses admirateurs !

À l'identique, une jeune femme qui vous laisse rêveur marche en se déhanchant de manière appuyée. L'attitude est caricaturale, évidemment ! Elle se croit irrésistible, insubmersible, irréfragable et vit pour, par, dans et à travers la galerie de ses admirateurs. Le déhanchement parfait est une question d'apprentissage avec un prof de danse ou de maintien. Ça ne s'improvise pas. Une démarche séductrice est un atout considérable qui fait oublier bien des petits défauts physiques. Qui plus est, le balancement bien rythmé du bassin est un dispositif hypnotiseur qui subjugue tous les mâles.

Le principal moyen d'attirer l'attention sur les fesses féminines a été le port des chaussures à hauts talons qui déforment la façon de marcher de sorte que les fesses se tortillent plus que d'habitude. Encore faut-il savoir tenir en équilibre car, en cas de pépin, les limites du ridicule sont vite franchies.

Le triangle de Michaelis

Juste un peu au-dessus du fessier, on trouve le triangle de Michaelis dans la région du sacrum. Les Japonais apprécient, plus que les Occidentaux, cette partie du corps. Les kimonos des geishas sont coupés de telle sorte qu'ils dégagent la nuque et quand la geisha s'agenouille devant son partenaire, celui-ci peut plonger son regard sur toute la longueur du dos jusqu'à la rotondité des fesses. Le dos se termine par le triangle de Michaelis qui se situe entre les fossettes du sacrum, un pèlerinage visuel ou tactile que beaucoup d'hommes effectuent encore. Sur le plan érotico-pratique, le triangle de Michaelis est hypersensible à la caresse linguale. Il imite la naissance triangulaire des seins emprisonnés dans un *push-up* (un soutien-gorge qui remonte exagérément la poitrine).

Pour conclure sur ce sujet intarissable, je dirai que si la femme de notre ancêtre très primitif devait se courber pour présenter ses fesses à son compagnon dans la posture type du primate qui représente une invitation à l'accouplement, elle faisait apparaître ainsi ses parties génitales encadrées par deux hémisphères de chair, les fesses. Cela suffit peut-être à expliquer pourquoi les fesses sont un signal érotique et provocateur fondamental pour notre espèce.

Quelques repères gestuels

Un individu qui se promène avec les mains enfoncées dans les poches arrière de son jean est en recherche de provocation, même s'il vous paraît totalement pacifique.

Quand une femme vous met la main aux fesses, elle exprime, parfois sans le vouloir expressément, son envie de sexe, voire sa frustration sexuelle.

Quand un homme s'empare des fesses de sa compagne, le message est très différent, il affirme son droit de possession ou de cuissage sans demande de passage à l'acte. Les fesses sont souvent plus sensibles au toucher que les seins. Si l'on considère que la nature a prévu que l'homme et la femme passeraient à l'acte en face à face, cette sensibilité me semble logique.

Les bras qui s'accrochent dans le cou, dans le dos ou sur les fesses ne délivrent pas le même message. Dans le cou, ils soulignent une demande de tendresse ; dans le dos, ils représentent un désir de sécurité ; sur les fesses, ils signalent une invitation au passage à l'acte. Si vous acceptez de danser la lambada avec un cavalier inconnu au bataillon, vous lui proposez implicitement la possibilité de passer à l'acte en lovant vos fessiers dans ses mains.

Elle est assise sur le dos de ses mains avec les bras en télésiège. L'attitude est assez courante chez les enfants qui ont envie de grandir vite. Les grands qui la reproduisent sont des enfants de chœur et des adultes malgré eux.

Quand l'iconographie fessière se démultiplie au détriment de l'iconographie mammaire (la mode des strings en est un symptôme édifiant), cela signifie que nous passons d'une ère de contestation à une ère de provocation. Le terrorisme urbain est le point d'orgue de la provocation. Je ne vais pas m'étendre sur ce véritable phénomène de société mais juste relever que la mode du string s'est imposée sans la moindre levée de boucliers. Quelle est la raison mystérieuse du succès du string ? Contrairement aux seins qui perdent rapidement leur tonicité, la masse musculaire du fessier bénéficie d'une longévité assurée, et comme étant érotiques les fesses n'ont rien à envier à la poitrine.

LES HANCHES
Vanité et impatience

Le seigneur vieux et gras d'un harem ne s'est jamais soucié des signaux antiérotiques qu'il dispensait à ses nombreuses femmes et concubines. C'est de cet état de fait qu'est neé la danse du ventre. Ce n'était à l'origine pas autre chose que les coups de reins de la jeune épousée sur la forme replète et incapable de se mouvoir de son maître. Du fait de son gabarit, il ne pouvait assurer lui-même les mouvements de pénétration, il fallait donc que la femme joue le rôle du mâle actif dans l'accouplement. Elles introduisaient le pénis du seigneur dans leur vagin et remuaient le bassin jusqu'à provoquer l'éjaculation, soit une sorte de masturbation destinée à les féconder. L'habileté, la grâce et l'adresse que certaines concubines mirent au point pour exciter leur gras seigneur sont à l'origine de cette fameuse danse orientale. Un préliminaire visuel de plus en plus complexe pour provoquer une érection suffisante chez des hommes atones et prématurément vieillis par l'hédonisme d'une vie futile et sans frustrations.

Les hanches sont à la séduction ce que la pluie est à la terre : un fertilisant visuel. Le siège de la fécondité pour beaucoup de cultures. Pourtant, la somme des gestes ou des postures dans lesquels interviennent les hanches donne à penser qu'elles sont un bûcher des vanités plus que l'autel de la fécondité.

Le pot à deux anses, comme le nomment les Anglais, est le geste typique d'un individu qui abuse de cette attitude pour rehausser son image publique. Un peu comme on redresse son nœud de cravate ! De manière ponctuelle, il signifie aussi que le sujet se sent diminué. Les personnes interloquées reproduisent ce geste particulier. Poser ses mains en appui sur ses hanches remonte légèrement les épaules. L'humoriste Titoff en a fait une marque de fabrique personnelle dont il abuse avec beaucoup d'humour. Brad Pitt est coutumier de la main droite sur la hanche, les doigts en éventail, dans plusieurs des films où il apparaît.

Les hanches du King

Quand Elvis Presley a commencé à se produire sur scène vers les années 1950, il a fait scandale. Desmond Morris rapporte que « les attitudes du King étaient si outrées qu'elles lui valurent le surnom d'Elvis The Pelvis (Elvis le bassin), et lors de ses premières apparitions à la télévision, ses hanches étaient interdites d'écran. Interprétées comme des simulacres de copulation, il fallut attendre quelques années avant que les hanches du King puissent apparaître dans la lucarne ».

Le roulement des hanches des danseuses hawaiiennes de hula et des houris, danseuses du ventre des pays musulmans, est la première image qui vient à l'esprit quand on s'intéresse aux hanches. Mais que se passe-t-il dans la conscience individuelle quand les mains ou les poings viennent se poser dessus ?

La main gauche posée sur la hanche correspondante témoigne d'un individu possessif, exclusif. La possessivité est un sentiment très féminin, mais qui touche aussi pas mal d'hommes. La hanche gauche dépend du cerveau droit, le cerveau yin, pour mémoire. *A priori*, elle est symbole de futilité.

La main droite posée sur la hanche correspondante signale une ambition mitigée de vanité ou d'orgueil. La vanité est le sentiment masculin de la futilité attribuée d'autorité aux femmes. Parce que la vanité, tout comme l'orgueil d'ailleurs, est un sentiment rationnel et non émotionnel, donc dépendant du cerveau yang. À chacun sa grenouille et le bœuf au milieu ! Ce ne sont pourtant pas les hommes futiles qui manquent à l'appel. On devrait même écrire « à la pelle » ! Les boucles d'oreilles suspendues aux lobes ou piercées dans les hélix de ces messieurs sont une véritable déclaration de frivolité, voire de préciosité masculine. Et la mode des objets futiles dont les messieurs raffolent de plus en plus ne s'arrête pas là.

La hanche droite est le siège symbolique de l'impatience. Ce qui est logique dans la mesure où le bras droit (symbole de la liberté d'agir) est stocké de manière stérile sur la hanche.

Suivant le contexte, *les deux mains sur les hanches* peuvent traduire la colère, l'orgueil ou la fierté.

La colère ! « Je suis verte de rage. Tu as vu ton bulletin ? C'est un scandale. » On imagine très bien cette sortie, le chiffon de cuisine dans une main et les poings sur les hanches face à l'accusé boutonneux jusqu'à la racine des cheveux.

L'orgueil ! « C'est moi qui ai remporté le rôle et pas cette conne de Jeanne, ce boudin, cette actrice de mes deux qui a autant de culture théâtrale qu'un poulet frites... » L'épaule droite est projetée en avant, les mains sont posées, doigts écartés en éventail, sur les hanches.

La fierté ! « J'ai été sélectionné pour représenter l'école à la garden-party du Président, tu réalises la staaaaar ? » Là, c'est l'épaule gauche en proue contrairement à la réaction d'orgueil. Les individus qui cherchent à s'affirmer en usent aussi. « Je suis le seul qui comprend ce qui se passe ici ! » Le menton relevé, un zeste de mépris, les lèvres pincées comme celles d'une vierge effarouchée. Les mains sur les hanches sont aussi une mise en avant de l'image sociale, associée à un manque d'assurance, pour autant que ce geste revient couramment dans le registre gestuel du sujet observé.

Restent les poings sur les hanches qui est ce qu'on appelle un geste litote. C'est l'attitude pseudo-hostile de la mamy qui fait semblant de gronder son petit-fils. Généralement le sourire dément la colère jouée. « Espèce de petit monstre qui a encore caché les lunettes de sa mamy ! » La tirade est accompagnée d'un sourire entendu et à peine réprimé. Un geste litote traduit le contraire de ce qu'il est censé figurer.

Le mal d'aimer

Les hanches d'une femme sont comme la quille d'un bateau. Chaloupantes, elles vous donneront le mal d'aimer comme le bateau vous donnera le mal de mer. On dit encore dans certaines régions du monde d'une femme forte de bassin qu'elle a de belles hanches. Il est vrai que les femmes qui ont les hanches larges ont une réputation de bonnes pondeuses. Il n'en reste pas moins que les hanches de la danseuse du ventre sont au moins aussi importantes que son ventre ou que ses seins. Quant aux hanches de la danseuse de flamenco, celle-ci s'arrangera toujours pour les marquer avec un carré de tissu ou un foulard à franges. Le sweater de l'adolescente, noué sur les hanches, prodigue le même message. Il est l'équivalent du capitonnage des hanches aussi employé par les femmes à diverses époques et, grâce à de larges ceintures bien serrées, on peut exagérer les courbes de la hanche et du sein. C'est pour cela qu'on a toujours une préférence marquée pour la taille étroite chez les femmes et un corsetage étroit de cette région a été fort largement pratiqué. Cette tendance a atteint son sommet avec les « tailles de guêpe » du début du siècle dernier, époque à laquelle certaines femmes n'hésitaient pas à se faire retirer les côtes inférieures pour augmenter l'effet (voir la section consacrée à la taille dans le chapitre 2).

La position des mains sur les hanches est généralement caractéristique d'un sentiment d'exaspération et d'irritation, et on la retrouve dans plusieurs occasions de ce genre.

Beaucoup d'acteurs de cinéma campent la posture des mains sur les hanches pour occuper l'espace face à la caméra. À ce titre, la palme revient à Brad Pitt dans le film *Joe Black* mais aussi dans *Ocean Eleven*. L'interprétation de cette attitude récurrente est aux antipodes de la séduction. Elle signifie que le sujet est victime d'un complexe d'infériorité coriace. Il cherche à tout prix à s'affirmer. On peut être beau comme un jeune dieu et bourré de complexes. L'attitude est typique d'un individu qui abuse de ses hanches pour rehausser son image publique. De manière ponctuelle, il signifie aussi que le sujet se sent diminué par le contexte. Les personnes interloquées reproduisent aussi le pot à deux anses. « Mais qu'est-ce que tu fais là ? »

Que font donc les hanches dans le chapitre consacré à la partie voluptueuse du corps humain si elles sont censées représenter la vanité et l'impatience ? La proportion seins, taille et hanches fait partie intégrante des canons de l'érotisme féminin. Les hanches larges sont accueillantes et présupposent un goût immodéré pour la chose sexuelle dans l'esprit populaire de nombreuses régions du monde. Voilà pourquoi ! Une supposition qui n'est pas très éloignée de la vérité.

Rappelez-vous seulement que l'impatience est perchée sur la hanche droite et que la vanité est située à gauche, en principe. « Ça fait plus d'une heure que je poireaute », se plaint votre amie, le poing droit posé sur la hanche. Mais ce pourrait être le poing gauche parce qu'elle est blessée dans sa vanité d'avoir été négligée à ce point.

LE NOMBRIL
Le siège de l'individualisme

L'individualiste est un homme libre parmi les hommes liges d'une société de clones.

Les premiers piercings du nombril remontent à l'Égypte ancienne. À cette époque, seuls le pharaon et les familles royales étaient autorisés à se percer le nombril. Les paysans qui violaient cette règle étaient exécutés ! Cependant, si une fille de paysan naissait avec un « nombril parfait », on lui permettait parfois de le faire percer et donc de sortir du rang. Le piercing du nombril est aujourd'hui monnaie courante, quelle que soit l'imperfection du nombril par ailleurs.

Lieu symbolique de l'*ego*, cette pratique peut s'interpréter de diverses manières :

- le besoin de revaloriser son moi ;
- un remède inconscient pour fortifier une personnalité fragilisée ;
- un micromessage sexuel imitant le clitoris ;
- un besoin de couper le cordon ombilical une bonne fois pour toutes.

Ce ne sont pas les hypothèses qui manquent. Les jeunes femmes aux nombrils percés ne sont manifestement pas à l'aise dans leur peau et donc pas toujours aussi sensuelles qu'elles le voudraient. Le piercing est peut-être perçu comme l'épreuve initiatique qui les libérera du conflit latent qu'elles entretiennent avec une sexualité qui n'a pas encore effeuillé tous les pétales de la marguerite.

Les *ego* en orbite

L'égotisme définit un personnage qui se consacre au culte de sa personnalité et essentiellement concerné par ses problèmes.

L'égocentrisme procède d'un individu qui envisage les phénomènes observés ou les problèmes qui se posent à lui d'un point de vue nombriliste : « As-tu un frère ? – Oui », répond l'égocentriste. « Et ton frère a-t-il un frère ? – Non ! » L'égocentriste est incapable de se mettre à la place d'autrui (décentration).

Quant à l'égoïsme, il est l'amour exagéré de soi. L'attachement que l'égoïste porte à lui-même l'amène à subordonner l'intérêt d'autrui au sien propre. Chacun pour moi et Dieu pour tous.

Voyons un peu quelles sont les différences entre ces appellations courantes dont peu de gens connaissent les nuances.

« Mon fils a rencontré une jolie jeune fille à la faculté », commence la première dame. Son amie enchaîne : « Moi, mon fils a réussi son bac avec mention. Je crois que nous allons lui offrir sa première voiture pour le féliciter…

— Bravo ! La jeune fille que mon fils a rencontrée est d'origine polonaise…

— Mon mari est souvent en Pologne pour ses affaires…

— Une fille de très bonne famille.

— Il m'a dit que les hôtels sont envahis par des prostituées très jeunes, là-bas. »

La première dame constate enfin qu'il est impossible d'établir un dialogue. Elle décide de couper les ponts sur le mode ironique : « Et votre mari en a testé quelques-unes, alors ? » Son interlocutrice reste sans voix tandis que la première dame s'éloigne en se dandinant.

Deux monologues qui s'évitent mais trouvent leur source dans le sujet évoqué. La première tente de raconter les aventures sentimentales de son héritier, la seconde rebondit sur chaque contenu pour se l'approprier, **c'est un fonctionnement égotiste**.

Cette femme ramène tout à elle, s'approprie les faits, les lieux, les gens et les choses. L'égotiste aime se raconter, analyser ses réactions en public. Le monde extérieur n'existe qu'en fonction de ses besoins, il est incapable d'une attention soutenue sur un autre sujet de conversation que lui-même et en personne. Les autres n'existent pas plus que des images virtuelles qui ne font que passer devant ses yeux sans jamais éveiller la moindre émotion en lui sauf, bien entendu, s'il est concerné au premier chef. La manie de l'égotiste est un appel au divorce et un excellent argument juridique pour faire pencher la balance de la justice en votre faveur. Les juges des affaires familiales sont confrontés chaque jour à des hordes d'égotistes. Ils les détestent. Si vous êtes seulement égocentrique, vous avez toutes vos chances pour autant que votre conjoint est égotiste et que vous le faites remarquer subtilement à monsieur ou madame le juge.

L'individualisme en crise

La mode du nombril tout nu a pris son essor suite à une publicité télévisuelle. Les fabricants de vêtements ont suivi et les dessus (bustiers, tricots, tee-shirts, etc.) ont automatiquement raccourci pour satisfaire aux caprices de cette nouvelle mode et non pour des raisons de récession. Mais l'exhibitionnisme du nombril n'est pas insignifiant, il répond à une inquiétude collective non dite : la perte de son individualité ou de la possibilité de s'individualiser. Être différent de l'autre est devenu un risque. Celui qui ne se soumet pas aux règles, qui ne se fond pas dans le moule est un individu dangereux pour la communauté. Le communautarisme s'installe avec l'objectif non déclaré de tuer tout individualisme, comme dans les sociétés régies par des règles trop strictes. La découverte du nombril est une réaction symbolique à cette invasion du communautarisme, d'où qu'elle provienne. Le droit à la différence n'est pas une exigence individuelle mais communautaire. Les marginaux sont regardés comme des délinquants de la bienséance. Les originaux ne sont plus à la mode. Ils dérangent quand ils ne font pas peur.

L'individualisme est considéré comme une conduite asociale, voire une attitude qui foule aux pieds les règles de la communauté. Nul ne peut s'arroger le droit d'exister en dehors des autres sans être taxé de misanthropie. L'individualisme n'en est pas très loin. Indiscipliné, égoïste et peu solidaire ! Trois qualificatifs qui donnent un portrait peu valorisant de l'individualiste. Il est difficile d'être un individu à part dans une société très communautarisée et entièrement vouée au *charity business*. Un homme sans code de reconnaissance, sans groupe d'appartenance est une menace pour l'ordre établi. Un anarchiste en puissance. L'individualiste est un homme libre parmi les hommes liges d'une société de clones. Si vous vous considérez comme une femme ou un homme libre, cachez votre nombril et surtout faites toujours semblant d'être la photocopie de votre voisin pour qu'on vous fiche une paix royale. Ne pensez jamais à haute voix ; dites-leur ce qu'ils ont envie d'entendre, admirez leur intelligence mais ne dévoilez jamais la vôtre. Et vous serez un(e) individualiste heureux(se) !

LES POILS
L'instinct de survie

Le désir poilu

Que se passe-t-il quand les corps de deux inconnus qui se plaisent sont proches à se toucher ? La polarisation humaine entre en jeu. Nous fonctionnons tous comme des aimants de polarité contraire qui s'attirent ou de polarité identique qui se repoussent. L'intimité qui s'installe provoque une sorte de vibration émotionnelle qui n'est autre qu'une traduction neurologique du désir brutal ou de la passion fatale. L'intervention massive du LHRH, l'hormone du désir, joue un rôle biochimique évident dans cette attraction. Parfois, les polarités s'inversent au dernier moment. La peur intervient comme une couche stratosphérique qui protège certains individus contre la folie d'une passion irrationnelle. Parfois un détail qui avait échappé inverse les polarités amoureuses. La lèvre supérieure de votre nouvelle amie est rêche et mal rasée. Aïe ! Les poils de ses jambes vous piquent les mollets. Ouille ! Il est poilu comme un singe, surtout dans le dos ! Ouiiiiiinnn ! Les poils peuvent être hautement érotiques pour certains mais aussi bassement désagréables pour d'autres. Comment se sent-on quand on embrasse une femme à barbe ? Les homosexuels n'ont pas ce problème, j'imagine. Un amant poilu n'est jamais qu'un autre homme. Et pourtant, eux aussi se font épiler les jambes ou le torse.

Épilez-moi

« *Le corps et la peau des membres sont moins poilus chez la femme que chez l'homme* », explique Morris. Aussi ces dernières essaient-elles d'en accroître le poli par l'emploi d'onguents et de lotions et par le recours aux massages. La femme s'épile par divers procédés, tout cela pour exagérer les différences entre les sexes. L'épilation s'est pratiquée dans de nombreuses cultures et pendant des milliers d'années chez certaines tribus primitives, mais aussi à l'époque de la Grèce antique. Les femmes de cette époque allaient jusqu'à enlever les poils pubiens. Elles les arrachaient à la main « *comme des branches de myrte que la main cueillait* », les brûlaient à la flamme d'une lampe ou avec des cendres chaudes. L'épilation à la cire est connue depuis l'aube des temps. Les femmes arabes prennent un sirop épais à parts égales de sucre et d'eau, additionné de jus de citron, le versent sur la peau qui fait offense, le laissent sécher et enlèvent la croûte qui se forme avec les poils. Les hommes n'ont pas ce problème mais ils doivent se raser quand ils ne sont pas adeptes de la barbe. Un homme qui effectue un rasage régulier passe environ 2 000 heures à se frotter la couenne au cours de son existence. Soit environ 83 jours de 24 heures, presque un trimestre à se raser devant son miroir.

Quelques gestes poilus

Il tire sur les poils de sa poitrine tout en vous écoutant !

De la main droite, vous êtes en présence d'un phallocrate averti ; de la main gauche, l'attitude est plus séductrice que machiste.

Quelques poils en buisson sur le haut de la poitrine font une touffe encore assez courante dans nos régions. Le geste masculin qui consiste à *caresser sa poitrine velue* est l'équivalent du bout des doigts qui s'insinuent entre les globes des seins de la femme. Ces autocaresses sont évidemment des invitations déguisées et à forte connotation érotique. Elles indiquent aussi que le personnage qui reproduit ce tic gestuel est satisfait de ses œuvres. *Vanitas ! Vanitas !*

Les poils de la survie

Des générations d'hommes vivant dans un confort relatif (lignées aristocratiques ou bourgeoises) finissent par perdre ce pelage destiné à l'origine à protéger contre le froid. Ce constat en amène un autre. Le manque de difficultés de vie affaiblit souvent l'instinct de survie chez tous les individus qui bénéficient de conditions de vie sécurisées. Les individus issus de lignées très protégées par un statut social ou une aisance financière familiale ont donc un instinct de survie peu confronté au malheur. Il y a chez eux un déficit de résilience. La souffrance est une source de consolidation de l'instinct de survie. La congruence entre la disparition des poils et l'affaiblissement de l'instinct de survie saute aux yeux. Plus un homme ou une femme est poilu (la femme tentera de dissimuler cette pilosité), plus son instinct de survie hérité est efficace. Une pilosité absente naturellement chez un homme fort est, paradoxalement, un signe de fragilité constitutionnelle. Cependant, aucune étude n'a jamais été menée sur cette question. Un individu poilu est-il plus combatif que celui ou celle qui n'a plus son « lanugo »[1] ?

1. Duvet dont est couvert le fœtus et qu'il perd à la naissance.

Dans les temps reculés, la toison de poils était une protection contre le froid. Elle garantissait une résistance accrue aux chasseurs qui parcouraient les plaines à la recherche de gibier. Il faut imaginer que les femelles humaines devaient être aussi poilues que leurs mâles. Ça vous défrise, hein ! Un individu glabre eût été condamné d'avance en ces temps reculés. La toison de poils représentait donc bien un moyen de survivre dans des conditions climatiques très rudes.

Les soldats français de la guerre 1914-1918 étaient surnommés les poilus. Quel rapport avec l'instinct de survie et pourquoi avaient-ils été baptisés de la sorte ? Je n'ai pas trouvé de réponse à cette question. Était-ce en rapport avec leurs conditions d'existence au creux des tranchées boueuses et froides des champs de la mort où le seul objectif était de survivre ?

LES SEINS
Le siège de l'Amour

La belle dame succulente
Me trouble autant qu'elle me tente
En me repoussant de la main.
Mais vous n'y pensez pas j'espère ?
Je pourrais être votre mère
En ce cas, donnez-moi le sein.
Daniel ANCELET

Quoi d'autre que les seins de la femme pour représenter symboliquement la capacité d'aimer ? Que pourraient-ils symboliser d'autre ? Pour Desmond Morris[1] « *les protubérances hémisphériques des seins de la femelle sont certaine-*

1. Desmond Morris, *Le Singe nu*. Le Livre de Poche, chap. II. p. 88.

ment des copies des fesses charnues, et le contour bien dessiné des lèvres rouges bordant la bouche, une copie des lèvres vaginales ». Si les fesses rondes compensent une poitrine peu développée, l'inverse aussi est vrai. Des seins massifs compensent des fesses plates ou tristes (voir la section consacrée aux fesses).

Un signal incontournable

La beauté d'une poitrine bien mise en valeur peut faire oublier bien des disgrâces physiques. La mode des seins lourds revient en force en ces temps de vaches maigres, sans vilain jeu de mots. Car les poitrines opulentes rassurent les esprits masculins par le simple plaisir des yeux. La poitrine maternelle gonflée du premier lait demeure un symbole de sécurité depuis la naissance jusqu'à la mort, bien avant d'être considérée comme un objet érotique.

Sur le plan professionnel, une poitrine bien mise en valeur peut être un atout non négligeable, quelle que soit l'activité exercée par celle qui en bénéficie. Aucun homme sur terre n'est insensible aux signaux séducteurs d'une poitrine de femme. Cet attrait peut donc représenter un véritable écran de fumée dans le climat mental de l'interlocuteur masculin, en cas de négociation ou lors d'une action commerciale. Le décolleté est une arme dont certaines femmes se servent autant que de la malice pour convaincre celui qu'elles doivent *harceler*, professionnellement s'entend. Même si ce n'est pas la seule arme dont elles disposent pour parvenir à leurs fins.

Il est clair qu'une poitrine intelligemment mise en avant vaut beaucoup d'arguments et raccourcit très souvent le temps consacré à la négociation du contrat. Alors, chères lectrices, n'hésitez pas à nous harceler du décolleté le plus profond car le plaisir des yeux ne se lassera jamais de s'y perdre.

Les seins démoniaques

On note que, à certaines époques, il fallait au contraire que la sexualité de la femme demeurât dissimulée. Les puritains obligeaient les jeunes femmes à porter des corsets très serrés pour comprimer leur poitrine et présenter ainsi une silhouette neutre et innocente. Au XVIIe siècle, les jeunes dames espagnoles connaissaient un sort bien pire : pour empêcher la nature de suivre son cours, on leur écrasait la poitrine avec des plaques de plomb collées au thorax. Ces méthodes soulignent la profonde signification sexuelle de la forme hémisphérique des seins. Pour en arriver à de telles extrémités, il faut en effet que leur signal soit puissant. La répression des signaux sexuels de la femme dans les sociétés d'autrefois a toujours correspondu à un regain d'attirance homosexuelle compensatoire comme cela se passe dans le milieu carcéral de nos jours. L'homosexualité serait donc la conséquence d'une répression de la liberté d'aimer l'autre sexe et non l'origine d'un rejet de la femme, objet de désir.

Les religions ont toujours confondu le sexe avec le diable pour une raison fondamentale qui ne remet pas en cause l'utilité de la morale religieuse par ailleurs. Le fait est que le plus grand ennemi de l'innocence est le plaisir. Or, la religion ne peut transmettre le message de l'amour divin qu'à des brebis purifiées des plaisirs séculaires. Des âmes innocentes ! Il est donc impératif d'éradiquer les pensées « copulatoires » en leur substituant des prières rédemptrices, cela afin de faciliter la voie de la purification aux ouailles. En diabolisant la sexualité, elle détourne l'énergie libidinale au profit d'une sublimation de l'amour, l'amour du divin synonyme de pureté. L'homme et la femme doivent procréer pour continuer l'œuvre de Dieu. Il est indécent de penser que l'acte sexuel puisse servir à des ébats stériles autres qu'à cette vocation naturelle. D'où le refus des moyens de contraception de la part du Vatican, d'où les différentes pratiques de dévalorisation de la beauté féminine chez les Juifs orthodoxes, d'où le hijab dissimulateur des musulmans. Trois religions qui représentent la majorité des six milliards d'individus peuplant la planète. Les religions de l'interdit sont plus fortes que celles de la tolérance. Et vous savez pourquoi ? Parce que l'interdit est le seul rempart contre le chaos de la tolérance totale, c'est-à-dire le plaisir humain qui serait la mort de Dieu. Aimer est un investissement du soi dont la jouissance est l'épilogue. Voilà pourquoi les religions considèrent que le plaisir est la négation de l'amour et feront toujours tout ce qui est en leur pouvoir pour nous protéger de l'apocalypse du plaisir !

La perfection faite sein

Pour capturer l'image d'un sein parfait, les photographes ont besoin de trouver un modèle dont la poitrine d'adolescente a atteint le développement maximal, c'est-à-dire juste avant que son poids ne commence à la faire tomber. Seulement, il y a un problème dans la mesure où l'augmentation en taille qui engendre la forme hémisphérique pleine accroît aussi le poids qui entraîne inévitablement la poitrine vers le bas. Il n'existe qu'un moment dans la vie d'une femme où ses seins sont au maximum de leur taille avec un affaissement minimal et c'est cet instant que l'objectif doit saisir pour produire les images les plus érotiques. Il est intéressant de noter que les photographes travaillant pour les magazines spécialisés dans ce domaine disent qu'il n'existe qu'un type de filles avec les seins requis. Elles sont un peu plus jeunes qu'on ne pourrait le penser, quinze à dix-huit ans, et leurs seins ont atteint la taille adulte plus tôt que la moyenne. Ils présentent donc la rondeur voulue tout en conservant la fermeté de la première jeunesse. Cette combinaison fournit le genre d'images qui font la fortune des revues érotiques.

Une substance aphrodisiaque

Une fois que le signal de la poitrine de la femme, de même que ses autres attraits tant physiques qu'intellectuels, a séduit un partenaire masculin et que les contacts sexuels ont débuté, la perception tactile du sein entre en jeu. Au cours des préludes amoureux, l'homme, très souvent, caresse et embrasse les seins de sa compagne, ce qui l'excite plus encore que la femme et il est possible qu'il s'agisse là d'un stimulus particulier. Les aréoles autour des mamelons contiennent des glandes sécrétant une substance graisseuse durant l'allaitement. On prétend qu'il s'agit d'un lubrifiant destiné à calmer les irritations de cette région de peau mise à contribution et il n'y a aucune raison d'en douter. Mais le fait que ces glandes soient à l'origine apocrines peut laisser penser que, au cours des ébats sexuels, cette partie du sein transmet réellement des signaux olfactifs. Les glandes apocrines sont en effet celles qui produisent les odeurs sexuelles des aisselles et des organes génitaux et bien que les hommes ne soient pas conscients des senteurs érotiques que ces glandes dégagent, leurs sécrétions produisent un puissant impact inconscient qui accentue le désir. Les glandes aréolaires pourraient fort bien appartenir à ce système de signaux olfactifs, ce qui expliquerait pourquoi les hommes s'attardent tant sur cette partie du corps pendant les préliminaires à l'acte sexuel.

Tandis que le désir s'accroît, la poitrine féminine subit plusieurs transformations marquantes. Les pointes des seins se dressent, grandissant de près d'un centimètre chez certaines femmes. Les seins eux-mêmes se gorgent de sang, augmentant de volume jusqu'à 25 %. Cette turgescence rend leur surface plus sensible au toucher et aux contacts durant l'accouplement. À l'approche de l'orgasme, deux autres changements se produisent. Les aréoles se gonflent au point qu'elles commencent à masquer le mamelon. Intervient également une étrange éruption cutanée sur la poitrine et d'autres endroits du torse. Cette « rougeur sexuelle » a été observée chez 75 % des femmes. Chez les hommes, 25 % seulement de ceux interrogés présentent ce phénomène. Il se produit en général juste avant l'orgasme chez les hommes comme chez les femmes. Pour ces dernières, il arrive cependant que l'éruption ait lieu un certain temps avant le sommet du plaisir, alors que pour l'homme cela se produit toujours au dernier moment. Il n'est pas possible de présenter cette rougeur en l'absence d'un intense plaisir sexuel, mais la réciproque n'est pas vraie. Nombre d'individus des deux sexes ne connaissent jamais ce phénomène en dépit d'une vie sexuelle ardente accompagnée d'orgasmes réguliers. On ignore d'où provient cette différence. On sait que la chaleur favorise son apparition, car dans le froid on ne l'observe pas chez ceux où il se manifeste en général. D'autre part, quand il fait très chaud, la rougeur peut s'étendre au-delà du thorax, couvrant une zone allant du front aux cuisses.

Aimer les seins

Aimer les seins ou aimer les siens !

Il suffit d'intervertir une seule lettre pour donner tout son sens à ce mot délicieusement évocateur. La capacité d'amour est constitutive de la civilisation humaine. Sans les différences anatomiques qui représentent autant d'attraits érotiques entre les sexes, la race des hommes se serait éteinte depuis plusieurs milliers d'années. Certaines études réalisées sur le principe du contraste entre les sexes montrent que les images très séduisantes dont nous bombardent les médias nous rendent plus exigeants encore sur le plan plastique à l'égard de nos propres partenaires. Dans son ouvrage paru chez First, *Influence et manipulation*, Robert Cialdini précise que des étudiants qui devaient attribuer une note à la photo d'une inconnue la diminuaient s'ils avaient feuilleté au préalable des magazines pleins de publicités. L'exigence de beauté et de sensualité féminine faisait un bond considérable parce qu'ils avaient visualisé des modèles dits parfaits avant de considérer les clichés de jeunes femmes quelconques. On voit à quel point les différents critères anatomiques qui distinguent les sexes ont donc une fonction de préservation de la race qui prime sur celle du couple.

Mais la capacité d'aimer n'est pas uniquement réservée à la constitution de cet embryon de société que représente le couple, elle est aussi le carburant de l'instinct de conservation et de prolongement de la lignée. L'Homme n'est pas un animal comme les autres, il pense, réfléchit et communique par les mots. Il est en mesure d'exprimer une variété de sentiments qui lui sont propres. Les cinq sens dont il bénéficie sont orientés dans un but primordial : appréhender son environnement avec le plus de cohérence possible. Dans cet environnement se situe *a priori* la notion de différence et d'attirance sexuelle ! Il peut la voir, l'entendre, la toucher, la sentir et la goûter à la fois grâce à tous ces signaux anatomiques qui ne sont jamais aussi passionnants à découvrir que quand ils sont (mal) dissimulés. Le succès considérable des films, écrits, dessins et revues érotiques doit plus à la grosseur des seins qu'à l'intelligence du contenu ou du scénario. « *Quand Margot dégrafait son corsage, pour donner la gougoutte à son chat, tous les gars, tous les gars du village étaient là…* », chantait Brassens au milieu des années 1950. La chanson a fait un tabac malgré les levées de boucliers des ligues puritaines de l'époque et d'une censure dominée par l'Église catholique. Je n'avais pas encore dix ans mais déjà les paroles de cette chanson excitaient mon imagination de petit garçon impubère. Les seins de Margot ! J'aurais tellement voulu les voir. Ils devaient être fabuleux.

LE SEXE
Le siège de la libido

Ne faut-il pas déshabiller le discours de temps à autre, pour lui ôter le cache-sexe derrière lequel il dissimule ses pudeurs.

Féminin ou masculin, le sexe est le symbole de l'équilibre de la libido. Vous vous en doutiez ! Un terme qui recouvre globalement la recherche de la satisfaction sexuelle, c'est-à-dire l'orgasme. Jung le considère comme une énergie psychique quel que soit son objet. Pour Freud, c'est un peu plus complexe : la libido est l'énergie instinctuelle de la vie qui se répartit entre le moi et les objets ou les personnes. La libido passe par un certain nombre de stades au cours du développement individuel (stade oral, stade sadique-anal, stade phallique, en gros). Il définit les stades libidinaux, moteurs des stades d'organisation de la relation d'un sujet avec la notion d'amour. Pour ma part, je rejoins la définition de Jung, celle de l'énergie psychique associée à la sexualité ou à un autre objet de satisfaction : projet, carrière, amitié, succès divers et variés. Une libido qui fonctionne sans accrocs ne détermine pas seulement les performances sexuelles de l'individu mais aussi le degré de gratification qu'il retire de son vécu. Si vos affaires tournent à plein régime, vous vous sentirez valorisé par cette situation satisfaisante pour votre *ego*. En revanche, il se peut que vos rapports intimes avec votre partenaire ne vous donnent pas les mêmes satisfactions. La gratification professionnelle peut suffire à faire votre bonheur, même si elle ne fait pas celui de votre partenaire. Vous avez sublimé l'insatisfaction sexuelle en transférant l'énergie libidinale vers une activité à haut potentiel de gratification égocentrique.

Le cabinet médical de Claude était de moins en moins rentable. Les patients se raréfiaient. Il s'en inquiétait bien un peu mais il était trop préoccupé par le conflit qui augmentait de jour en jour entre son épouse et lui. Elle avait décidé de le quitter. Claude ne comprenait pas ce qui justifiait une telle décision. Il l'aimait toujours. En rentrant chez lui, un soir, il s'aperçut que Viviane avait mis sa menace à exécution. Elle était partie en emportant ses affaires et en lui laissant une courte lettre de rupture : « Je pars car j'ai trouvé l'homme de ma vie. Ne cherche pas à me revoir pour l'instant. Je te ferai signe pour arranger le divorce à mes torts. Signé : Viviane. » *The show must go on !* Claude est retourné ouvrir son cabinet le lendemain matin, zombie mais fidèle au poste. Et le surlendemain, et après. Huit jours passèrent. Ça va un peu mieux du côté du cœur. Ça va beaucoup mieux du côté clientèle. Claude ne comprend pas. Il n'a plus eu autant de rendez-vous sur son agenda depuis… depuis… que lui et Viviane filaient le parfait amour. Comment interpréter cet afflux de clientèle inattendu ? La détérioration des relations amoureuses entre Claude et sa femme a eu un effet nocif sur la libido du médecin. Il avait désinvesti sa pratique pour surinvestir son couple. Sa disponibilité professionnelle en souffrait. Ses patients l'ont perçu et sont allés voir un confrère du quartier plus disponible pour être mieux pris en charge. Le départ de Viviane a permis à Claude de réinvestir son énergie libidinale dans l'exercice de sa profession. Bien sûr, tout cela s'est opéré à son insu.

Le vagin, le siège du mystère

Le sexe de la femme est caché à l'intérieur de son ventre.

Dans *Le Couple nu* de Desmond Morris, je lis la chose suivante : « *On a aussi suggéré que la structure des lèvres d'une femme permettait de deviner celle de ses parties génitales avant même de la voir...* » Une observation par induction dont je peux vous assurer qu'elle est pire que fausse. Et je fonde mes allégations sur les multiples conversations que j'ai pu tenir avec les péripatéticiennes que j'ai rencontrées pour les besoins d'un doctorat sur la prostitution réalisé en 1983-1985 en Belgique. Ces demoiselles étaient très prolixes quand la conversation était orientée sur leur outil de travail.

« *Une femme aux lèvres charnues doit posséder, dit-on, des lèvres génitales tout aussi charnues,* poursuit l'auteur ; a contrario, *une femme aux lèvres minces et serrées aura le sexe étroit.* » Ce constat me déçoit de la part d'un spécialiste de renommée mondiale. Prêter foi à des on-dit sans vérification anatomique est une faute impardonnable. Les préjugés trouvent souvent leur source dans la bouche d'un personnage charismatique qui profite de sa crédibilité pour initier une croyance et la répandre dans les esprits. C'est le b.a.-ba du racisme primaire ou du jeu des rumeurs infondées. La largeur du vagin ou la grosseur des lèvres génitales ne sont pas plus annoncées par un détail morphologique socialement visible que le nez proéminent n'annonce l'appartenance à la religion israélite ou la moustache en balai-brosse, l'identité arabe.

Le pubis féminin est le siège symbolique du mystère.

Le pubis n'est qu'un lieu anatomique sans particularité sinon qu'il est voisin du sexe. Ce qui en fait un lieu magique, propre à faire délirer tous les imaginaires. Il suffit d'un cliché qui laisse deviner le pubis pour que l'imagination plonge à pieds joints dans le continent perdu. Mais il existe des lieux de perdition qui permettent de plonger ses pupilles au plus profond du mystère de la femme.

Une scène circulaire décorée d'un plancher en aluminium. Autour de ce plateau, des petites tables pour deux. Lumières tamisées mais pas trop pour ne pas gâcher le paysage. Des hommes sont assis et sirotent une bière, les yeux exorbités. Sur la scène, des jeunes femmes plutôt jolies ouvrent les jambes pour faire admirer la rosace de leur vagin à ces messieurs, tout en se trémoussant couchées sur le dos ou sur le ventre. Nous sommes chez Parée, un bar à strip-teaseuses de Montréal. Dans un pays où l'un de mes amis a pris trois mois de prison ferme pour avoir mis la main aux fesses de l'une de ces serveuses, les vagins sont en panavision et technicolor pour le prix modique d'une Budweiser. On peut voir mais pas toucher, me prévient le libraire qui m'a emmené dans ce délicieux lieu de perdition. Elles ont des lèvres vaginales immaculées. Aucun bébé n'est passé par là ou alors elles ont été remodelées. Il est vrai que dans ce type de profession, il faut soigner la vitrine.

Selon moi, le symbole de la caverne est une déclinaison du mystère sexuel de la femme. Les premiers hommes des cavernes ont décoré cet habitat de représentations picturales de leur époque. Ils s'y sentaient à l'abri et au chaud. Tout enfant est attiré par une anfractuosité dans la roche, un embryon de grotte dans la montagne, une habitation troglodyte comme il en existe des centaines dans la vallée de la Loire. La caverne conserve tout son mystère, comme le vagin. Le mystère de cette ouverture qui peut être pénétrée assez facilement par un pénis demeure. Le sexe de la femme est caché à l'intérieur de son ventre, caché comme dans le cas de figure d'un passage secret vers la clef du mystère féminin.

Le pénis, le siège de l'orgueil

Si vous êtes curieux de connaître la longueur du pénis présidentiel en érection, je vous recommande le bouquin de M. Birenbaum, un épigone de Jean Montaldo, le chef de la bande des Zorros de la plume. Depuis que j'ai appris que Jean-Louis Borloo a séduit Béatrice Schönberg, la journaliste du 20 heures sur France 2, j'ai décidé de voter pour lui aux prochaines élections. Quel mec formidable, tout de même, il a du goût. Quelle jolie femme !

Selon des rumeurs bien informées (des rumeurs ne le sont-elles pas toujours ?), il paraîtrait que le président Chirac aurait un fils illégitime au Japon ! Le fait est rapporté sur cinquante-trois pages aussi passionnantes qu'un article de loi du code civil dans « délits d'initiés » ! Un gros chapitre pour tout révéler et ne rien dire en définitive. Quel scandale pense-t-il étaler sur nos tartines du matin ?

Quelle importance au fond ? Le grand Jacques est un homme qui aime les femmes (il n'est pas le seul, il me semble) et un « accident de parcours » de ce genre peut arriver au premier *vulgum pecus* venu.

Ne vaut-il pas mieux être le fils caché du président des Français que le bâtard d'un écrivain paranoïaque ? C'est tellement excitant de jouer à Radio Couloir quand on dispose d'une tribune publique.

Faut-il le dire, nous sommes tous des voyeurs impénitents, honteux de l'avouer mais fiers de l'être. D'où le succès d'estime de ce genre de littérature... de caniveau ! Non ! Je ne me suis pas forcé à lire Birenbaum, j'ai dégusté son fiel, savouré ses coups de Jarnac mais je suis resté sur ma faim. Qui a vraiment b... qui ? Qui a menti face aux caméras ? Qui a volé, abusé de ses pouvoirs, troqué la vérité contre un vrai faux alibi ? Je n'avais pas besoin de lire Birenbaum dans le texte pour le savoir. Je lis chaque soir ces petites trahisons publiques sur l'écran de mon téléviseur. Les gestes, les mimiques et les mots « croisés » ou perdus, ou les mots qui tuent sont ma spécialité de psy.

Le piercing du pénis

Beaucoup de piercings génitaux masculins ont des origines tribales. L'ampalang vient de Bornéo, où les femmes de certaines tribus n'épouseront pas d'hommes qui n'en portent pas. Celui-ci et d'autres comme le hafada sont considérés comme des rites de passage à l'âge adulte.

La circoncision fait partie de ces rites toujours pratiqués dans la religion juive, musulmane et dans certaines peuplades africaines.

La circoncision

À propos de la circoncision, on en reconnaît aujourd'hui le bien-fondé sans se poser de questions quant à l'origine de cette coutume pratiquée depuis des temps reculés. Comment les initiateurs des débuts de notre humanité ont-ils conçu la nécessité hygiénique de cette opération ? On peut arguer qu'il s'agissait d'un rite non religieux, sorte de rite de passage imposé aux enfants de sexe mâle. Historiquement, on ne sait pas. J'ai cherché à savoir et j'ai trouvé ces informations d'une sexologue sur la Toile :

Pourquoi pratique-t-on la circoncision ?

En général pour des raisons non scientifiques et non médicales : le plus souvent pour des raisons religieuses, notamment dans le judaïsme et l'islam. Dans la tradition juive, elle symbolise l'alliance passée entre Abraham et Dieu. Le garçon doit obligatoirement être circoncis le huitième jour après sa naissance. Pour les musulmans, la circoncision représente une purification spirituelle. À noter que certaines personnes appuient cette pratique religieuse sur des idées pseudo-médicales sans pour autant expliquer en quoi la « suppression d'une peau naturelle, saine, fonctionnelle et protectrice » est un plus pour quelqu'un qui n'est pas malade.

Contestation sans justification autre que le fameux « on ne peut pas parce que ce n'est pas bon ». Un caprice millénaire serait-il à l'origine d'une pratique sans fondement ? Je me permets d'en douter un peu.

Bardé d'un statut professionnel (sexologue), il est aisé d'affirmer, de lancer un ostracisme sur la circoncision. C'eût été tellement plus intelligent d'essayer de retracer les origines, de comprendre le pourquoi de ce traumatisme corporel imposé à l'enfant.

Peut-on condamner sans avoir fait la démarche de comprendre les faits ? Mais l'intelligence d'une démarche exige un zeste de tolérance qui manque souvent à ces *persona* qui se prennent pour des juges. Elles posent une question à laquelle elles collent une réponse inadéquate. Ma curiosité n'est pas satisfaite. Je ne sais pas pourquoi.

À quoi sert ce prépuce, cette « peau saine et fonctionnelle » que la religion a décidé d'exciser sans autre raison apparente qu'une alliance avec Dieu ? Il y a sûrement une raison marquée du bon sens, une raison qui nous échappe aujourd'hui, une raison qui n'a rien à voir avec la maladie mais peut-être avec une prévention hygiénique indispensable autrefois ou quelque autre but qui reste à découvrir.

Il y a une autre raison aussi, à laquelle les opposants à cette pratique barbare omettent de faire référence. Le besoin d'identification communautaire est vital dans la société humaine. Il est le pendant de la cohabitation des sociétés animales. Les hommes ont besoin de se reconnaître entre eux, d'avoir en commun une histoire, des rites initiateurs et fondateurs de leur communauté. Les bizutages ou les rites initiatiques des sociétés primitives, les baptêmes religieux, certaines formations d'entreprises ne font rien d'autre que d'aider à combler cette exigence d'identification. Je pense que la circoncision participe plus de ce besoin social initiatique que d'un quelconque avantage hygiénique.

Quand j'étais gosse et que nous allions aux douches, les circoncis se reconnaissaient entre eux et se savaient du même camp. Quand dix enfants juifs prenaient une douche et que l'un d'entre eux n'était pas circoncis, il faisait l'objet de tous les quolibets de la part de ses camarades.

Le piercing dit « du prince Albert »

Une curiosité ! Il fut appelé ainsi suite au règne de la reine Victoria.

En effet, le prince Albert avait fait percer ses organes génitaux aux environs de 1820. Il portait des pantalons légers et son piercing lui permettait d'accrocher son pénis sur le côté afin d'éviter un renflement peu gracieux aux yeux de la Cour. L'époque victorienne était très puritaine.

Les pensées copulatoires

Il se gratte les testicules continuellement quand il y a des invités à la maison, c'est une honte, éclate cette mère plus outrée qu'exaspérée. Son gamin vient d'avoir quinze ans. Il regarde le plafond de mon bureau.

Les pensées copulatoires qui envahissent le mental d'un ado agissent de la même manière que les pensées parasites qu'entretiennent les adultes qui se récurent le nez avec componction. Vous ne le saviez pas ?

Quand vous vous investissez dans l'exploration de vos narines, cela signifie que la nature de vos pensées pollue l'organisation de votre psychisme. Ce n'est d'ailleurs pas le seul comportement réactionnel à ce problème récurrent. Les flatulences liées au météorisme dont souffrent certains malades sont aussi une conséquence de ces pensées anxiogènes (voir la section du bas-ventre dans le chapitre 2).

Quand on se gratte les testicules pour apaiser une démangeaison opiniâtre, cela découle souvent d'un fossé entre ses désirs ou ses fantasmes et la cruauté d'une réalité qui vous refuse toute satisfaction immédiate. La conduite est plus adolescente qu'adulte. Dans les sociétés où la sexualité est fortement réprimée, le grattage de l'entrejambe est un geste banalisé que reproduisent tous les hommes, jeunes ou vieux.

L'érection est le paradigme de l'orgueil pour chaque mâle sur terre. C'est pourquoi l'impuissance est un tel drame narcissique. Dans certaines sociétés primitives, un homme qui perd sa fierté n'est plus un homme. Dans notre société « évoluée », un homme qui n'arrive plus à obtenir une érection digne de ce nom subit une blessure narcissique profonde : son amour-propre est laminé. D'où le pénis, symbole royal de l'orgueil masculin !

LES TÉTONS
Le siège de l'érotisme

« *Elle avait serré son harmonieuse poitrine dans un bustier moulant qui laissait apparaître la timide voussure de ses tétons.*
Les autres femmes lui jetaient des coups d'œil venimeux. »

Globalia, J.-C. RUFIN

L'aréole sombre entourant la pointe du sein est un détail anatomique surprenant. Chez les filles vierges et les femmes qui n'ont pas encore eu d'enfants, elle est de couleur rosée, mais elle change de couleur pendant la grossesse. Deux mois après la conception, elle commence à s'élargir et à prendre une teinte plus foncée. Au moment de la lactation, elle est en général d'une couleur marron foncé et après le sevrage, elle ne retrouve jamais son rose virginal. Les tétons érectiles ont toujours eu un succès franc et massif auprès de ces messieurs.

Et pour cause, ils leur rappellent les tétons maternels et la forme des tétines de biberon qui calmaient leurs angoisses de petits bouts d'homme. Elle ne porte pas de soutien sous son bustier. Les mamelons de ses seins pointent en permanence sous le nez des clients du bistrot. Certains rougissent de plaisir – et pas de confusion, croyez-moi – car elle est encore bien jeune et pourvue d'une poitrine splendide, comme il se doit. Ce sont les tétons d'Aurore qui font tourner les affaires de ce bistrot de quartier sans prétention.

Jour après jour, ils pointent à travers le tissu fin de ses bustiers de grande marque, avec une arrogance qui jamais ne se dément. C'est à se demander si un chirurgien esthétique n'est pas passé par là. Car il n'y a rien de plus érotique sous le soleil halogène que l'exhibition dissimulée de ces voussures aussi adorables qu'indécentes. Même les globes de ces seins, dévoilés par les robes du soir des stars de service, n'ont pas cet impact sur l'esprit des hommes. C'est d'un commun ! Je suis certain que si Aurore devait déserter son poste, les affaires de ce bistrot péricliteraient aussitôt.

Pourquoi montrer des seins au grand jour quand il suffit de les cacher intelligemment pour qu'ils deviennent partie du fonds de commerce ? On ne montre bien que ce qu'on cache mal, telle est la loi essentielle de l'érotisme de bon ton. Et pour ce qui est des tétons, plus ils sont suggérés, plus ils sont séduisants, sonnants et trébuchants. Une femme peut être modérément attirante, avoir un visage peu gracieux, être plate comme une planche à pain, mal pourvue au point de vue du fessier et sans des jambes à vous faire hennir de plaisir ; si elle a des tétons érectiles, vous serez accro comme un drogué de sexe et tout le monde se demandera comment cette femme-là a réussi à séduire un si bel étalon : vous ! Les tétons sont des *dispositifs hypnotiseurs biologiques* d'une rare efficacité sur le plan de l'érotisme. Aucun homme ne peut y résister, même le plus vertueux d'entre eux. Si votre partenaire en est pourvue, ne le dites à personne. Vous pourriez la perdre en chemin. Si vous en êtes dotée, chère lectrice, n'hésitez pas à les rhabiller pour qu'on les voie, ils sont votre arme fatale et le meilleur gage de fidélité de votre futur amour. Il doit rester enfant dans la mémoire de l'homme, le souvenir du téton maternel, premier objet de sa sexualité orale.

Le piercing des tétons

« Et tu n'as pas eu mal ? » Alain B. sourit à l'évocation de cette souffrance suivie d'une jouissance infinie, selon ses propres termes. Il est comédien et homosexuel, très centré

sur cette petite partie de son corps. « J'adore, dit-il, que mon amant me titille les tétons. Ça me fait chavirer. »

Le piercing du téton était considéré autrefois comme un signe de force, de virilité et d'endurance. Les tribus d'Amérique centrale utilisaient le piercing du téton comme une marque de la transition à la virilité (passage de l'adolescence à l'âge adulte). Les membres de la garde d'honneur de César se perçaient également les tétons pour prouver leur force et se rappeler leur devoir de protéger leur empereur. On dit que leur bijou leur servait à tenir leur toge en place ! En 1890, toutes les femmes de la cour de la reine Victoria se faisaient percer le téton et portaient des bijoux vendus par les bijoutiers les plus célèbres de Paris. Certaines dames de la haute société avaient même les deux mamelons percés et les reliaient l'un à l'autre avec des chaînes d'or ou d'argent.

Je crois que les mamelons sont le siège primordial de l'érotisme, même s'ils ne sont pas les seules parties du corps destinées à aider la race humaine à se reproduire. Les yeux jouent un rôle éminent dans l'attraction entre les sexes (homo ou hétéro), les humains sont, avant tout, des voyeurs patentés. Il est évident que l'arrondi des globes mammaires exerce une attraction incontournable sur le regard des hommes.

Cependant, quand l'amant libère les seins de sa conquête pour la première fois, il plongera comme un nourrisson sur les tétons, si ceux-ci pointent avec arrogance dans sa direction.

Selon un réalisateur spécialiste de films pornos chics de ma connaissance, toute femme qui bénéficie de tétons érectiles dispose d'un avantage considérable sur les plus aguichantes de ses concurrentes, quels que soient ses autres atouts plastiques. C'est le premier critère d'un bon casting. Peu de femmes réalisent à quel point leurs mamelons sont un véritable atout gagnant dans la course à la séduction. Il est rare qu'un homme avoue son attirance pour les tétons, comme si cet aveu dénaturait son sens esthétique. Il parlera des seins avec aisance, de la beauté des fesses ou des hanches mais jamais vous ne l'entendrez dire, comme le chantait Maurice Chevalier : « Elle avait de si jolis tétons, Valentine.... »

Il existe un fétichisme des tétons comme il en existe pour chaque partie, érotique ou non, du corps humain. Une femme parfaitement laide disposant de tétons très érectiles peut vassaliser un Apollon si celui-ci est accro à cette partie anatomique du corps féminin. Et tous ceux qui croiseront le couple de se demander comment ce laideron a fait pour hypnotiser un si bel homme. Quel gâchis ! Il est sous hypnose, effectivement.

CHAPITRE 4

LES JAMBES

Au sommaire

LES GENOUX

Le genou droit : l'agressivité

Elle est souvent le courage des lâches quand elle est mal gérée.

Le genou gauche : la soumission

La soumission n'est que le masque de carnaval de l'agressivité.

LES JAMBES

La maîtrise de soi

La maîtrise est un art, la maîtrise de soi, une illusion qui donne à l'homme le sentiment d'être un artiste.

LES MOLLETS

La combativité

La femme est combative par nature, l'homme a besoin d'un coup de pied au derrière pour le devenir.

LES ORTEILS

La frustration

J'adore être frustré, ça me donne un délicieux sentiment d'injustice et une furieuse envie de faire la révolution.

LES PIEDS

L'autonomie

La liberté est comme le talent, on y aspire mais on n'est pas toujours prêt à se battre pour la défendre.

LES TALONS

La réussite

Il faut souvent écraser l'échec d'un talon rageur pour que le sens de la réussite refasse surface.

LES VOÛTES PLANTAIRES

Réalisme et sérénité

La réalité se trouve juste sous vos pieds et la sérénité n'est qu'une question de (mauvaise) odeur.

LA CAMBRURE DU PIED
La sensualité

La cambrure du pied est un signe de sensualité que les belles de jour ou de nuit mettent en valeur en chaussant des escarpins ou des sandales aux talons aiguilles vertigineux. Les fétichistes du pied féminin se délectent de cette cambrure convexe encadrée par les voussures de malléoles bien marquées. Mais ils sont en nombre restreint, ces amateurs éclairés. Il est vrai que de nos jours les esthètes du corps féminin sont hypnotisés par les seins ou les mensurations parfaites des filles de Mme Chapeau[1]. Jambes interminables, décolleté antigravitationnel, sourire Ultrabrite et haleine Hollywood chewing-gum ! Le critère plastique de la cambrure du pied est d'une ringardise à vous ôter l'envie d'un fromage.

Un joli minois efface des pieds un peu maigres ou raccourcit d'autorité une pointure 43 fillette. Ce que je trouve curieux, c'est la désolation de la mise en scène publicitaire du pied chaussé comparativement à la masse des réclames vantant les mérites inégalables de la lingerie féminine. Comme si le pied n'avait plus la cote dans les fantasmes d'un public gavé de sexe. Il est vrai que les cambrures ne tiennent plus la route face à un décolleté plongeant avec des seins gonflés à l'hélium. On dirait des fesses rebondies ! Comme c'est curieux ! Justement Desmond Morris défend l'idée que les seins sont les fesses de devant (voir la section consacrée aux fesses).

Tout ça pour vous signaler qu'une cambrure du pied proéminente est un vrai passeport pour le paradis de la sensualité de la femme (et de son compagnon qui en bénéficie). Peut-être y serez-vous plus attentif à partir de maintenant. Car les gambettes craquantes, les seins aérodynamiques et les sourires irréprochables ne sont pas

1. Mme de Fontenay, pour ceux qui ne l'auraient pas reconnue.

toujours garants d'une libido atomique. La cambrure du pied, en revanche, si ! Et plus le pied est cambré, plus le pubis est accueillant « quand il a trouvé chaussure à son pied ». D'où l'expression !

LES CHEVILLES

La motivation

Il faut réveiller votre motivation et non oblitérer les promesses que vous n'avez pu tenir à l'enfant que vous étiez.

La cheville droite est le siège de l'échec. On la protège en croisant les doigts dessus ou en croisant systématiquement la cheville gauche sur la droite, en position assise.

La cheville gauche est l'un des sièges de l'anxiété. Prises dans leur ensemble, les chevilles symbolisent **la motivation** dont la peur de l'échec et l'anxiété sont les moteurs originels.

Si vous avez mal aux chevilles, il y a fort à parier que votre motivation a subi quelques revers récemment ou que, tout simplement, vous êtes en période d'instabilité. Si on vous fait remarquer que vous avez les chevilles enflées, vous pourrez considérer que votre contempteur juge que votre motivation dépasse largement vos possibilités. À vous de confirmer ou d'infirmer son diagnostic ! Soyez néanmoins attentif à vos chevilles et à leur mode d'expression somatique ! Les chevilles sont souvent prises comme un point faible du corps étant donné qu'elles sont terminées à l'arrière des jambes par les tendons d'Achille. Les tendinites d'Achille sont une pathologie articulaire fréquemment rencontrée dans les cabinets des kinésithérapeutes. J'ai observé à plusieurs reprises que les étudiants démotivés avaient tendance à entrecroiser leurs doigts sur leur cheville droite tout en croisant les jambes en équerre. À l'opposé, les individus de sexe masculin souffrant de troubles sexuels ont plutôt tendance à effectuer le même geste en entrecroisant leurs doigts sur la cheville gauche. Existe-t-il un rapport indirect ou symbolique entre la cheville droite et la détermination ?

À l'inverse, la cheville gauche est-elle reliée psychologiquement aux difficultés sexuelles ? Ces questions restent ouvertes ! L'observation ne suffit pas à statuer. Elle permet tout juste de poser des hypothèses que d'autres seront peut-être amenés, un jour, à vérifier. Il est vrai que l'angoisse absolue d'un homme concerne *a priori* ses performances libidinales.

Une attitude totalement prédictive

J'étais plongé dans le ravissement. Elle était tellement lumineuse que j'étais à deux doigts de tomber fou amoureux. Elle devait se rendre compte de mon état car elle minaudait tout en buvant mes paroles. La tension entre nous était à son comble. Mes chevilles étaient croisées sous mon siège, la droite sur la gauche. J'avais bien remarqué l'incongruité de cette réaction corporelle mais je la mettais sur le compte du stress amoureux. Tous les signaux étaient au vert. Enfin, c'est ce que je croyais en toute innocence. Je tenais sa main abandonnée entre mes grosses pattes fiévreuses mais mes chevilles étaient toujours croisées en position psychorigide. Quand je me suis penché vers elle pour déposer un chaste baiser au coin de ses lèvres, elle a esquivé mon initiative avec une moue de reproche. Et puis elle s'est levée en prétextant un besoin pressant. J'ai attendu, attendu, comme dans la chanson de Joe Dassin, elle n'est jamais revenue. Mes chevilles m'avaient alerté mais j'ai refusé le message qui ne cadrait pas avec mes fantasmes.

Il faut savoir que le croisement des chevilles indique une attitude réactionnelle psychoflexible (gauche sur droite) ou psychorigide (droite sur gauche) qui dépend de votre climat mental. La partie inférieure du corps est réceptrice. Elle traduit instinctivement les impressions venues de l'extérieur ou de l'inconscient de votre interlocuteur. Incroyable mais totalement vrai et vérifiable. En réalité, le climat mental digère ces impressions et réagit par la reproduction de codes gestuels variables par le canal des membres inférieurs. *A contrario*, les codes gestuels impliquant la partie supérieure du corps sont émetteurs de vos sentiments.

Si vous avez tendance à croiser la cheville gauche sur la droite sous votre siège, vous exprimez une intelligence interpersonnelle qui vous rend sensible aux autres, tolérant et fatalement doué d'empathie. Votre émotivité est libérée et adaptative. Vous êtes en phase psychoflexible.

En revanche, *si vous croisez la cheville droite sur la gauche,* vous passez en mode rationnel et la connaissance intuitive des autres n'est plus au programme. Votre approche ponctuelle est plus rationnelle, plus contrôlée, moins tolérante et surtout teintée de méfiance. Vous êtes en phase psychorigide.

Les pièges de la recherche

Selon J. Piaget, il y a adaptation lorsque l'organisme se transforme en fonction du milieu d'accueil (le croisement des chevilles, par exemple) ; cette variation a pour effet un équilibre des échanges entre l'environnement et l'organisme, échanges favorables à sa conservation. Cette règle prend tout son sens, notamment avec le croisement des chevilles qui est une réaction exemplaire de l'instinct de conservation.

Dans mes ouvrages précédents, j'avais proposé d'autres symbolismes que l'échec ou l'anxiété pour les chevilles gauche et droite. Il faut savoir que la recherche psychoanatomique procède par « essai-erreur ». Il m'arrive de m'engager dans des voies sans issue, quitte à faire demi-tour. Certains sièges psychoanatomiques sont immédiatement repérables et ne varient plus, d'autres sont plus flous ou plus difficiles à situer. Mon ouvrage s'adresse à des esprits ouverts et tolérants comme le sont souvent ceux des vrais chercheurs qui savent très bien que la vérité d'aujourd'hui est éphémère et que seul le progrès des consciences permet d'approcher la vérité finale, sans se brûler l'esprit au soleil de sa propre vanité. Ce livre s'adresse aussi à tous ceux qui considèrent l'empirisme comme une approche efficace ; ceux qui sont en mesure d'admettre que les situations de la vie réelle sont parfois différentes de celles des modèles élaborés dans les laboratoires de psychologie.

Le conseil du psy

N'oubliez plus jamais **la règle des chevilles croisées** sous votre siège ! Si vous saviez combien d'engagements inconsidérés, d'erreurs de parcours ou de sympathies mal attribuées le respect de cette règle m'a évités. Quand la cheville droite retient la gauche, ne changez rien à votre comportement mais prenez immédiatement du recul. Quelque chose cloche dans votre relation à l'autre, surtout si tout semble se passer dans les meilleures conditions possible. Ne prenez aucune décision ! Temporisez ! L'avenir à court terme vous ouvrira les yeux. Quand la cheville de l'échec (la droite) retient la cheville de l'anxiété (la gauche), la motivation de l'autre vient de se dégonfler mais vous ne le savez pas encore. Ce qui est formidable avec les chevilles, c'est que vous aurez beau en changer volontairement, elles se remettront instinctivement en position psychorigide ou psychoflexible à votre insu.

LES CUISSES

Tolérance ou intolérance

Initialement, les cuisses représentent symboliquement la tolérance ou son contraire : l'intolérance. Mais les cuisses sont également une zone érogène puissante et puissamment érotisée par les modes vestimentaires successives et surtout estivales. J'ai longtemps cru que les cuisses représentaient le désir amoureux au sens le plus large du terme. Je me fiais à la logique et j'avais tort.

L'ouverture des cuisses est un symbole de tolérance.

La pénétration

Elle croise les jambes en glissant l'une de ses mains entre ses cuisses avant de me répondre. En fait, elle vient de retourner sa veste sans avertissement.

L'insertion de la main entre les cuisses est un signe de versatilité. Venant d'un homme adulte, cette posture trahit un tempérament immature ou une incapacité de maîtriser une situation du type situation d'examen.

Dans le cas d'un croisement des cuisses, accompagné d'une main glissée entre les deux, votre interlocuteur confirme sa peur de la castration en tentant de conjurer ce sentiment à l'aide de ce geste purement rituel. En principe, la recherche du plaisir est privilégiée par l'individu qui entretient une relation gestuelle privilégiée avec cette partie de son corps. Les enfants non pubères affectionnent cette zone corporelle. Ils s'endorment volontiers en insérant leurs mains pressées l'une contre l'autre entre les cuisses serrées. Geste de réassurance chez un enfant craintif ou mal aimé. Mais les cuisses ne sont pas toujours les ambassadrices de nos plaisirs charnels. Si votre interlocuteur, en position assise, a pour habitude de poser ses mains sur ses cuisses, de les serrer dans les pinces pouce-index dans le cadre d'un entretien, il mime une attitude de refus.

Les cuisses de poulet

La tolérance est à l'intolérance ce que l'intelligence de l'œuf est à l'ignorance de la poule.

Dans un autre registre, le besoin d'exhiber ses cuisses en portant une jupe coupée au ras des fesses est une réaction de provocation typique et une révolte de la femme contre des siècles de dictature masculine. La mode du string procède du même besoin de briser les chaînes de la soumission à l'ambiguïté du message machiste : « Être respectable à la ville et pute au lit. »

La minijupe qui dévoile la rondeur des cuisses est une agression permanente pour les principes hypocrites qui ont permis aux hommes de considérer les femmes comme des objets (non comme des sujets) depuis des siècles, voire des millénaires. Une femme peut encore être brûlée vive dans les banlieues de la France barbare parce qu'elle a envie de s'habiller comme une femme et non comme un épouvantail à moineaux. La vision d'une paire de cuisses peut susciter la colère en lieu et place de l'excitation. Certains hommes, frustrés sexuellement, transformeront leur désir de ces cuisses intouchables en un refus massif de leur exhibition. C'est le cas des islamistes et autres orthodoxes puritains qui condamnent leurs femmes à se cacher pour ne pas exciter la convoitise des autres hommes. Il faut croire que la jalousie est un sentiment qui augmente avec le thermomètre. Les hommes des pays chauds sont nettement plus jaloux que ceux des pays dits tempérés ou froids. Mais est-ce vraiment de la jalousie ? Ces mêmes gardiens des valeurs se conduiraient-ils comme des inquisiteurs d'un autre âge s'ils étaient intégrés dans la société française ? Certainement pas. Les cuisses ne sont qu'un prétexte pour exprimer leur dégoût d'une société qui leur refuse un droit d'entrée. C'est la misère morale, le désœuvrement, les portes verrouillées d'un avenir improbable qui sont le fonds de commerce de quelques prêcheurs misogynes qui se disent inspirés de Dieu. De quel dieu ? Un dieu qui n'aime pas les cuisses de poulet, certainement.

Le complexe de castration

Le croisement des cuisses est un mécanisme de protection contre une possible castration au sens global du terme. Le complexe de castration est un souvenir constitutionnel et intolérable auquel peu d'hommes ou de femmes ont échappé. La peur irrationnelle de perdre son sexe, si l'enfant y touche un peu trop souvent ; les menaces stupides et variées proférées par la mère vertueuse ou le père puritain, choqués par les manies dégoûtantes que reproduisent les enfants avec leurs parties génitales avant même de savoir parler ; le refus viscéral de la part de l'adulte de concevoir que le tout-petit éprouve déjà le plaisir sexuel en se touchant ; toutes ces raisons sont à l'origine de la peur d'une perte essentielle : la peur de la castration du sexe, la mort du plaisir. L'angoisse de castration est, selon Freud, la terreur consciente qui pourrait résulter d'une mutilation du pénis suite aux menaces maladroites des parents concernant sa tendance naturelle à toucher ou à montrer son sexe à tout bout de champ.

Cette peur de la castration est aussi pour le garçon l'attitude émotionnelle permanente et fondamentale qui succède chez l'enfant à la découverte de la différence des sexes. Chez les filles, c'est l'idée révoltante que le pénis masculin ne lui a pas été donné et le sentiment de frustration indélébile qui en découle. Ce manque peut provoquer un sentiment de révolte inconsciente de la part de l'enfant envers le parent qui la provoque ou se moque de cette absence (fratrie, notamment). Un complexe de castration entretenu par une éducation pleine de tabous empêche l'évolution affective de l'adolescent et peut être à l'origine de troubles obsessionnels parfois très graves.

Impuissance et frigidité en sont les déclinaisons principales, mais aussi la pédophilie, le viol et le crime sexuel dans des cas extrêmes. La fréquence de l'insertion des mains gauche ou droite entre les cuisses est un symptôme primordial dans le tableau étiologique de la névrose obsessionnelle. Je pose dès lors l'hypothèse que l'insertion récurrente de la main gauche trahit la pénalisation maternelle chez le droitier, l'insertion de la main droite accuse indirectement l'attitude ambiguë éventuelle du père ou de celui qui le remplace.

Enfin, si les deux mains sont indifféremment concernées, les parents peuvent être tous deux incriminés. J'ai observé de nombreux adultes qui venaient me consulter pour me confier le lourd secret d'un abus sexuel au cours de leur enfance. Le mode de l'insertion de la main entre les cuisses était constant, comme si cette main ou les deux réunies pouvaient protéger l'enfant abusé d'autrefois contre les souvenirs traumatiques de l'adulte. Cuisses croisées ou jambes croisées, même combat ! L'insertion de la main entre les cuisses est la variante qui a justifié ce petit détour théorique consacré au complexe de castration.

Vous avez évidemment bien compris qu'un partenaire éventuel qui reproduit ce refrain gestuel un peu trop souvent en votre présence ne risque pas de vous faire grimper aux murs.

Plus les cuisses se croisent, plus l'intolérance et la méfiance prennent le pas sur la confiance et la tolérance. Si le sujet vous interpelle, observez les débats polémiques télévisuels en comparaison d'une rencontre amicale sur un plateau de télé et vous serez édifié. Comptez les cuisses croisées dans les deux cas de figure !

LES GENOUX

Agressivité et soumission

Toute soumission est une simulation !

On commence par le commencement !

Le genou gauche est le siège symbolique de la soumission ; le genou droit est le siège de l'agressivité.

Comme nous le verrons plus loin, les personnes atteintes de luxations répétitives ou de troubles articulaires des genoux tentent souvent de réprimer leur agressivité latente. À ce titre la génuflexion était et est encore une marque de pseudo-révérence à l'égard d'un personnage de haut rang au point qu'on fléchit les genoux par déférence envers un interlocuteur, sans même s'en rendre compte. Le fléchissement des genoux est associé à une attitude de soumission (impossibilité de fuir). Mais soyez attentif !

Le fléchissement du genou droit est un acte de soumission frauduleuse et agressive, celui du genou gauche, un acte de soumission sans arrière-pensée.

La prochaine fois que vous visionnerez un film historique, vous pourrez noter les erreurs de scénario. Observez les génuflexions des acteurs ! Vous décoderez immédiatement les courants de sympathie ou d'antipathie qui les associent ou les dissocient les uns des autres par-delà les nécessités du scénario.

Les rhumatismes articulaires

Les douleurs rhumatismales révèlent une motilité handicapée par un parent restrictif, répressif ou prohibitif. Le malade dont le passé ou le présent ont été ou sont soumis à ce profil parental investit fortement sa motricité, déchargeant ses tensions, ses conflits par l'appareil moteur. Le tonus musculaire est souvent paroxystique et s'accroît encore avec la survenue d'un conflit, d'où la combativité admirable et admirée de certains sportifs. Généralement, les malades atteints de rhumatismes articulaires ont une personnalité à tendance agressive, cherchant à dominer, à contrôler leur entourage familial ou professionnel. On note aussi des traits obsessionnels compulsifs, une recherche constante de maîtrise de soi ou des autres, un goût pour l'austérité, pour l'épargne ou l'ergonomie sportive (une recherche d'adaptation constante de l'efficacité des mouvements). Une structure masochiste dépressive conduit ces individus à se sacrifier pour le groupe ou pour autrui. Les chercheurs les ont caractérisés par les termes suivants : *« méchants modestes »* ou *« tyrans pétris de bonnes intentions »*, ceux qu'on nomme aussi les râleurs de service. Ce qui combine parfaitement l'association entre l'agressivité et le sens du sacrifice. Leur vie sexuelle est souvent pauvre, sublimée dans une action bénévole ou un investissement extrême dans une activité sportive (culturisme, par exemple). L'apparition des symptômes de la maladie articulaire intervient suite à une perte de contrôle de soi ou à une incapacité de continuer à dominer la famille ou le conjoint[1]. L'agressivité se retourne alors contre le corps du malade puisqu'elle

1. *Fondements d'une étiologie psychosomatique de l'arthrite rhumatoïde*, thèse de R. Dubois, Genève, 1969.

ne peut plus s'exprimer dans l'activité sociale, professionnelle, sportive ou autre.

Les genoux tabous

Dans un tout autre registre, les jeunes femmes contestataires des années 1920 exhibaient parfois leurs genoux mais cette audace-là était considérée comme un outrage à la pudeur. Les tenants du puritanisme de l'époque considéraient ces femmes comme des délurées. Certaines études ont démontré que le genou se découvrait ou se recouvrait en fonction des fluctuations économiques : visible en cas de prospérité et invisible en cas de récession. Voilà un bon baromètre pour envisager l'avenir. Si les genoux de la femme se dévoilent, vous pouvez dépenser vos économies, sinon il faudra songer à regarnir votre PEL (plan épargne logement).

Le genou n'est pas considéré comme un site anatomique important sur le plan esthétique, pourtant il conditionne la beauté faciale de la jambe. Les genoux cagneux ou peu marqués ne se repèrent pas souvent parce que le galbe des jambes est généralement admiré côté pile (par-derrière). La mode des bottes hautes (qui recouvrent les genoux) dites aussi bottes de cavaliers a permis à certaines stars (comme Brigitte Bardot) de dissimuler leurs (vilains) genoux pour mettre leurs superbes cuisses en vitrine.

La langue des genoux

Votre interlocuteur se gratte le genou droit.

Il vous signale implicitement qu'il manque tout simplement d'enthousiasme.

Votre interlocuteur se gratte le genou gauche.

L'envie de fuir est annoncée sans être effective. Manie courante chez les individus qui se cherchent une porte de sortie dans un débat qui s'enlise.

Votre interlocuteur, assis, retient l'un de ses genoux de sa main correspondante, en position assise.

C'est une attitude de mépris, quel que soit le genou incriminé ! Si votre exposé lui paraît trop simpliste, il le trouvera moins crédible que s'il saisit difficilement le sens de vos propos ; il a besoin d'être impressionné par votre intelligence pour vous trouver crédible.

Votre interlocuteur, en position assise, tend les bras dans le prolongement de ses cuisses, ses mains cachent ses genoux.

Attitude de stress associée à une crainte physique de recevoir un coup de pied imaginaire. Le recours à cette posture se double souvent d'un visage crispé ou constipé. C'est la posture typique de celui dont l'amour-propre est aussi visible que sa cravate.

Votre interlocuteur est assis et croise ses doigts sur l'un de ses genoux, relevé à hauteur de sa poitrine.

Il serre sa jambe dans ses bras comme l'enfant pourrait le faire d'une poupée ou d'un doudou. Posture fœtale qui trahit une demande de tendresse dans un contexte d'intimité. Dans une ambiance amicale, elle indique un personnage immature et agressif. C'est la séquence de la forteresse !

Enfin, *quand la main gauche recouvre la droite (et* vice versa*) en appui sur l'un des genoux.* Ce code gestuel est plus courant qu'on ne se l'imagine. Je l'ai souvent aperçu dans des reportages d'actualités sur certains hommes politiques qui étaient en mauvaise posture pendant les périodes électorales. Vous connaissez certainement ce jeu idiot des mains superposées au centre de la table. Le moins malin a perdu. Comme en politique !

Quand votre interlocuteur croise les jambes en équerre, quel est le genou protégé par le tricot des doigts croisés ? Le droit ? Il réprime son hostilité à votre égard. Le gauche ? Il exprime sa soumission, contraint et forcé mais certainement pas de bon gré.

LES JAMBES
La maîtrise de soi

Le corps peut vous sauver des eaux, quand l'esprit est envoûté.

Évitez de croiser les jambes quand vous êtes assis ! Si vous en ressentez le besoin malgré tout, votre jambe gauche doit toujours dominer la droite, si vous êtes une femme droitière ; votre jambe droite doit dominer la gauche, si vous êtes un homme droitier. Si vous êtes gaucher(ère), il faut inverser les rapports : jambe gauche sur droite au masculin, jambe droite sur gauche au féminin. Jusque-là vous ne devriez pas éprouver de trop grandes difficultés à me suivre. Croiser les jambes est un **handicap majeur** sur lequel je vais revenir en détail afin de vous convaincre de la nocivité de ce refrain alternatif sur l'économie de votre personnalité et l'ergonomie des mouvements corporels.

Les jambes sont les ailes de la liberté de mouvement, elles raccourcissent les distances et font gagner du temps et de l'espace au marcheur. Je fais évidemment référence aux jambes prises dans leur ensemble anatomique avec tous les accessoires en option. Mais les jambes ne se limitent pas à cette fonction. Le bébé qui se tient debout sur ses jambes, pour la première fois et sans appui, doit éprouver un sentiment fabuleux : un sentiment de puissance, de domination, de maîtrise de soi. Être debout sur ses deux jambes, c'est maîtriser l'univers.

Papa et maman !

Tout être humain est la synthèse d'un couple qui a permis sa conception : ses parents. Ces deux images sont progressivement intégrées dans un schéma de la conscience que les psychanalystes ont intitulé le surmoi ; un lieu qui rassemble les interdits, les libertés et les tolérances sur lesquels repose toute notre éducation. J'ai posé à mon tour l'hypothèse que ces deux personnages centraux, qui nous ont donné la vie, sont intégrés dans tous les atomes, les molécules et les cellules du corps. Deux identités de sexe opposé qui y trouvent chacun un siège. J'ai situé l'image maternelle dans la partie gauche du corps humain et l'image paternelle dans la partie longiligne droite. La frontière dans ces deux images est une ligne verticale au tracé fictif qui coupe le corps en deux dans le sens de la hauteur et qui va du vertex (sommet du crâne) au périnée (base du bassin). L'homme droitier s'identifie donc à la partie droite de son corps, gérée par la partie gauche de son cerveau, l'aire cognitive et masculine du néocortex. La femme droitière s'identifie à la partie gauche de son corps, partie corporelle gérée par l'aire néocorticale droite dite affective et féminine.

Les jambes autonomes

Partant de ce postulat, j'ai posé l'hypothèse qu'un homme assis et droitier qui croise la jambe droite sur la gauche annonce gestuellement qu'il domine ou maîtrise la situation. D'un point de vue énergétique, sa posture est attractive. La jambe droite qui s'identifie à son statut sexuel domine la jambe gauche qui représente sa partie féminine. Une femme droitière qui croise la jambe gauche sur la droite maîtrise itou la situation ou se sent à l'aise dans le contexte où elle se trouve. Tel est le message logique du croisement identifié sexuellement. Partant de ce principe, j'ai estimé *a priori* que le croisement inverse trahissait un malaise. L'homme droitier qui couvre la jambe droite de sa jambe gauche ou la femme droitière qui couvre la gauche de sa jambe droite ne maîtrisaient plus rien du tout. Sur le plan énergétique, la posture est dite répulsive. Et puis j'ai observé des centaines de personnages dans des débats télévisuels, des patients dans mon ancien cabinet (durant une bonne quinzaine d'années d'exercice) ; je me suis auto-observé face à des adversaires ou des contempteurs, face à des alliés ou des ennemis, face à des gens honnêtes ou des faux jetons, j'ai bien dû admettre que mes croisements attractifs ou répulsifs variaient effectivement suivant mon degré de maîtrise de la situation. Le mouvement des jambes était plus fort que ma détermination, j'avais beau croiser la droite sur la gauche volontairement, mes jambes reprenaient leur liberté de croisement à mon insu. Et croyez-moi, contrairement à ce que vous pourriez imaginer, le croisement des jambes n'est pas un effet gesticulatoire insignifiant. Il exprime une peur de la castration et symbolise un handicap de la liberté du mouvement corporel dans les deux cas de figure.

Le conseil du psy

La maîtrise proclamée par le geste n'est qu'un effet d'annonce, une trahison de l'inconscient avide de vérité. Tout individu qui croise les jambes atrophie automatiquement sa maîtrise de soi et se coupe de l'efficacité de ses atouts intellectuels ou créatifs dans un contexte où il doit pouvoir y faire appel, ce qui est un non-sens.

Voilà pourquoi je vous adjure de décroiser systématiquement les jambes quand vous êtes en situation d'exception, d'examen, de tension professionnelle, etc. Ce ne sera pas facile car vos jambes vous désobéiront dès que vous n'y penserez plus. Et c'est à ce niveau que vous constaterez à quel point le contrôle conscient de ce mouvement vous échappe. En le posant comme un calque sur la situation que vous vivrez alors, vous comprendrez aussi que le croisement des jambes est tout sauf insignifiant. Le besoin incoercible de croiser les jambes dès que vous êtes en présence d'autrui indique aussi un manque d'assurance dont l'autre peut tirer profit. En revanche, si vous parvenez à éradiquer cet automatisme polluant pour votre maîtrise de soi, vous constaterez rapidement un changement roboratif dans vos conduites relationnelles : régression de la peur d'agir, regain d'autorité, de charisme, d'affirmation de soi, d'estime et de confiance en soi.

Rien que ce petit bénéfice-là, ça donne déjà envie, non ?

Le poids du corps

Il y a toujours deux plateaux pour faire une balance mais ils ne pèsent jamais le même poids.

L'équilibre pondéral porté sur les deux jambes est un signe de dynamisme, que les pieds soient écartés ou non. Pourtant la majorité des gens que vous pouvez observer dans la rue, à l'arrêt du bus, à la sortie des écoles ou faisant la queue déportent ce poids sur l'une des deux jambes.

Pourquoi ? Les jambes sont les piliers du climat mental. Si vous craignez de perdre le contrôle de vos émotions, la jambe droite fera un pas en avant et le poids du corps reposera sur la jambe gauche en retrait. Il faut renforcer le contrôle du cerveau affectif afin de diminuer l'impact d'une fragilité émotionnelle sur vos conduites. J'ai découvert ce stratagème en regardant tout bêtement une émission de variétés à la télé. Je suis hypersensible à la beauté d'une belle voix ou d'une interprétation chargée d'émotion. En restant debout face à l'écran, je peux contrôler ma sensibilité en faisant porter le poids de mon corps par la jambe gauche. Si je change de latéralité (poids du corps sur la droite), je perds ce contrôle des émotions et mes yeux s'embuent automatiquement. J'ai repéré cette réaction par hasard et je l'ai évidemment expérimentée à plusieurs reprises. J'avais déjà constaté que les individus de profil affectif privilégiaient le poids du corps sur la jambe gauche (on dit aussi la jambe gauche cariatide) et que les individus de profil cognitif[1] reposaient généralement le poids de leur corps sur la jambe droite. Ainsi, si l'esprit logique est perturbé, c'est la jambe gauche qui va s'avancer de manière à reposer le poids du corps sur la jambe droite, celle qui dépend du cerveau gauche.

---

1. Voir *Les Gestes du succès, les mots de la réussite*, pp. 164 à 169.

Connaissant votre profil affectif ou cognitif[1], choisissez toujours de reposer le poids de votre corps sur la jambe qui lui correspond : affectif = jambe gauche ; cognitif = jambe droite ! Pourquoi ? Parce que le point faible de l'affectif, ce sont ses émotions et le point de rupture du cognitif, c'est son esprit logique. En faisant porter le poids de son corps sur la jambe privilégiée on canalise l'efficacité des énergies investies dans les facultés créatives ou dans les facultés cognitives, au choix. Il suffisait d'y penser.

Les jambes croisées en équerre

Les jambes en équerre sont des attitudes génériques. Elles signalent une invasion présumée du territoire. On pourrait les traduire par le refrain suivant : « Je ne veux pas ou je veux bien mais...je ne peux pas. **Oui, mais non !** » C'est chou vert et vert chou ! La position de la jambe en équerre est une séquence gestuelle classiquement défensive et typiquement masculine, même si quelques femmes s'y risquent. Elle augmente le territoire corporel de l'homme assis et lui sert en quelque sorte de barrière défensive élargie. Face à un personnage qui détient l'autorité ou une trop grande influence sur vos émotions, vous ressentirez toujours cette impression bizarre d'un territoire rétréci. Face au jugement du public, la même impression de « mise en accusation » persiste. **C'est le syndrome du bouc émissaire**.

Ces situations entraînent presque toujours la reproduction d'un croisement de jambes en équerre. Le croisement des doigts sur l'un des genoux renforce à la fois le sentiment de malaise et la protection du territoire (voir la section des genoux).

La jambe en équerre se traduit par une attitude pseudo-décontractée et un accueil pseudo-hospitalier. Vous n'êtes manifestement pas ou plus le bienvenu. Et surtout, ne vous

1. Il vous suffit de situer le pouce dominant quand vous croisez les doigts. Le pouce dominant gauche détermine un sujet affectif ; le pouce dominant droit détermine un individu cognitif.

fiez pas aux mines réjouies des individus qui palabrent en se faisant des mignardises. Ils ne s'apprécient pas pour autant. « Je me sens tout à fait en harmonie avec toi », susurre l'hypocrite. Pour ma part, je n'ai jamais croisé la jambe en équerre face à un interlocuteur avec lequel je me sentais en harmonie. Et vous ?

Un détail que personne ne voit

Il vaut mieux mourir debout et en bonne santé que malade et grabataire.

Quand vous êtes installé sur un siège, **l'angle des jambes au sol** permet d'évaluer immédiatement le niveau de disponibilité prédictif de votre interlocuteur ou le vôtre.

L'angle aigu (c'est-à-dire quand les orteils, plantes et talons décollés sont en retrait sous la chaise) est un retrait voisin de celui qui conduit à se lever ou à bondir de son siège. Il marque l'indisponibilité du sujet observé.

L'angle obtus est une position de détente. Les pieds sont posés à plat devant la chaise, la déclivité des jambes avoisine souvent plus de 45°. Cette position signale une très grande disponibilité.

L'angle droit, jambes repliées en équerre ou pieds au sol, indique une disponibilité sous condition suspensive.

Ces observations sont élémentaires mais peu de gens y sont attentifs et perdent souvent leur temps à convaincre des interlocuteurs indisponibles qui n'osent pas exprimer ouvertement leur manque de disponibilité.

Le second conseil du psy

Siège de la maîtrise de soi, des jambes dont on souffre sont le symptôme d'une perte de contrôle du territoire mental et/ou intellectuel. Ce n'est pas fatal, même si nombre de personnes âgées correspondent à ce descriptif. C'est la raison pour laquelle la marche, le vélo ou les exercices qui activent les jambes sont conseillés par les médecins. On dit même que trente minutes de marche par jour peuvent vous éviter la chaise roulante en fin de vie. La liberté de mouvement est une liberté fondamentale inscrite dans la constitution psychique du moi mais il faut se méfier du soi qui voudrait que le moi redevienne un vieil enfant anaclitique en fin de parcours, qu'il accepte l'obligation de retourner au stade fœtal, c'est-à-dire de mourir. Il vaut mieux mourir debout et en bonne santé que malade et grabataire. C'est mon opinion et rien ne vous oblige à la partager.

Des jambes qui marchent appartiennent à un individu qui maîtrise la situation. Ne l'oubliez jamais !

LES MOLLETS
La combativité

Il en faut du courage pour ne pas se décourager.

Les mollets sont un révélateur visuel du sens de l'effort à fournir. Ces muscles fondent rapidement quand le corps se sédentarise. Lieu privilégié de tensions et de crampes nocturnes souvent douloureuses, la structure neuromusculaire des mollets évolue ou involue suivant les fluctuations de votre niveau de combativité. Les mollets fondent avec l'âge en cas de démission face à la vie, ils continuent à se restructurer jusqu'à un âge avancé, si vous demeurez actif ou sportif. Les crampes nocturnes, par exemple, sont des rappels à l'ordre de l'inconscient. Elles vous signalent que votre combativité manque de ressort. Vous ne fournissez pas assez d'effort pour progresser dans la voie que vous vous êtes tracée ou vous vous laissez submerger par le découragement. Le virus mental le plus nocif pour la combativité est sans conteste le besoin de mesurer tout effort à fournir contre la montre.

Le formatage temporel

Toute notre éducation est soumise à ce formatage temporel de l'effort. Les études sont découpées en années, en trimestres, en heures de cours. Redoubler une année ou deux est considéré comme une flétrissure de l'intelligence. Un de mes amis d'enfance a redoublé systématiquement les cinq années d'université qui débouchaient sur son diplôme d'ingénieur commercial. Tout le monde ironisait sur son cas. Il a réussi au-delà de toute espérance par la suite. Il réservait son turbo pour la vie active, selon ses propres termes. Les horaires de travail sont limités aux fameuses 35 heures avec des pauses déjeuner tellement stressantes qu'elles débouchent souvent sur des somatisations gastriques, voire des lésions. L'idéal est de ne pas prendre de pause déjeuner afin de récupérer la demi-heure pour rentrer plus tôt chez soi et se préparer tranquillement un bon dîner bien déstressé. Le temps est tyrannique ou est-ce l'homme qui se tyrannise en découpant le temps en rondelles de saucisson ? Il ne faut jamais mesurer la distance avant de l'avoir franchie, tel est le credo que je préconise dans chacun de mes ouvrages. Le temps est un phénomène objectif mais il se gère bien ou mal en fonction de la manière dont vous l'appréhendez, dont vous le meublez et, surtout, dont vous l'utilisez de manière productive. Je ne mesure jamais le temps qu'il me faut pour écrire un chapitre. Il m'arrive de relire un texte une dizaine de fois sans être satisfait de la qualité du message. Ma démarche est pédagogique avant tout, ce qui signifie que le facteur primordial qui intervient n'est pas le temps consacré à écrire ou à décrire les gestes mais la qualité du contenu. Plus je m'interdis de mesurer la distance, plus le temps consacré à l'écriture de mes livres se raccourcit. Un paradoxe que je ne peux pas expliquer. En revanche, je constate que ma combativité se porte à merveille, entraînant dans son sillage ma capacité de résister aux petites frustrations de l'existence.

Un geste typique

Vous vous caressez le mollet, jambes croisées. L'attitude est critique et surtout empreinte de perplexité. Ce signal gestuel est plus fréquent qu'on ne pourrait le supposer. En tout état de cause, il sous-entend que vous avez besoin de temps pour réfléchir. S'il vous arrive souvent de vous gratter le mollet en circuit fermé, vous saurez dorénavant que ce message signifie que votre combativité rechigne devant l'effort à fournir.

Le conseil du psy

Le vélo et la marche en montagne sont d'excellents moyens d'entretenir vos mollets et de remonter les bretelles à votre combativité. Si vous habitez la ville, les escaliers du métro ou de votre immeuble valent mieux que les escalators ou les ascenseurs. Sans oublier le vélo d'appartement devant le poste de télé pour ne pas regarder le JT comme un trépané du bulbe. À ce sujet, il n'existe malheureusement pas de poste de télé qui fonctionne uniquement quand vous pédalez face à la lucarne. C'est bien dommage. Je vous propose de conclure un marché avec vous-même. Pas de télé sans vélo fixe ! Dorénavant, quand vous aurez envie de vous payer une soirée télé, imposez-vous de pédaler pendant toute la durée du film ou du programme que vous aurez choisi. Comme si votre poste ne pouvait pas fonctionner sans cet effort physique. Je ne suis pas le cordonnier le plus mal chaussé, j'ai souscrit à ce conseil avant de vous le proposer. C'est fabuleux ! J'ai réduit ma consommation d'images télévisuelles à moins de deux heures quotidiennes en moyenne, JT compris, au lieu de trois heures et demie comme tout le monde. Je me suis créé des RTT pour lire ou me coucher avec les poules. Car la qualité d'un programme quand vous pédalez est fondamentalement différente de sa quantité hors pédalage. Vous aurez l'occasion de vous en apercevoir très vite si vous mettez mon conseil en pratique.

Soyez toujours attentif à vos mollets ! Ils sont le seul thermomètre de votre combativité. Si vous ressentez des douleurs musculaires, même discrètes, lorsque vous faites l'effort de monter un escalier ou quand vous pédalez sur votre vélo d'appartement, c'est un signal à ne pas négliger. Il indique que votre combativité est précaire ou que vous êtes légèrement dépressif. La combativité prend sa source dans l'investissement affectif. Si vous êtes peu ou mal investi dans votre activité professionnelle ou votre vie privée, votre combativité perdra des points, malgré vos efforts de sportif à domicile ou à l'extérieur. Mais par-dessus tout, si vous mesurez constamment la distance à parcourir pour chacune de vos initiatives, vous prenez le risque de solder la valeur de tous les efforts que vous accomplirez pour maintenir votre combativité à un bon niveau.

Le courage n'est pas une énergie inépuisable. Comme pour l'argent, il faut en être économe ou l'investir à bon escient.

LES ORTEILS
La frustration

La frustration est le moteur de tous les défis.

Les orteils sont les sièges symboliques de la frustration (sexuelle ou non). Ce sont aussi des zones érogènes explosives peu fréquentées bien que tout à fait fréquentables. Ce n'est pas sans raison que les fabricants de chaussures offrent un choix énorme de sandales à hauts talons chaque été, mettant en valeur les orteils aux ongles vernis, la cambrure et l'allure générale du pied de la femme. Les pieds parfaits sont bien plus rares que les visages zéro défaut, sans parler des orteils trop courts, trop longs ou tout tordus.

Les orteils d'un bébé sont vingt fois plus habiles à saisir un objet que ceux d'un adulte. Chez la majorité des adultes, les orteils sont des parties corporelles inactives. Chez un danseur, en revanche, la force originelle des orteils conditionnera sa carrière. En temps normal, le pied n'a pas de travaux de précision à effectuer comme les mains, mais avec un entraînement on peut arriver à écrire ou à peindre avec les pieds. C'est une activité à laquelle certains adultes ont dû se résoudre. Ils étaient des enfants nés sous Thalidomide, dits aussi bébés Softenon, du nom d'un médicament prescrit aux femmes enceintes dans les années 1960 et qui a provoqué des naissances tératogènes de bébés dépourvus de bras ou de mains.

La mode des chaussures pointues à talons hauts est une menace pour la santé des pieds. Autrefois, certaines élégantes n'hésitaient pas à se faire trancher le petit orteil pour pouvoir enfiler ces chaussures. La pointe effilée de la chaussure féminine crée un profil fuselé et le haut talon modifie la position du pied, le faisant paraître plus court. Hors de ces extrêmes, les chaussures pointues reviennent systématiquement à la mode par périodes. Et ce n'est pas un hasard ! Ce phénomène correspond à une frustration sociétale et au sentiment d'insécurité général dans lequel nous vivons depuis que le terrorisme s'est invité brutalement sous nos latitudes. La chaussure pointue préfigure un poignard stylisé ou une arme de défense contre l'agression physique que craignent nombre de femmes. Ce sont les chaussures de la méfiance !

Incarnation

Les ongles incarnés sont un véritable aveu de frustration et pas seulement une négligence hygiénique. Vous aurez beau consacrer un budget à vos visites chez la podologue, ils continueront à pousser de travers et à vous faire souffrir. Pour être en mesure de se débarrasser du sentiment de frustration, il faut être capable de satisfaction. C'est une révolution mentale qu'il vous faut accomplir pour évacuer la frustration de votre esprit et de vos sentiments. Il est sans doute plus simple de continuer à rendre visite à votre podologue.

« Tu te laisses aller ! Tu me déçois ! » Le constat est jeté sur la table comme l'ébauche d'une frontière qui institutionnalise une cassure dans l'histoire d'un couple. Être déçu, c'est aussi être frustré de la satisfaction d'une relation amoureuse jusque-là sans faille. La frustration s'insinue toujours au même niveau : les orteils en feront les frais. Tous les patients que j'ai reçus pour des histoires sentimentales avortées avaient tous des problèmes d'ongles incarnés. C'est un comble !

Quelques figures gestuelles

Si vous êtes *victime de démangeaisons entre les doigts de pied* et que votre hygiène pédestre est sans reproche, sachez que ces chatouillements révèlent une insatisfaction éventuellement sexuelle.

Une bague glissée au gros orteil droit est un aveu d'hypersexualité. La même bague glissée à l'orteil gauche devrait indiquer le même genre d'exigence.

Si les orteils ont une importance essentielle dans le maintien de notre équilibre corporel, ils en ont nettement moins sur le plan gestuel. Cependant, il existe une position des orteils que l'on peut observer chez la femme qui a ôté ses souliers : *il arrive qu'elle fasse des pointes en recroquevillant ses doigts de pied* dans certaines circonstances. Cette attitude particulière est un symbole de frustration pure et dure.

Peindre les ongles de ses orteils trahit une recherche de sensualité et non un besoin de mettre ses doigts de pied en vitrine. Les femmes qui se peignent ainsi les ongles des orteils affirment leur besoin de volupté et de siestes améliorées quand l'occasion se présente. Elles sont très *carpe diem,* investies dans le présent de leur plaisir et non dans l'avenir de désirs hypothétiques. Elles abandonnent l'ambition aux hommes toujours aisés qu'elles épousent par souci de sécurité et se contentent de jouir du confort qu'ils assurent.

Votre interlocuteur est debout ou assis, son talon gauche écrase les orteils de son pied droit et vice versa. Vous êtes en présence d'un provocateur qui se cherche une victime. Imaginez qu'il est le talon et que vous tenez le rôle des orteils ! Un mauvais casting.

Le conseil du psy

Vous connaissez certainement l'expression « les doigts de pied en éventail » ? Retirez toujours vos chaussettes quand vous rentrez chez vous et écartez vos doigts de pied en éventail pendant quelques dizaines de secondes, voire une minute, avant de vous consacrer à la lecture du journal ou à la préparation du dîner. Vous constaterez très rapidement que le sentiment de satisfaction dépassera celui de frustration. Libre à vous de ne pas me croire. Mais si vous voulez tester l'exercice, vous réaliserez qu'il suffit parfois de peu de chose pour se libérer d'un sentiment parasite comme la frustration. Êtes-vous satisfait de votre journée ? Posez-vous cette question régulièrement, vous finirez par refuser la frustration gratuite que vous vous faites endurer.

LES PIEDS

L'autonomie

Durant l'Antiquité, les chaussures symbolisaient la liberté car les esclaves n'avaient pas le droit d'en porter.

Bien des femmes ont enduré le martyre pour empêcher leurs pieds de grandir. Byron résume bien l'attitude traditionnelle des hommes. Il évoque des petits pieds comme des sylphides, « *qui laissent deviner la beauté des formes de la plus parfaite symétrie, qu'ils terminent aussi bien* ». Comme le pied bandé des Chinoises d'autrefois ou « lis d'or » qui avait l'air si joli dans sa minuscule pantoufle décorée. Il ressemblait à un pied de porc. Littéralement !

Prendre son pied

Le pied possède une structure étonnamment complexe. Il se compose de 26 os, 114 ligaments et 20 muscles destinés à assurer son fonctionnement mécanique. Léonard de Vinci a qualifié le pied humain de « *chef-d'œuvre de mécani-*

que ». Nous sommes tellement habitués à marcher dessus que nous ne réalisons plus qu'une si petite surface, même multipliée par deux, parvient à assurer l'équilibre du tout. Pour un homme qui chausse du 42, ce sont deux fois 234 cm^2 environ qui soutiennent un corps de 70 kg environ et d'une hauteur moyenne de 1,70 m, soit 18 000 cm^2 de surface chez un adulte (2 500 cm^2 pour un nouveau-né). Comment s'étonner dès lors que l'on trouve une correspondance de tous les organes du corps sur les plantes de nos pieds, s'il faut en croire les spécialistes de la réflexologie plantaire. Le langage se sert des pieds pour qualifier deux situations courantes : « prendre son pied » et « faire du pied » sont deux expressions qui consacrent le pouvoir occulte du pied en matière de séduction. « C'est le pied ! » pour le bonheur absolu.

La sensibilité de la plante du pied indique une vascularisation importante de cette partie anatomique de notre corps. Or, qui dit vascularisation dit aussi sensibilité érotique ! Vous connaissez la formule : « Être bête comme ses pieds » ! Les pieds n'ont pas de cerveau dont ils puissent s'enorgueillir, en revanche, ils ont un rapport avec le sexe, comme nous le verrons. Tous les bébés qui sucent leurs gros orteils avec délice éprouvent un plaisir infini à « prendre leur pied ».

La transpiration des pieds est salée comme l'eau de mer. Certains chiens lèchent les pieds de leurs maîtres à cause de cette salinité. La sensation perçue par le maître est très agréable. Imaginez que cette opération canine soit effectuée par votre partenaire et imaginez la suite de cette opération très érotique ! Je gage que vous commencez à comprendre l'essence même de ce que signifie l'expression « prendre son pied ». Le symbolisme général du pied est sexuel. Selon une croyance largement répandue, un grand pied d'homme annonce un pénis hors normes. Un pied de petite taille chez une femme trahit un petit vagin. Extrapolation simpliste, peut-être, mais la chaussure a souvent été considérée comme symbolique des organes génitaux de la femme. Les Siciliennes qui se cherchaient un mari dormaient autrefois avec une chaussure sous leur oreiller. Les amants romantiques du XIXe siècle buvaient du champagne dans les chaussures de leur maîtresse d'un soir. Une coutume anglo-saxonne subsiste qui consiste à attacher de vieilles godasses à l'arrière des voitures des jeunes mariés.

À l'identique, l'attrait pour les pieds bandés des jeunes Chinoises était sexuel. On prétendait à l'époque que plus les pieds étaient petits (donc totalement déformés), plus les plis du vagin étaient merveilleux. Cette croyance n'avait aucun fondement mais cette torture imposée aux femmes arrangeait bien ces messieurs. En effet, les Chinoises ainsi handicapées ne pouvaient pratiquement plus marcher (privées de liberté) et restaient à la merci de leur époux.

La véritable histoire de Cendrillon

Symbole d'autonomie de par sa fonction anatomique, le pied n'a pas toujours été libre de se mouvoir comme bon lui semble. Je parie que vous ne connaissez pas la véritable histoire de Cendrillon.

Un prince cherchait une épouse qui, pour satisfaire aux critères de féminité, devait avoir des pieds menus, donc très petits. Une minuscule pantoufle de vair (fourrure de certains écureuils appelés aussi petit-gris) servait d'étalon. Il y avait deux sœurs qui mouraient d'envie d'être choisies par le prince. L'aînée ne parvenant pas à glisser son pied dans la pantoufle, sa mère lui conseilla de se faire couper le gros orteil. « Quand tu seras mariée avec le prince, tu n'auras plus besoin de marcher, tu n'as donc pas grand-chose à perdre », conclut-elle. La fille obéit à sa mère et réussit à enfiler la pantoufle de vair. Hélas, en retirant cette dernière, le prince remarqua le sang qui imbibait ses bas. Il la rendit à sa mère qui lui offrit sa cadette. Cette dernière dut se couper le talon pour pouvoir enfiler la pantoufle. Elle fut évidemment trahie par le sang qui coulait de sa blessure. Enfin vint Cendrillon dont le pied s'adaptait parfaitement au soulier de vair (qui devint un soulier de verre dans le conte de Disney).

Il faut savoir que cette légende est née en Chine où l'on bandait couramment les pieds des filles de familles nobles. La petitesse du pied féminin y était le principal critère de beauté. Le traitement que devaient subir les fillettes chinoises pour réduire la taille de leurs pieds était inhumain. L'objectif consistait à réduire la longueur du pied à un tiers de sa taille normale.

La chorégraphie des pieds

Une posture amusante à observer, juste en passant par là ! *Être debout, les pieds en angle droit* est une posture assez fréquemment adoptée par les adolescentes disponibles sur le plan amoureux. Cette posture est un signal *hot line* de séduction. La posture oriente le corps de trois quarts mettant le buste en valeur. Le pied gauche en avant trahit une personne hypersensible, hypersusceptible et très narcissique. Le pied droit en avant révèle un caractère plus audacieux et plus directif en matière de séduction.

Le pied droit est commandé par le cerveau gauche (yang), un cerveau plus calculateur et plus opportuniste que le cerveau droit (yin). Je n'ai jamais observé des jeunes femmes montées sur talons échasses reproduire l'angle droit.

Votre interlocuteur est debout en danseuse, l'une de ses jambes croise le muscle jambier de l'autre, le pied de la jambe croisée est posé sur la pointe.

Le poids du corps repose toujours sur la jambe gauche pour activer l'aire cérébrale droite (l'imaginaire). La pointe du pied droit en danseuse signale une coupure temporaire du cerveau gauche (rationnel). En inversant les rapports, pied gauche en danseuse et poids du corps reposant sur la jambe droite, le cerveau droit est déconnecté, l'imaginaire ne mène plus le bal. Par voie d'extension, cette attitude confirme bien que chacun vit dans sa tête sans se préoccuper de ce qui se passe dans celle du voisin. La pointe du pied en danseuse est une posture fréquente chez des individus qui passent leur temps à dissocier l'être du paraître ou à fausser les règles du jeu. C'est-à-dire beaucoup de monde ! Attitude corporelle typique des consommateurs de bistrot qui s'appuient sur le comptoir pour assurer leur équilibre, ils miment un équilibre précaire sur le plan physiologique qui correspond à leur mental.

Votre interlocuteur s'assoit sur le sofa ou dans le fauteuil en ramenant ses pieds sous ses fesses.

Attitude peu courante dans un cadre professionnel, elle exprime cependant le manque total d'emprise sur la réalité. Dans certaines circonstances de type situation d'exception, un individu qui reproduit cette posture annonce son besoin de fuir un vécu qui ne correspond pas à ce qu'il ressent ou à ce qu'il pressent.

Les ados réunis sur la place du village ou dans des squares de ville sont très coutumiers des pieds sous les fesses. Les pieds qui touchent par terre, ce n'est pas tellement leur truc. La réalité, non plus.

Une dernière info pour la route

Autrefois, le pied droit était considéré comme bon et gentil alors que le pied gauche était mauvais et hostile. Dieu était supposé œuvrer par l'intermédiaire du pied droit et le diable par celui du pied gauche. Desmond Morris rapporte la raison fondamentale pour laquelle tous les militaires démarrent du pied gauche dans les défilés. Selon lui, le pied hostile serait volontairement mis en avant pour montrer l'agressivité des hommes de troupe. Je vous propose une autre interprétation de ce choix pédestre. Un droitier s'enfuit toujours par la gauche et agresse son adversaire par la droite. En privilégiant le départ du pied gauche, les officiers empêchent les soldats de fuir face au danger. Deux hypothèses concurrentes qui méritent d'être confirmées ou infirmées. Il y aura bien un lecteur érudit pour me transmettre la réponse *via* mon éditeur.

Une curiosité psychocoanatomique

De quel pied démarrez-vous dans la vie ?

Si c'est le droit, vous êtes plutôt actif et entreprenant. Si c'est principalement le gauche, vous êtes plutôt respectueux des règles de la société et exécutant.

Observez les gens autour de vous ! Ils discutent avec un voisin ou un collègue puis se séparent. De quel pied se quittent-ils ? Si vous êtes commerçant, observez vos clients ! Quel est le pied qui ouvre la marche quand ils quittent votre boutique ? Le client du pied droit est peu influençable. Le client du pied gauche, par contre, peut être séduit par une petite remise exceptionnelle lors de sa prochaine visite à la boutique. Ce qui revient à dire que les pieds droits sont plus libres au sens large que les pieds gauches.

Ce type d'observation est passionnant dans la mesure où le choix du pied est presque toujours en rapport avec le comportement général du sujet observé. Quand vous descendez du bus, sortez de la rame de métro ou d'un tram, quel est le pied que vous posez en premier sur le sol ? Si vous avez l'esprit libre, vous poserez automatiquement le droit en priorité. Si vous êtes préoccupé ou soucieux, vous poserez le pied gauche en premier.

La latéralité du pied n'intervient pas spécialement. De quel pied commencez-vous à monter l'escalier ? Soucieux, vous entamerez votre ascension du pied gauche ; l'esprit dégagé, vous retrouverez votre pied droit. En règle générale, le pied qui domine est un refrain gestuel invariable. On démarre toujours du même pied. Mais il arrive que ce refrain soit perturbé, quand on s'est « levé du pied gauche », par exemple.

LES TALONS
La réussite

Le succès ne s'usurpe pas, il se mérite.
Quant à l'échec, il soulage.

Les talons sont les ressorts de votre corps. La réussite se cache sous vos talons. Ils sont le siège de vos réussites ou de vos échecs les plus cuisants. Par exemple, un talon douloureux sans mobile apparent peut être révélateur d'une situation d'échec annoncée. Il faut y être attentif.

« Je me souviens, m'avoue Jean-Marie, d'un dépôt de bilan dont j'ai été l'initiateur en tant qu'administrateur d'une petite société prise dans une escroquerie au contrat léonin. J'étais bien sûr responsable d'avoir accepté de signer ce contrat au nom de la société. Les douleurs de talons qui ont suivi cette péripétie étaient atroces. J'ai consulté un médecin qui m'a prescrit des radios. Négatif sur toute la ligne ! Les douleurs ont disparu assez rapidement.

J'ai observé la démarche de nombreuses personnes en situation d'échec. Elles traînent les pieds et évitent de poser les talons sur le sol en premier. Les pieds glissent, comme sur des coussins d'air, on dirait qu'elles marchent sur des œufs.

Plus les talons marquent le pas, plus la réussite du marcheur est évidente. Les femmes sûres de leur beauté ou de l'effet qu'elles font sur les hommes ont tendance à marteler le sol de leurs talons aiguilles. Vous n'aviez jamais remarqué ce détail ? À ce sujet, certaines marcheuses cognent le bitume des trottoirs avec une telle vigueur que la masse musculaire de leurs mollets en tremble.

Le président Chirac a une manie étonnante qu'il reproduit quand il est debout en train d'attendre ses invités sur le perron de l'Élysée, une manie sautillante qu'il reproduit aussi face aux journalistes. *Il rebondit régulièrement sur ses talons,* une attitude d'impatience héritée de l'enfance. Cependant, cette impatience est aussi son talon d'Achille en politique. On n'a pas que des qualités, même si on est chef de l'État ! D'ailleurs ce sont ces failles qui rendent l'homme de pouvoir plus humain aux yeux du peuple.

Les pieds posés sur le bord arrière des talons, jambes en extension, est une posture de décontraction. À première vue ! À seconde vue, cette attitude résulte d'un climat mental démissionnaire.

Les pieds en repli sous la chaise et en appui sur les orteils sans que les talons touchent le sol sont un classique de chez classique, ils indiquent un sentiment d'infériorité et une peur de déplaire à son vis-à-vis.

Cette posture est visible dans toute les bonnes brasseries à l'heure du déjeuner, pour autant que vous bénéficiez d'une vue dégagée et plongeante sur les dessous-de-table. Je me souviens en particulier d'un déjeuner au *Murat*, un resto chic et branché « pipole » du 16e arrondissement de Paris, où j'ai observé cette posture chez la plupart des convives qui parlaient en se penchant sur la table. En revanche, je n'ai jamais surpris leurs auditeurs reproduisant ce repli des pieds sous leur siège. Ceux qui écoutaient avaient plutôt l'air d'être des décideurs que des solliciteurs. J'ai déjà fait partie de la seconde catégorie et je me souviens parfaitement d'avoir chassé mes pieds sous ma chaise et décollé mes talons du sol. Il est vrai que mon intérêt pour la gestuelle a développé chez moi une excellente mémoire kinesthésique.

Votre interlocuteur assis pose l'un de ses talons sur le bord de son siège, cuisse ramenée contre le tronc. Attitude immature d'un personnage qui l'est évidemment aussi. Tout dépend de son âge ! Un ado qui reproduit cette posture ou un adulte ? Le second est déphasé, même s'il est assis en slip de bain sur la chaise en plastique d'une buvette de la plage.

Le conseil du psy

Si vous observez attentivement la population d'une brasserie à l'heure de l'apéro, vous trouverez une majorité de talons décollés et une infime minorité de talons collés. La proportion tourne autour de 90 % de talons décollés pour 10 % de talons collés. Ce qui correspond peu ou prou à la norme des gens qui réussissent dans leurs entreprises (10 %) et de ceux qui échouent ou refusent de prendre le risque de réussir (90 %).

Si vous voulez réussir dans la vie, vous savez ce qu'il vous reste à faire : vous conditionner à garder les pieds sur terre en toutes circonstances. Vous verrez rapidement que ce n'est pas aussi simple à faire qu'à dire.

LA VOÛTE PLANTAIRE

Réalisme et sérénité

La sérénité se conjugue essentiellement au présent de l'indicatif.

Je viens de fêter mes soixante-cinq ans et j'ai eu l'impression désagréable d'avancer à reculons vers la mort. Cette réalité me glace le sang. Quand j'y pense, j'ai l'impression que ma vie s'est effacée comme un trait de crayon. Un fantasme d'existence, pas un instant de sérénité dont je me souvienne. Tout est allé trop vite, j'ai vieilli sans vraiment m'en rendre compte, seules comptaient ma carrière, la fierté d'assumer ma famille, de voir grandir mes gosses. Et puis j'ai été mis au rebut comme une batterie épuisée, jeté à la poubelle comme une vidange perdue. La réalité m'a frappé au visage. Un vent de tornade et le fantasme de mon existence m'est apparu, une évidence qui m'a blessé profondément.

J'ai posé mes pieds à terre, un marin qui débarque de son rafiot. Pour la première fois depuis longtemps, j'ai réalisé que la terre était sous mes pieds et que cette terre était la source de toute sérénité. Celle qui nous porte, dans laquelle je dormirai pour l'éternité. Cette terre est la seule réalité qui me fait prendre conscience de mon humanité retrouvée. J'ai soudain envie de vivre une autre vie, de changer le scénario pour que la route s'allonge au lieu de s'arrêter abruptement. J'ai envie d'affronter ma réalité et de goûter à la sérénité pour ne pas mourir idiot.

La plante des pieds est le siège anatomique de l'équilibre corporel et le siège psychoanatomique de l'équilibre psychosomatique. Ce qui justifie l'utilité de la réflexologie plantaire qui vise à rééquilibrer les énergies et les fluides corporels en passant par la plante des pieds. Le siège du sens des réalités associé à la sérénité, quel curieux mariage ! Aussi sensibles que les paumes sinon plus, les voûtes plantaires sont souvent sevrées du plancher des vaches à cause de notre manie de croiser les pieds, les chevilles ou les jambes. Or, ces voûtes sont le siège symbolique de la sérénité que tous recherchent par monts et par vaux et qu'ils foulent aux pieds sans le savoir. La terre est juste en dessous. Et c'est cette terre qui assure l'équilibre du corps, qui fait partie du sens des réalités et de la sérénité au sens le plus large.

Un individu qui s'assoit systématiquement en croisant les jambes trahit automatiquement son manque de réalisme dans la mesure où l'un de ses pieds quitte le sol. Mais il y a pire ! La posture assise dans laquelle le sujet replie ses pieds ou l'un de ses pieds sous ses fesses est une attitude totalement immature. Reproduite à l'âge de raison, elle trahit un personnage superstitieux, parfois féru de parapsychologie et souvent fragile. J'ai observé cette relation entre la posture en question et ce type de personnage à de nombreuses reprises à l'occasion de conférences que j'ai animées dans des cercles « parapsy » mais aussi chez certaines stars fraîchement émoulues que la télé pousse sur un frêle esquif vers la tempête d'un succès incertain et souvent éphémère.

Dans le fond, on marche dessus du matin au soir sans même se rendre compte que cette surface de 568 cm^2 (pour les deux pieds) supporte un corps de plusieurs dizaines de kilos en équilibre. On a estimé que la plante des pieds percutait le sol plus de dix millions de fois au cours d'une vie active mais sans excès. La marche est un miracle quotidien que nous trouvons banal et pourtant... L'équilibre et la motricité du corps dépendent en de la santé des semelles plantaires, en premier lieu.

Le conseil du psy

Il existe un exercice autohypnotique souverain pour évacuer les énergies négatives à la terre : l'enracinement des jambes. Il s'agit d'une catalepsie[1] des semelles plan-

1. La catalepsie est une tétanie suggérée des articulations corporelles.

taires ancrées au sol avec incapacité de soulever les pieds pendant toute la durée de l'exercice. Excellent pour évacuer le pH acide de la transpiration pédestre. L'enracinement permet aussi de soulager les douleurs d'un hallux valgus ou d'un hallux varus (déviation du gros orteil en dedans ou en dehors) communément connu sous le nom de bosse du pied. Autre avantage incontestable (je l'ai vécu et fait vivre à plusieurs de mes patients) : l'exercice répété quotidiennement soulage les varices jusqu'à les effacer définitivement. Enfin, cet exercice particulier permet de reprendre conscience de la terre que vous foulez aux pieds.

L'odeur des pieds est une signature

La plante du pied est la partie la plus riche en glandes sudoripares, avec la paume des mains. Ces glandes sont très sensibles au stress et leur sécrétion augmente considérablement quand nous sommes sous tension. L'odeur produite est si forte qu'elle traverse les chaussettes et les semelles, laissant une piste que n'importe quel chien pourra suivre jusqu'à deux semaines après votre passage. Il semble probable que dans notre lointain passé, les odeurs laissées par les pieds nus des hommes les aidaient à localiser les amis comme les ennemis.

Les pouvoirs guérisseurs du corps

La peau striée des plantes (comme celle de la paume des mains) a pour particularité de ne jamais bronzer. Il n'existe à ce jour aucune explication à cette curiosité, en tous les cas en ce qui concerne les plantes des pieds. La sensibilité des plantes vaut celle des paumes mais que penser de ces marcheurs du feu des îles Fidji ? Ils marchent sur des braises et des pierres plates chauffées à blanc sans se brûler, sans la moindre cloque et sans que la peau des pieds sente le roussi. Une énigme fascinante qui reste sans explication à ce jour.

Anne-Sophie détache une allumette d'une pochette publicitaire et la craque pour allumer sa cigarette. Un cri !

Presque un hurlement de douleur ! Un morceau de soufre a bondi vers le visage de la fumeuse et s'est figé dans l'iris de son œil droit. La douleur est insoutenable. Tout le monde se précipite vers elle. Je suis en train d'animer un stage d'autohypnose. Avec l'aide d'une autre stagiaire, je conduis Anne-Sophie dans un cabinet afin de l'allonger sur un sofa. Elle a très mal. Je soulève sa paupière pour constater une lésion : une sorte de nuage au niveau de la pupille. « Tu vois quelque chose ? » Anne-Sophie distingue les objets à travers un brouillard. Je décide de la mettre sous hypnose, faute de mieux. J'appelle ensuite son époux pour le tenir au courant de l'incident. Il faut qu'il vienne chercher Anne-Sophie car elle est incapable de conduire dans cet état. Ils habitent loin de la capitale. L'iris est transpercé mais je ne sais pas jusqu'à quel point. Je lui suggère de se programmer plusieurs verrouillages oculaires par jour pour se soulager (une catalepsie des paupières qui empêche les yeux de s'ouvrir). L'ophtalmologue consulté lui annonce un dommage irréparable. Il lui prescrit une pommade ophtalmique pour la soulager. Anne-Sophie est désespérée. Par téléphone, je l'encourage à poursuivre ses verrous oculaires et je la revois trois jours après l'accident pour l'induire en hypnose cataleptique profonde. Huit jours plus tard, le nuage a disparu et elle ne distingue plus de brouillard, fatalement. Consulté, le médecin s'est réjoui « de l'efficacité de son traitement ». J'avais demandé à Anne-Sophie de ne pas évoquer sa pratique de l'autohypnose. Je savais qu'une brûlure de l'épiderme pouvait être guérie sous hypnose mais j'ignorais si cette éventualité s'appliquait aux yeux proprement dits.

Je vous ai narré cette vieille anecdote, encore vive dans ma mémoire, pour évoquer les mystérieuses facultés du corps humain. Elles sont aussi fascinantes qu'une balade sur un lit de braises. Mais aussi pour vous démontrer que si ce phénomène est possible, le corps demeure le lieu sacré de tous les miracles de la guérison spontanée. Ce qui reste pour moi un mystère total, c'est le refus de la médecine classique de traiter les grands brûlés par les techniques hypnotiques. Car si les marcheurs du feu des îles Fidji peuvent franchir les chemins de braises sans dommage, leur préparation mentale à la réalisation de cet exploit devrait être étudiée en détail pour soulager les grands brûlés. Mais comme toutes les corporations qui disposent de pouvoirs discrétionnaires, le sens des réalités de nos médecins a moins d'importance que les vérités auxquelles ils se raccrochent pour ne pas sombrer dans le ridicule. Peut-être qu'un stage aux îles Fidji leur permettrait de retrouver leur bon sens.

Et l'affaissement de la voûte plantaire ?

Un héritage difficile à assumer, pour ma part ! Je propose l'hypothèse suivante : il proviendrait d'une lignée d'ancêtres dont le réalisme ou le niveau de sérénité devait être au plus bas. Misère, malnutrition, pieds nus par tous les temps et en toutes saisons ! Les pieds plats seraient une conséquence d'une impuissance à combattre un destin souvent misérable et transgénérationnel. Le seul refuge de ces gens-là était le merveilleux du rêve et des récits de légendes auxquels seulement leurs oreilles et leur imaginaire avaient accès. Comme par un fait exprès, on dénombre un pourcentage infinitésimal de pieds plats dans les lignées aristocratiques, un maximum de voûtes plantaires affaissées chez les enfants de parents pauvres ou victimes de malnutrition.

Le second conseil du psy

Gardez toujours les pieds sur terre et surtout prenez conscience de cette manie du croisement des jambes qui déconnecte l'une des aires cérébrales du sens des réalités. Le croisement de la jambe droite sur la gauche handicape le cerveau cognitif (celui qui analyse) et le croisement de la jambe gauche sur la droite assoupit le fonctionnement du cerveau affectif (celui qui imagine). La rupture du contact avec le sol est un tic gestuel incoercible. Il se reproduit instinctivement chaque fois qu'un individu se retrouve en situation de confrontation avec autrui ou avec ses pensées parasites. Déprogrammer le croisement des jambes passe par un coaching que vous pouvez réaliser en compagnie de votre conjoint ou d'un(e) ami(e) concerné(e) comme vous par son sens des réalités.

CHAPITRE 5

DE LA TÊTE AU COU

AU SOMMAIRE

LA BARBE

La remise en question

Remettre les choses en question, c'est tracer une frontière entre le passé et le futur.

LA BOUCHE

La jalousie

Les jaloux sont de redoutables auditeurs qui n'entendent que ce que vous avez omis de leur dire et ne voient que ce que vous essayez de leur cacher.

LES CHEVEUX

Le narcissisme

La télé a sacralisé la civilisation de l'image et la beauté est devenue un produit de consommation d'une banalité à pleurer.

LES CILS

La compassion

La compassion me fait penser à ces cols de chemise d'une autre époque, il faut toujours l'amidonner pour qu'elle ne ressemble pas à un business de charité.

LA NUQUE (le cou)

La confiance en soi

Celui qui se méfie systématiquement des autres ne peut pas avoir confiance en lui.

LA GORGE

La peur

La peur est une énergie fondamentale et le carburateur de toutes les audaces qui mènent au succès.

LE CRÂNE

OCCIPITAL

Le doute

Tous les sceptiques sont des abstinents sur lesquels il vaut mieux ne pas compter.

PARIÉTAL

Le deuil

Le chagrin évacue le passé et fait le lit d'un avenir toujours différent de celui dont vous aviez rêvé.

FRONTAL

Voir le front.

VERTEX

La superstition

Quand le ciel vous tombe sur la tête, c'est votre vertex qui prend la première averse.

LES DENTS

La résistance à la frustration

Mieux vaut être un résistant frustré qu'un frustré incapable de résister à la tentation.

LE FRONT

L'espace et le temps

Il est un lieu dans le mental où l'espace et le temps se rejoignent et se confondent. On l'appelle le présent.

LES JOUES

La tendresse

Elles sont la caisse de consignation des baisers ou des gifles.

LA JOUE DROITE

Le courage

C'est la joue qu'il faut tendre à son adversaire pour le défier.

LA JOUE GAUCHE

La générosité

La générosité est plus souvent un acte narcissique qu'un acte de compassion.

LA LANGUE

L'instinct de conservation

Le choix des mots vaut mieux que le choix des armes.

LES LÈVRES

Le plaisir

Le plaisir et la chance sont deux paradis inaccessibles à tous ceux qui refusent de se faire confiance.

LA LÈVRE SUPÉRIEURE

Le mensonge ou la colère

Faut-il mentir pour éviter de se mettre en colère ou piquer une colère pour éviter de mentir ? Telle est la question.

LA LÈVRE INFÉRIEURE

La cupidité

Concupiscence et envie sont les deux mamelles de la cupidité, le plus répugnant des sept péchés capitaux.

LES MÂCHOIRES

La ténacité

La ténacité est le plus beau fleuron de l'instinct de survie.

LE MENTON

Le défi

Une vie sans défi est une existence d'eunuque.

LA MOUSTACHE

L'improvisation

Improviser, c'est prendre le risque de réussir là où les stratèges échouent plus souvent qu'à leur tour.

LE NEZ

Flair et savoir-faire !

On peut avoir le flair et le savoir-faire sans pour autant avoir le sens des affaires.

LES OREILLES

Égoïsme et revendication

On tire les oreilles aux garnements qui ne pensent qu'à eux, ceux qui veulent tout pour rien et ne valent rien du tout.

LE LOBE DROIT

L'érotisme

Sans le concours de l'érotisme, la sexualité serait aussi motivante qu'une cuillerée d'huile de ricin.

LE LOBE GAUCHE

Le fantasme

La force du fantasme est hallucinante. Elle peut reléguer la réalité au rang d'une mauvaise fiction.

LES PAUPIÈRES

Le bonheur

Dans le terme bonheur il y a « bonne heure ». Ce qui prouve bien que ce sentiment ne peut être consommé qu'au présent de l'indicatif.

LES PUPILLES

L'authenticité

Elles expriment la vérité des émotions au nez et à la barbe du mensonge des mots.

LE REGARD

Le charisme

Le charisme est une émanation de l'âme humaine et probablement la seule preuve de son existence.

LES SOURCILS

Inspiration et créativité !

L'inspiration est une sublimation du sentiment amoureux.

LA TÊTE

La contestation

Il est toujours plus facile de contester que de réfléchir à des solutions de rechange.

LE VISAGE

L'affirmation de soi

Le visage correspond rarement à la réalité intérieure. Sublime in vitro ! *Atroce* in vivo !

LA VOIX

Le véhicule exclusif de la conviction.

Ce en quoi je crois se réalisera si le ton de ma voix porte ma foi.

LA BARBE

Le siège de la remise en question

On change de gueule pour changer de destin.

Pourquoi les hommes gaspillent-ils leur temps à se raser ? Un homme de soixante ans qui s'est rasé chaque matin depuis l'âge de ses dix-huit ans aura perdu 2 555 heures soit 106 jours de sa vie à effectuer cette opération. Morris propose une interprétation : « Si la barbe symbolise l'agressivité et la domination masculine, le rasage quotidien indique le désir de tempérer cet autoritarisme primitif. L'homme glabre affiche son besoin de coopération plutôt que son esprit de compétition. » Je propose un éclaircissement différent en ma qualité de barbu : tous les barbus sont des tricheurs, ils se cachent derrière leur barbe, histoire de conserver leur distance de fuite ! Alors ? Siège historique de la virilité dominante ? « La barbe est un présent de Dieu et celui qui la rase n'a pour seul but de ressembler à une femme. Un acte non seulement d'indécence mais aussi d'injustice et d'ingratitude envers Dieu et la nature, un acte qui répugne aux Saintes Écritures... » écrivait John Buwler au XVIIe siècle. Il me semble avoir entendu un discours très proche de la part de Juifs orthodoxes que j'ai fréquentés autrefois.

La barbe comme signe religieux ostentatoire ! Bien taillée, elle est un atout séducteur et narcissique. « En tant que signal de masculinité, le principal impact de la barbe est visuel, mais elle opère également en tant que porteuse d'odeurs. La région faciale possède un certain nombre de glandes dont les sécrétions odoriférantes sont mieux retenues par un visage poilu. Au cours de l'adolescence, quand ces glandes entrent en fonction pour la première fois, un excès d'hormones peut provoquer un déséquilibre au niveau de la peau que nous appelons acné. Par un tour cruel du destin, ce sont les adolescents les plus actifs sexuellement qui souffrent des poussées d'acné les plus violentes » (Morris in *La Magie du corps*, Grasset).

La barbe des religieux, mal taillée, voire malpropre et malodorante, serait un signe de respect envers Dieu. L'homme de religion, dans sa suffisance, ne se couvre-t-il pas le visage d'une toison de poils pour s'identifier au Tout-Puissant ? Un personnage divin qu'on imagine mal se raser tous les matins comme Nicolas Sarkozy en rêvant du pouvoir suprême. Les représentations idolâtres du Dieu de la Bible par les peintres de la Renaissance sont toutes barbues. Pourquoi Jésus portait-il la barbe et les larrons n'en portaient-ils pas ? Il est vrai qu'un rabbin ou un imam sans barbe serait une hérésie. Il en existe mais ils ne font pas sérieux. Ce serait comme un cadre de multinationale sans sa cravate. Les clichés ont la vie dure.

Laissons là ces stupides querelles ! La barbe est, selon moi, **le siège de la remise en question**. On se laisse pousser la barbe après l'échec d'une tranche de vie, après un deuil affectif ou professionnel. On change de gueule pour changer de destin. Cette interprétation est évidemment et totalement contemporaine. Elle colle à notre époque d'insécurité vitale. Tous mes amis qui ont déposé le bilan de leur entreprise, tous ceux qui se sont séparés de leur compagne, tous ceux qui ont perdu leur emploi brutalement, tous ceux-là, sans exception, se sont laissé pousser la barbe pour un temps ou pour longtemps. Cette pilosité têtue qu'il fallait raser chaque matin est devenue un déguisement, une manière de dissimuler le deuil, la tristesse ou la déception. Et puis la remise en question est devenue un mode de comportement ou de fonctionnement. Une nouvelle liberté d'exister au gré du vent des illusions.

Les barbes « tendance »

La barbe de huit jours, façon négligé, n'est plus trop à la mode. Elle représente un masque, un maquillage poilu du visage. Barbe taillée au cordeau ; barbe trident impeccable ; touffe de poils sous la lèvre inférieure ; petite raie poilue identique à celle d'un pubis féminin ; barbe du masque de clown, etc. La taille de la barbe est en passe de devenir un art à part entière. Il faut déguiser le visage, modifier son apparence ou en gommer les défauts un peu trop flagrants. Les favoris très pointus, façon apache 1900, reviennent à la mode, eux aussi. Le visage glabre n'a plus la cote.

La barbe imposante est une sorte de statut, un archétype du patriarche dans l'imaginaire populaire. Marek Halter marquerait-il les esprits de ses lecteurs sans cette barbe quasi biblique qu'il porte comme une marque de fabrique ? Aucun animateur de télé ne se présente avec des poils au menton face aux caméras. Pourquoi ? Peu d'acteurs de cinéma cultivent la barbe longue durée, sauf pour les besoins d'un rôle. Pas de politicien barbu dans l'Hémicycle ! En réalité, la barbe fournie est assez peu courante chez les individus surexposés ou très médiatisés. Est-ce que les poils font désordre sur les clichés des magazines « pipole » ? Il est vrai que leurs fans risquent de ne pas les reconnaître. Et ces magazines payent très cher le droit de reproduire les clichés des stars qui les font vivre. Les stars n'aiment pas se remettre en question, ni s'imaginer que la célébrité pourrait les abandonner sur le bas-côté de la route. Est-ce la raison qui justifie l'absence de la barbe chez les animateurs de télé ?

Jean-Pierre se gratte la couenne chaque fois qu'il doit prendre une décision sur-le-champ. Il est producteur de télé.

Quand un barbu se gratte le visage, il remet toujours les choses en perspective ou en question, à l'abri de sa barbe. Si vous avez besoin de faire le point, laissez-vous pousser la barbe, juste le temps de trouver la nouvelle voie qui vous reconduira sur le chemin du succès.

LA BOUCHE
Le siège de la jalousie

Le saviez-vous ? Votre degré de confiance en vous est fonction de la fréquence des mouvements de vos lèvres, donc lié à leur richesse de mimiques (voir aussi la section consacrée aux lèvres). Plus les lèvres sont figées quand vous vous exprimez, plus cette raideur trahit un manque de confiance en vous et entraîne souvent le besoin de cacher sa bouche derrière sa main. Apprenez à articuler quand vous parlez, votre degré de confiance en vous reprendra très vite du poil de la bête.

La bouche est le siège de la jalousie et aussi un orifice destiné à se donner du plaisir en absorbant la nourriture (ou à donner du plaisir par le baiser, par exemple). Bouche tordue, lèvres pincées, commissures affaissées sont autant de signes d'une confiance en soi délaissée au profit de la méfiance, de la haine ou de l'amertume. Le nombre de mimiques disqualifiantes qui oppriment la mobilité des lèvres est incalculable. En revanche, la bouche d'un individu qui privilégie la confiance qu'il s'accorde se distingue immédiatement, quelle que soit la morphologie de ses lèvres : sa bouche s'harmonise toujours avec le reste du visage, en toutes circonstances. Quand il s'exprime, il a tendance à articuler, ce qui met en branle un nombre important de muscles faciaux. Prendre conscience de l'animation du visage quand on s'exprime exige un effort d'attention soutenu mais très payant au bout du compte.

Le conseil du psy

C'est la raison pour laquelle je vous conseille de consacrer trois minutes par jour à la lecture d'un poème ou d'un texte de chanson que vous aimez en articulant de manière exagérée. Petit à petit, vos lèvres figées vont se libérer. Ce qui est vrai pour la musculature du corps l'est aussi pour les muscles orbiculaires de la bouche.

La bouche qui se cache

Le geste est tellement courant que personne ne peut imaginer ce qu'il signifie réellement. Ce n'est pas un bâillon destiné à empêcher la bouche de parler. Que ce soit la pince pouce-index qui couvre les lèvres, le poing fermé, l'index seul ou la main entière ne change pas la signification de ce refrain gestuel.

Mais dans quels contextes courants la main se porte-t-elle instinctivement à la bouche ? Quand on écoute ! Quand on relit son texte sur l'écran d'un ordinateur ou quand on lit un livre ! Quand on est surpris ! Quand on veut dissimuler son ironie !

Quand on écoute…

La main sur la bouche est un signal d'attention soutenue bien plus qu'un signal de duperie ou d'ambiguïté, dans ce cas précis. La bouche reçoit gestuellement l'ordre de se taire pour que le mental puisse analyser les propos du locuteur.

Quand on lit…

Pourquoi met-on généralement sa main devant sa bouche pour lire le texte d'un courrier que l'on vient de taper sur l'écran de son ordinateur ? Parce que la voix n'est d'aucune utilité pour corriger les fautes du courrier en question ? Plutôt parce que la main de l'espace (la gauche) permet de mieux se concentrer sur le sens du texte. Ce qui n'est pas le cas de la main du temps (la droite).

Quand on est surpris…

Parce que la brutalité d'une nouvelle grave, d'une information ou d'une récompense inattendue téléscope les émotions. Vous vous empêchez symboliquement de crier ou vous censurez un gros mot. C'est généralement la main gauche du droitier qui se porte spontanément à la bouche. C'est d'ailleurs à ce niveau qu'on piège les mauvais comédiens qui portent leur main droite à la bouche pour simuler la surprise. Il arrive cependant que les deux mains viennent cacher le bas du visage comme pour lui offrir un masque qui ne laisserait voir que les yeux. Les yeux absorbent le choc mais les mains protègent symboliquement la bouche contre la violence de la vision.

Quand on cherche à dissimuler son ironie…

C'est le propre des personnages qui font appel à leurs mains pour cacher leurs éclats de rire. *La main droite* trahit une honte ou une gêne que le rieur dissimule. *La main gauche* indique un personnage indécis. À ce propos, Céline Dion rit de bon cœur en cachant sa bouche de sa main gauche et en se tapant la cuisse de la main droite.

Nulle trace d'ironie dans cette attitude mais Céline Dion est un clown qui aime se moquer d'elle-même. L'ironie, si on admet qu'elle existe, est donc autodérisoire. Le fait de frapper sa cuisse en riant est un signe de convivialité.

En tant que refrain invariable ?

Je considère que ce refrain gestuel devient parfois invariable chez certains individus dont la vie est une suite de vraies-fausses surprises. J'ai observé plusieurs dizaines de tribuns ou d'invités sur les plateaux de télé le reproduire toujours avec la même main. *Grosso modo*, la main gauche qui dissimule la bouche est celle de l'émotif supposé sincère, la main droite est celle du personnage équivoque et tricheur.

Quelques bouches cachées

Les hommes politiques qui souhaitent se confier discrètement certains détails, en public ou sous le feu des caméras de télévision, savent qu'il existe des spécialistes de la lecture des lèvres susceptibles de décoder leurs propos. C'est la raison pour laquelle ils dissimulent leur bouche pour se confier face aux caméras. Généralement, les individus qui dissimulent leur bouche derrière le paravent des mains sont des « rumoristes » (du mot rumeur), les fanatiques de Radio Couloir. La dissimulation de la porte des secrets est la norme plus que l'exception. J'ai sélectionné celles qui me paraissaient les plus traditionnelles. Je dois en avoir une bonne centaine tout à fait caractéristiques dans le dossier consacré à cette partie anatomique, à commencer par la plus éloquente et la plus virulente de toutes :

Votre interlocuteur, coude en appui, couvre l'une de ses mains avec l'autre, les pouces en soutien du menton. La bouche s'appuie sur les index accolés. Un geste récurrent chez les hommes de pouvoir. Il prend vos mesures avant de vous évacuer ou de vous mettre dans une position périlleuse. Imaginez que les index sont les canons de ses deux colts planqués dans des holsters virtuels ! Ses yeux vous suivent à la trace tandis que vous pérorez en toute innocence. Des yeux aux pupilles rétractées, regard noir comme une nuit sans lune ou regard clair comme la banquise. Vous êtes déjà mort mais vous ne le savez pas encore.

Votre interlocuteur dissimule sa bouche derrière sa main refermée en cornet (droite ou gauche), coude en appui. La main en cornet est une sorte d'entonnoir destiné à empêcher de verbaliser sa pensée. Votre interlocuteur vous signale que votre entrevue lui paraît stérile. Le geste trahit une authentique hostilité et parfaitement prédictive. *La main droite ou gauche en cornet* est la traduction gestuelle d'une antipathie non déclarée.

Votre interlocuteur dissimule sa bouche sous la *pince pouce-index ouverte, comme s'il bâillonnait le bas de son visage, coude en appui*. J'ai baptisé ce geste le bâillon. *À gauche*, il se protège émotionnellement contre vos arguments ou votre pouvoir de persuasion. *À droite*, il prend vos mesures et recherche le meilleur moyen de vous rouler. Le bâillon est un geste courant, visible dans toutes les bonnes brasseries où déjeunent les cadres dynamiques.

Votre interlocuteur appuie sa bouche contre le dos de ses doigts, la paume tournée vers l'extérieur, coude en appui. Imaginez ce geste dans un contexte tout différent ! L'enfant qui craint d'être giflé. Attitude hésitante et vaguement répulsive, votre interlocuteur ne prendra pas parti. Dans le registre de la séduction, cette séquence gestuelle est prédictive d'un coup de cœur ou de foudre. Dois-je le rappeler ? La signification des gestes varie toujours en fonction du contexte. Ce geste particulier reproduit un peu trop souvent indique aussi un fond de névrose ou d'angoisse.

Votre interlocuteur, coude en appui, dissimule et écrase sa bouche avec la paume de l'une de ses mains. Premier cas de figure : le bâillon symbolique obture toute possibilité de dialogue. Il ferme littéralement le poste. Deuxième cas de figure : l'audace de rompre un silence protecteur (ou d'interrompre un ou plusieurs interlocuteurs inconnus) s'accompagne automatiquement d'une autorépression gestuelle de la bouche ou des lèvres. C'est là une règle qui ne souffre pratiquement aucune exception. Cette séquence gestuelle provient de la prime enfance et de l'index caricatural qui était censé souder les lèvres trop bavardes.

La jalousie est une qualité

La jalousie est un sentiment de conservation très utile et non un vilain défaut que cultivent les envieux de tous pays. Il ne faut jamais réprimer ou pénaliser vos accès de jalousie et il faut même les exprimer en public sans faire de complexe. Ne dites pas que vous n'êtes pas jaloux ou jalouse comme tous ces hypocrites qui encombrent les plateaux de télé et qui se détestent. Tirez à vue ! La jalousie est un sentiment naturel et un excellent carburant pour motiver les troupes. Elle ne devient un défaut qu'à partir du moment où elle est dissimulée sous une admiration frauduleuse. Bien sûr que je râle quand je constate qu'un bouquin concurrent décolle dans les meilleures ventes alors que le mien fait du surplace. Bien entendu que tel chanteur débutant crève de jalousie face à la star qui le bat froid. C'est tellement humain et tellement mobilisateur pour l'ambition du jeune chanteur débutant. Il ne s'agit pas de concupiscence du pauvre vis-à-vis du riche. Le riche a fait ce qu'il fallait pour gagner sa prospérité, le pauvre ne dispose peut-être pas des mêmes armes. Il peut envier le riche mais certainement pas le jalouser. Quand je fais référence à la jalousie, je parle de ce sentiment que vous éprouvez envers un collègue qui a réussi mieux que vous avec les mêmes atouts au départ ; je parle d'un lycéen qui bosse comme un fou pour le bac, échoue face à un condisciple qui étudie avec une légèreté insoutenable et passe haut la main. C'est à ce niveau que la jalousie doit s'affirmer pour vous aider à réussir. Il faut vous servir de ce sentiment en votre âme et conscience pour soutenir votre effort. Non, monsieur ! La jalousie n'est pas une tare mais une qualité essentielle qu'il faut préserver.

On a le droit d'être jaloux de cet ami d'enfance qui a réussi à conquérir la plus jolie fille de la classe ; on peut jalouser ouvertement la fille de bonne famille un peu godiche qui a séduit le plus beau mec de la bande. Il ne faut jamais être honteux de sa jalousie mais s'en servir comme d'une passerelle pour faire mieux que l'autre, pour aller plus loin. Mais ne confondez jamais envie, concupiscence et jalousie. L'envie est la jalousie des incapables. La concupiscence est l'envie des inactifs. La jalousie est le moteur du progrès individuel.

LES CHEVEUX

Le siège du narcissisme et de l'image publique

Siège de l'image publique, revalorisable à merci grâce à de fréquentes visites chez le coiffeur, les cheveux améliorent l'aspect esthétique du visage en lui offrant un cadre susceptible d'en gommer les défauts ou de dissimuler les oreilles en coupe-vent. Le cuir chevelu de l'homme s'orne d'environ 100 000 cheveux. Les chevelures claires sont plus fournies que les chevelures de couleur foncée. D'après Desmond Morris, un blond aura 140 000 cheveux, un brun 108 000 et un roux 90 000, ce qui représente tout de même 36 % en moins que les blonds. Y aurait-il une explication scientifique à cette différence ? On associe souvent la rousseur des cheveux à une hypersexualité. Est-ce fondé ou est-ce une légende lancée par les rouquins souvent moqués dans nos sociétés occidentales ?

Les cheveux en deuil

Quand on est décidé à changer de vie, il est évidemment indispensable de changer de tête. C'est la raison pour laquelle les cheveux coupés très court, à la garçonne, signalent généralement une femme qui s'est libérée de son passé. Elle a fait le deuil d'une tranche de vie qui vient de se terminer. Ce deuil peut être lié à un chagrin d'amour ou à un besoin de dégager son visage après un bouleversement récent, comme une maladie ou une séparation.

Et la coupe du hérisson très à la mode chez les « grunge » de ce début de XXIe siècle ? Ce sont les cheveux courts qui se dressent dans tous les sens avec l'aide d'un gel efficace ! Le hérisson qui se protège avec ses épines ! Ce genre de coiffure est un signal de refus. Le refus de s'enfermer dans le moule imposé par un modèle uniforme. Elle peut aussi indiquer que le sujet vit une période de deuil affectif. La femme est-elle plus sensible que son compagnon à la rupture entre le passé et le présent ? Pas forcément. Elle a besoin de se recréer une nouvelle image pour pouvoir aborder une nouvelle tranche de vie. Changer de coiffure est une manière de faire peau neuve. L'homme se laisse pousser la barbe ou se rase la vieille moustache calamiteuse qu'il trimbale depuis son mariage. Chacun fête la rupture à sa manière. Un peu plus de poils, un peu moins de cheveux. Le système pileux est transformable à merci, c'est bien là son premier atout et sans doute la raison pour laquelle il accompagne généralement les boursouflures de l'existence.

Les cheveux font partie de l'arsenal de séduction du visage. La relation entre l'individu et sa chevelure est narcissique et sensuelle. Plus un individu accorde d'importance à ses cheveux, plus il appartient à la catégorie des personnes dont la sensibilité est centrée sur leur *ego*, en un mot comme en cent, votre interlocuteur est concerné par son image publique. La chevelure est considérée comme un moyen de rajeunir ou de conserver cette jeunesse qui nous fuit inéluctablement. On y investit ses émotions en les perdant parfois ponctuellement en cas de deuil affectif, ou de manière définitive pour les hommes, quand la vie devient un parcours du combattant au quotidien et une source de stress majeur.

Puissant signal de séduction, la coiffure est aussi un moyen de détecter le climat mental ponctuel dans lequel baignent les sentiments de votre ami(e). De même en ce qui concerne la brillance du cheveu et l'état général de son apparence. En règle générale, la coiffure que vous adoptez est fonction de ce qui se passe dans votre mental[1].

Les cheveux voilés

JDD *du 19 octobre 2003*

« Les responsable universitaires font état de leurs préoccupations face aux pressions exercées depuis quelques années par les associations islamistes. Noyautage des instances électives, cours interrompus pour la prière, quêtes

1. Je vous renvoie à *Ces Gestes qui vous séduisent* pour retrouver l'interprétation des différentes coiffures féminines.

organisées en faveur de mouvements fondamentalistes, expositions antisémites, sujets d'études devenus tabous. » Et plus loin, le journal soulève le cas de Lila et Alma, ces petites demi-Juives musulmanes qui s'obstinent à conserver le voile pour cacher leurs oreilles, leurs cheveux et leur cou qui sont, comme nul ne l'ignore, des parties anatomiques érotiques, donc indécentes du corps de la femme.

J'ironise mais je crois que cet interdit religieux cache une vérité qui nous échappe en tant que membres d'une société occidentale très permissive et fortement orientée vers « la libération de la femme ». L'expression ne vous gêne pas ? Elle vaut pourtant le détour. Comme si les femmes étaient prisonnières du pouvoir patriarcal. Il est vrai que les cheveux sont une partie anatomique séductrice de la femme à cause de leur transformisme. Les oreilles et le cou sont clairement associés à des moyens de séduction anatomiques que les musulmans orthodoxes souhaitent cacher à la vue de tous. Dans leur esprit, la femme est un objet précieux qu'il faut dissimuler comme un trésor et protéger de la concupiscence d'autrui. Pour l'Occidental, la femme est un bristol qu'il faut montrer et dont il faut démontrer les charmes les plus subtils grâce à des codes vestimentaires audacieux. Et dans ces codes, la coiffure est un atout primordial, d'où la multiplication insolente des salons de coiffure.

La culture amoureuse des musulmans est une culture fanatiquement possessive. Le voile est un mode de préservation et non un outil de bravade et de propagande. Il est devenu un enjeu parce que l'État s'est levé sur ses ergots pour faire respecter les lois de la République. On se trompe encore une fois de combat. Ce n'est pas le voile qui pose problème, ce sont les imams extrémistes qui trouvent un terreau terroriste dans une frange de la population oubliée des cités. « *Mais trop de fric, de luxe, de choses belles à côté de la merde, de la galère et du désespoir, parce que le haut est tellement haut et que le bas est si bas, ça ne fait pas bon ménage.*[1] »

---

1. Andrea H. Japp, *La Voyageuse*, Flammarion.

Pourquoi les extraterrestres sont-ils chauves dans la majorité des iconographies qui les représentent ? Les cheveux sont-ils un signe distinctif de la race humaine, comme le nez ? Ont-ils une fonction anatomique précise autre que de nous protéger des rayons du soleil dans la mesure où nous pouvons parfaitement nous en passer ? Les humains ont toujours eu peur d'une invasion extraterrestre. Les femmes voilées représentent cette extraterritorialité qui nous fait peur. Elles n'ont pas de cheveux, comme les petits hommes verts ou bleus.

Les cheveux au pouvoir

Une majorité d'hommes de vrai pouvoir (P-DG, cadres supérieurs, sportifs) conservent une chevelure fournie jusqu'à un âge avancé. Les politiques ne font pas partie de cette tribu dans la mesure où leur pouvoir ne dépend pas de leurs mérites propres mais du choix des électeurs. Y aurait-il un vrai rapport entre la force de Samson et le pouvoir acquis de haute lutte ? Pourquoi les présidents américains sont-ils à l'image des P-DG français ? Bob et Robert Kennedy, Carter, Reagan, Clinton, Bush, Kerry, etc. Pourquoi la plupart des hommes politiques français perdent-ils leurs cheveux ? La perte de ses cheveux n'a pas la même valeur outre-Atlantique que chez nous. Véritable catastrophe au pays de Bill Gates, la boule à zéro est bien acceptée sous nos latitudes.

L'image publique est une énergie fondamentale et un excellent nutriment pour booster une repousse régulière des cheveux. Elle est aussi puissante que l'amour. Quand un individu cesse de s'aimer, il divorce de ses chances de succès et perd son pouvoir de séduction. La perte précoce de ses cheveux pourrait provenir d'une forme de démission face à la vie. Évidemment, certaines chutes de cheveux sont largement conditionnées par l'hérédité et donc sans rapport aucun avec les compétences du sujet ou sa capacité de réussite vitale. Quoique !

Y aurait-il un rapport de cause à effet entre le leadership et la repousse des cheveux ? Ou s'agit-il d'un avantage collatéral du charisme ? Il y aurait une piste à investiguer mais elle devrait être confirmée par la science sexologique toute neuve. Les hommes de pouvoir ont toujours été de grands consommateurs de sexe, donc de grands producteurs de testostérone. Il n'existe pas de statistiques concernant le nombre de femmes (ou d'hommes) qui vivent une existence en marge dans un petit nid douillet grâce à la générosité d'un amant fortuné et marié, par ailleurs, à une épouse (ou un époux) légitime. Le phénomène n'est pas nouveau. Le besoin de sexe est une conséquence du stress du pouvoir et des responsabilités qui en découlent. Les rapports sexuels ont une action multiple : antidépressive, anxiolytique et antistress, qui n'a plus besoin d'être démontrée. Nombre de stars de la chanson acceptent les propositions sexuelles non déguisées de leurs fans, après la fin du spectacle, pour se libérer d'un stress parfois épouvantable. Cette attitude (amorale, en principe) est la meilleure manière de combattre un syndrome très spécifique que le public ignore : le spleen de la fin du spectacle. La scène est un moment d'exaltation et d'angoisse absolues pour n'importe quel artiste. Il doit séduire, convaincre un public qui attend toujours plus de son idole. La pression est maximale, la chute du rideau est d'autant plus dure à supporter. Un rapport sexuel « rapide » peut combattre efficacement la mélancolie qui tombe brutalement sur l'artiste.

Retour à la toison de Samson !

Les cheveux sont le siège du narcissisme, de l'image publique qui n'est que le côté jardin de l'image de soi. Narcissisme ou amour de sa propre image ! Futilité ? Dans une société dédiée à l'image cathodique, à la dictature du look, le narcissisme a cessé d'être considéré comme une hypertrophie du moi. Il faut avoir une bonne image esthétique pour plaire aux autres. Les cheveux appartiennent à cette image. À défaut d'une chevelure brillante, un crâne nu bien rasé et une mouche bien taillée feront parfaitement illusion.

Je veux croire qu'il y a du vrai dans la mésaventure de Samson, celui de la Bible. Il avait perdu sa force parce que Dalila, sa maîtresse, avait coupé ses boucles pendant son sommeil. Ce récit biblique est très symbolique. La force ou le pouvoir sont issus du même moule. Le message indiquerait que celui qui perd ses cheveux perd le pouvoir qu'il détient sur son destin. Heureusement, les progrès de la science offrent aujourd'hui de multiples possibilités de retrouver une chevelure authentique par micro-implantation capillaire. Bref, la calvitie n'est plus une condamnation à mort du pouvoir de séduction masculin. Les Samson peuvent à nouveau retrouver leur force capillaire (et le pouvoir) en passant sur le billard.

Il est possible qu'un homme qui se trahit soit sanctionné par la perte de ses cheveux. Se trahir, c'est accepter de jouer un rôle qui n'est pas le sien pour des raisons financières et non de survie. La majorité des fonctionnaires masculins auraient voulu vivre une autre vie. Statistiquement, très peu d'entre eux conservent une chevelure abondante jusqu'à la retraite. Le véritable nutriment du cuir chevelu est peut-être l'adéquation entre ce qu'on fait et ce qu'on est, ce qui n'est pas le cas de la majorité des gens. Une exception, cependant : j'ai observé qu'une large majorité des SDF conservaient une chevelure, parfois grisonnante, malgré des conditions de vie déplorables. Le fait m'a intrigué. J'ai analysé leur comportement sur le terrain et je me suis rendu compte que la plupart d'entre eux n'étaient pas si malheureux qu'on se l'imagine. Ils avaient choisi de s'exclure de la société pour ne plus avoir à se prendre en charge. Plus d'horaires, plus de contraintes, plus de courrier, plus d'adresse, plus de soucis, plus de problèmes à résoudre ! Le SDF ne réfléchit pas à son sort, il ne pense pas à demain, il existe au jour le jour. Pourquoi perdrait-il ses cheveux ? La calvitie précoce ou non est un trouble de l'homme qui pense, pas de l'homme qui agit.

Je vous laisse en tête à tête avec cette hypothèse fondamentale à laquelle je n'ai pas encore trouvé de réponse.

Mais je dois avouer que la plupart de mes observations conduisent à cette interrogation existentielle : philosophe et chauve ou entrepreneur et chevelu ?

LES CILS

Le siège de la compassion

Associés au narcissisme primaire de l'enfant – dont on vante la longueur des cils et qui débouche sur un adulte très concerné par son image sociale –, les 200 cils qui entourent chaque œil ont une durée de vie de trois à cinq mois avant d'être remplacés. Ils durent aussi longtemps que les poils des sourcils. Les femmes qui ont des cils interminables attirent l'attention sur eux en les maquillant avec du rimmel pour les allonger le plus possible. On dit d'elles qu'elles ont des yeux de biche ou de poupée de porcelaine. Elles ont tendance à *papilloter des yeux* pour jouer les ingénues mais elles sont généralement plus rusées que naïves. Méfiez-vous des cils interminables, ils ont plus d'un tour dans leur sac et les regards qu'ils dissimulent sont parfois très calculateurs sous une apparence de candeur plus vraie que nature !

Est-ce parce qu'il s'agit d'un attribut essentiellement humain que les représentations anthropomorphiques d'extraterrestres sont dépourvues de cils et de sourcils ? On sait que les sourcils servent de signaux mais qu'en est-il des cils ? S'agit-il d'une simple frange protectrice qui entoure l'œil ? N'est-ce pas là le rôle de la paupière ?

Les races aux yeux bridés du continent asiatique n'ont pratiquement pas de cils. Les yeux sont protégés par une convexité des paupières. Plus les globes oculaires sont protubérants (on dit exophtalmiques), plus les cils sont longs et fournis. Ce détail laisse sous-entendre que les cils seraient bien une protection supplémentaire qui aurait peut-être perdu son utilité avec le développement fonctionnel de nos paupières. La longueur des cils est un détail morphologique qui interpelle surtout les femmes. Mascara et faux cils aident les petits yeux à s'agrandir ou à s'éclaircir.

La fonctionnalité des cils, si elle existe, consisterait en un signal de compassion. Les cils serviraient à retenir les larmes afin d'offrir au regard humain une humidité compassionnelle que l'on retrouve souvent chez les amoureux qui viennent d'être victimes d'un coup de foudre. Une fonction de préservation destinée à déclencher un sentiment de pitié chez l'agresseur potentiel ? Pourquoi pas ? Ce qui ferait des cils le siège de la compassion.

J'ai pu constater qu'une haute fréquence de clignements des paupières (et des cils, fatalement) révélait un personnage plus compassionnel qu'une faible fréquence de clignements. Il est vrai que ce battement d'ailes échappe à l'attention, tellement il se produit discrètement.

Frank Carlucci, l'un des acteurs majeurs de l'économie de guerre américaine, est une sorte de parrain de l'industrie militaire et un ami très cher de tous les politiciens qui se cherchent un après. Interrogé à plusieurs reprises dans le contexte d'un documentaire très critique sur le président Bush, on peut constater que cet individu qui distribue les sinécures à Washington parle sans cligner des yeux. Le regard morne et glacial du personnage en dit d'ailleurs assez long sur son absence de compassion.

Des chercheurs ont constaté qu'un staccato de clignements est consécutif à un bouleversement émotionnel ou affectif. Notamment quand une personne reçoit une nouvelle inattendue, bonne ou mauvaise.

Quand surgit un coup de foudre entre deux individus, la fréquence des clignements palpébraux s'affole toujours juste avant le premier baiser, surtout chez la femme. Le battement des cils s'associe aussi au clin d'œil.

Le clin d'œil

À la base, l'œillade peut se décrire comme « la fermeture directionnelle d'un œil ». Fermer l'œil suggère en effet que le secret n'est destiné qu'à la personne qu'on regarde. L'autre œil est conservé ouvert pour le reste du monde qui est exclu de cette intimité éphémère. On ne cligne jamais des deux yeux alternativement mais de l'un ou de l'autre œil suivant le contexte ou la personne à laquelle on adresse son œillade.

Le clin d'œil droit : le sens de cette œillade signifie « tu me plais » mais je n'ose pas te l'avouer, voire je n'en suis pas vraiment conscient. Il est vrai que la production d'un clin d'œil est très rapide et totalement irréfléchie. On peut en contrôler le mécanisme mais l'information la plus intéressante provient évidemment du clin d'œil en retour.

Celui de votre cible ! Évidemment, si un individu du même sexe que vous vous adresse un clin œil séducteur, n'allez pas imaginer que vous avez affaire d'office à un ou une homosexuel(le) si vous êtes hétéro. Le clin d'œil droit est séducteur au sens large du terme, ce qui signifie qu'il exprime aussi un message non connoté. Dans ce cas précis : « Je vous apprécie. »

Le clin d'œil gauche : il est plus compassionnel, plus complice, il traduit une connivence sans connotation séductrice. L'action dynamique du clin d'œil entraîne un relèvement subtil de la joue et de la commissure des lèvres correspondante, ce qui explique que ce geste de connivence ne s'exprime que dans un contexte de sympathie ou d'empathie.

LE COU
La nuque

La confiance en soi

Le cou est le passage obligé de connexions vitales entre la bouche et l'estomac, entre le nez et les poumons, entre le cerveau et la colonne vertébrale ou le cœur. Un conduit essentiel sur le plan anatomique dont les groupes musculaires complexes permettent de hocher, de tourner, de secouer, d'incliner, etc., la tête offrant des messages sociaux essentiels sur le plan gestuel.

Si l'on se réfère au langage symbolique du corps, la nuque abriterait le siège de la confiance en soi. En réalité, la partie du cou identifiée à ce climat mental idéal que nous recherchons tous se situe exactement à la hauteur des sept dernières cervicales de la colonne vertébrale, comme je l'ai déjà évoqué dans le deuxième chapitre. C'est dire que toute la gestuelle impliquant la nuque ne peut être reléguée au second plan.

Quand votre interlocuteur croise ses doigts sur sa nuque, il vous prévient de son besoin d'en finir au plus vite. Sa confiance en soi est déstabilisée. Dans le culte vaudou en Haïti, les adeptes croient que l'âme réside dans la nuque. Et c'est cette croyance qui aurait conduit à l'usage de colliers protecteurs contre les influences maléfiques.

En chorégraphie comme dans la pratique thérapeutique de Mathias Alexander, le cou est considéré comme une clef permettant de débloquer le reste du corps. Mathias Alexander a inventé un traitement basé sur l'idée qu'en modifiant la position du cou sur les épaules on guérit non seulement certains symptômes physiologiques mais aussi un grand nombre de conflits ou de troubles psychiques. En référence à ce que je viens de vous rapporter, il est facile de comprendre le lien symbolique que je propose entre la confiance en soi et la nuque.

En autohypnose posturale, dans la pratique des transes décharges dans lesquelles le corps est sujet à des réactions spasmodiques sans participation volontaire du sujet, la transe se termine toujours par une série d'allers-retours de la nuque. Tout torticolis est le signal puissant d'une affection banale. Si vous êtes sujet à ce genre de trouble, vous pouvez considérer que votre inconscient tente de tordre le cou à votre manque de confiance en vous. « J'ai plusieurs fois échoué dans mes entreprises et ces échecs successifs ont provoqué chez moi des torticolis en série. Je me suis toujours demandé s'il y avait un lien de causalité entre mes échecs et les torticolis. »

Ces détails m'ont été rapportés par un patient. Son cas a été à l'origine d'une attention particulière de ma part pour ce signal psychosomatique pur et dur. Qui n'a jamais eu à se plaindre d'un torticolis ? L'ennui, c'est qu'on ne se souvient jamais dans quelles circonstances le torticolis est apparu. Je me suis aussi penché sur le coup du lapin dont sont victimes certains accidentés de la route. Ils portent une minerve pour protéger leurs vertèbres cervicales fragilisées. Ceux qu'il m'a été donné d'interroger avaient tous un vrai problème de confiance en eux. Quel est le rapport avec les accidents de la route ? Le mystère demeure car j'ai aussi interrogé d'autres personnes victimes d'accidents sérieux mais qui n'ont jamais souffert du coup du lapin. Apparemment leur nuque a bien résisté au choc.

C'est en recevant, un beau matin, un étudiant (Jérôme) en situation d'échec total que j'ai acquis la conviction que la nuque était bien le siège de cette fichue confiance en soi que nous chérissons tous. Il ne cessait de répéter qu'il n'était pas digne de confiance, qu'il se méfiait de sa mémoire, de son intelligence, etc., parlant de ses qualités intellectuelles comme si elles ne faisaient pas partie de lui. Ce garçon souffrait atrocement d'une douleur chronique aux vertèbres cervicales qui avait débuté quand il avait été recalé à l'occasion de ses examens de fin d'année, en première année de faculté. Tous les examens radiologiques et échographiques réalisés étaient négatifs. Jérôme avait toujours été premier de la classe, depuis l'école primaire jusqu'au lycée. Ce premier échec universitaire a terrassé sa confiance en lui de manière brutale. Un choc frontal avec la vie adulte ! Sa confiance en lui a implosé. Il s'était construit une image d'étudiant modèle. « J'ai eu l'impression d'avoir été guillotiné, m'a-t-il confié les larmes aux yeux. Les douleurs cervicales se sont installées en l'espace d'une nuit et ne m'ont plus quitté depuis. »

La nuque est une partie essentielle du corps avec laquelle nous entretenons des rapports souvent conflictuels sans même nous en rendre compte.

Les gestes de la nuque

Je reviens tout d'abord au *croisement des doigts derrière la nuque*. *A priori*, il s'agit d'un code d'intention de la part d'un individu qui a déjà pris sa décision sans vous l'annoncer immédiatement. Vous aurez beau continuer à vouloir le convaincre, le sol se dérobera sous vos pieds. Il s'est fait une religion à laquelle il souscrira comme un seul homme, quelle que soit votre conclusion. Il simule aussi une attitude de fuite. Fuite devant le stress, imitant un besoin de détente, ou fuite devant l'autre et ses exigences. La nuque étant le siège symbolique de la confiance en soi, on y pose ses doigts croisés quand cette confiance-là est perturbée.

La main gauche ou droite de votre interlocuteur agrippe sa nuque. Paradoxe ! Cette séquence gestuelle est un code « beau fixe ». Ce geste est parfois prédictif du succès d'un entretien.

Votre interlocuteur se caresse la nuque (ou le cou) distraitement. Il soupèse les implications de votre projet.

Coudes en appui, ses mains entourent sa nuque tout en soutenant la tête. Il pose sa tête sur le billot pour ne plus devoir vous supporter. Il ne se sent pas concerné par vos propos et regrette de vous avoir consacré du temps ou de s'être dérangé pour vous rencontrer. L'attitude est aussi défaitiste.

Votre interlocuteur tend le cou de manière exagérée. Attitude que l'on retrouve communément dans le registre gestuel des premiers de la classe qui rêvent de se hisser à la hauteur du prof ou de dépasser le restant de la classe d'une bonne tête.

Il rentre le cou dans les épaules. Il ne se sent pas à la hauteur, à tort ou à raison. Beaucoup de jeunes artistes récemment propulsés sous les sunlights ont ce tic déplaisant de rentrer la tête dans les épaules quand ils chantent en public ou quand l'animateur les interroge.

LA GORGE
Le siège de la peur

La gorge serrée, elle ne peut plus répondre à la calomnie dont elle est la cible. Siège de l'anxiété selon les neurobiologistes, la gorge peut aussi être assimilée à la tristesse et à la mélancolie. « J'ai la gorge serrée » ou « J'ai la gorge sèche », dit-on quand le chagrin s'annonce, ou encore : « Il est pris à la gorge » quand les créanciers acculent un débiteur à la faillite. Un grand classique gestuel de la personnalité anxieuse consiste à porter sa main gauche en collier à la base du cou. Un geste anxiogène par excellence. Traduction : « J'ai peur de ce qui va m'arriver. »

Quelques gestes stars de l'angoisse…

Il pose son index en travers de sa pomme d'Adam. Il se coupe la gorge, littéralement. Ce geste révèle un individu en difficulté.

La main droite ou gauche en collier couvre la gorge. La main ne couvre jamais la gorge sans qu'un sentiment archaïque de peur ne remonte à la surface de la conscience. Peur d'être décapité, sans doute ! *Mais si votre interlocuteur pose souvent l'une de ses mains sur sa gorge,* ce tic gestuel peut révéler une névrose d'angoisse. *Quant aux deux mains superposées sur la gorge*, c'est un geste qui trahit un individu superstitieux à souhait. La gorge est aussi le siège caractéristique des peurs infantiles.

En conclusion, rappelez-vous que tous les gestes qui aboutissent à la nuque sont en rapport avec le degré de confiance ou de méfiance en soi ; tous les gestes qui impliquent la gorge révèlent une angoisse ou une peur quelconque.

LE CRÂNE

Doute, deuil, concentration et superstition

La région occipitale : le siège du doute

Le saviez-vous ? L'incapacité ou la difficulté à prendre une décision est souvent à la racine d'une arthrose cervicale douloureuse. Partie occipitale du crâne, le cervelet est le siège des automatismes qui soulagent les schémas volontaires. Il se situe à l'arrière du crâne.

Le fait de se gratter l'occiput découvre un climat mental envahi par le doute. Ce code gestuel accompagne également le calcul mental ou le travail de réminiscence sous tension. Comme *votre interlocuteur qui se gratte le crâne avec son stylo* en signe de perplexité. « Ai-je bien fait mon calcul ? Voyons ! »

Les pariétaux : le siège du deuil

La tristesse et la mélancolie y ont fait leur nid. *Le simple fait de soutenir sa tête à ce niveau* dénote un mental démotivé, voire démissionnaire.

Une attitude qui consiste à *se saisir de son crâne entre ses deux mains* concerne aussi les pariétaux. C'est le geste que l'on peut apercevoir chez les survivants d'une catastrophe. J'ai souvent observé ce geste dans les tribunaux. Les personnes sont assises sur des banquettes en bois, coudes en appui sur leurs cuisses, les mains plaquées sur le crâne. Elles semblent porter toute la misère du monde sur leur tête. Les pariétaux sont le siège du deuil. Le besoin d'y poser les mains répond parfois à un acte de contrition.

Les frontaux

Quand la main vient se poser sur le front comme une sorte de cataplasme, il y a péril en la demeure. L'intelligence dérape, la logique pédale dans la semoule et les portes de sortie sont verrouillées. Le moral cède la place au blues et la concentration se disperse aux quatre vents. (Reportez-vous à la section du front dans ce même chapitre).

Le vertex : le siège de la superstition

Le vertex (ou sommet du crâne) est le siège du sentiment de supériorité de l'homme, du sentiment d'humanité et peut-être d'une certaine idée de la spiritualité, par voie d'extension. C'est surtout le siège de la superstition. Touchez du bois !

Avez-vous de la chance ? Si on élimine l'intervention du hasard en tant que chef d'orchestre des bonnes ou des mauvaises fortunes, la chance peut être considérée comme un vent d'énergie positive qui dépend de votre degré d'optimisme. On se touche le crâne à défaut de toucher du bois pour se porter chance. La kippa que les Juifs portent en permanence sur le sommet du crâne est une marque de respect religieux. Elle couvre le vertex. Les chrétiens se découvrent dans la maison de Dieu, les musulmans se déchaussent. Qu'on enlève ou qu'on rajoute, il faut toujours marquer son respect du divin par un acte, un geste (le signe de croix, les mains en prière, le balancement). Obligation religieuse ou superstition ? Le vertex est le siège de l'âme humaine pour toutes les religions. Quelle que soit la croyance, la bénédiction naturelle passe par une imposition des mains de l'un sur la tête de l'autre. Il faut que l'âme demeure en son céans. Objet immatériel, l'âme existe sans preuve. Elle est parce que l'homme a besoin d'y croire. La mort ne peut être la fin de toute cette existence, il faut lui donner une suite logique, un espoir de se survivre. Un rôle dévolu à l'âme. Religion ? Superstition ?

Le corps humain est une machine tellement parfaite qu'il est difficile de croire qu'il n'est que la conséquence d'un accident de la nature. Mais surtout, il est insupportable de le considérer comme une vidange perdue. Il y a forcément une âme consignée quelque part. D'où l'importance de la superstition et surtout des religions ! Comment ? Vous ne saviez pas que les religions étaient de la superstition sanctifiée ? N'empêche qu'elles sont bien utiles quand tout va de travers et que la boussole ne trouve plus le nord !

LES DENTS
La résistance à la frustration

La frustration entraîne une augmentation du taux de stress démultipliant les réactions agressives auto ou hétéro. Mais ce que vous ignorez sans doute, c'est que la frustration est la racine de tous les accès d'angoisse irrationnelle dont vous auriez à vous plaindre le cas échéant. La frustration est la racine d'une multitude de sentiments satellites dont la jalousie, l'envie, la concupiscence, la rancune ou le besoin de se venger ne sont pas les moindres représentants. Coupez-vous de la situation ou du contexte qui alimente la frustration et vous goûterez enfin à une sérénité extraterrestre. Facile à dire mais pour y parvenir, il est souvent indispensable de remettre vos conduites en question, ce qui n'est pas gagné d'avance.

La cigarette tient une place prépondérante dans le langage gestuel. Certains individus ne se sentent pas vraiment à l'aise si leurs doigts ne sont pas occupés par une cigarette en train de se consumer. Mais pourquoi fumez-vous ? Il est aisé de répondre à cette question, il suffit d'observer subjectivement le moment où vous ressentez le besoin de prendre une cigarette. Qu'est-ce qui justifie cet appel ? La frustration !

Je m'explique : on a constaté que les individus qui résistent facilement à la frustration ne sont jamais boulimiques ou sujets à des addictions tabagiques, médicamenteuses, etc. Une expérience intéressante a été tentée aux États-Unis sur la base d'un choix élémentaire proposé à des enfants de la catégorie huit/dix ans. Il leur a été donné de choisir entre la possibilité de recevoir un bonbon immédiatement ou deux bonbons s'ils patientaient une heure de plus. Ceux qui choisissaient d'attendre résistaient évidemment mieux à la frustration que les premiers. Les deux groupes d'enfants ont été suivis durant plusieurs années. Le taux de réussite scolaire du second groupe témoin fut largement supérieur à celui du premier.

Autre constat : la plupart des enfants du second groupe pratiquèrent un sport de manière assidue contrairement à ceux du premier groupe et sont devenus, pour la majorité, des adultes non fumeurs.

À l'adolescence, le taux de tabagie du premier groupe fut largement supérieur à celui du second. Ce qui laisserait supposer qu'un haut degré de résistance à la frustration est à l'origine d'un profil de non-fumeur. Pourquoi pas d'un sevrage au tabac qui aboutit ?

Comment apprend-on à résister à la frustration ?

En cessant de mesurer la distance avant de l'avoir franchie, comme je l'ai déjà écrit à de nombreuses reprises dans mes précédents ouvrages. Je sais, ce n'est pas aussi facile à faire qu'à écrire. Je suis payé pour le savoir. Comment ne pas estimer le temps nécessaire pour effectuer une tâche quand on vous presse de terminer ce qui n'est pas encore commencé ? Comment ne pas mesurer la distance à parcourir en voiture entre un point A et un point B quand votre mari vous harcèle pour rentrer à la maison ? Nous vivons en concordance avec le temps qui passe. Temps perdu ou temps gagné ! Si la gestion du temps est synonyme d'efficacité au bureau ou au boulot, elle ne contribue pas à la qualité du travail effectué. Tout dépend du but à atteindre : efficacité ou qualité ?

Sachant que la première est comprise dans le menu de la seconde mais que la première ne contient pas la seconde. Viser la qualité d'un travail, c'est déjà exclure tout sentiment de frustration.

Plus vous enseignerez cette règle à votre enfant, plus il brossera ses dents régulièrement et sans impatience. La santé des dents dépendrait-elle de notre attitude face à cette capacité de résistance à la frustration ? Pourquoi pas ? Un protocole de recherche alliant cette capacité à l'état des dents d'une population témoin permettrait de statuer sur la question. Pourquoi ne pas faire appel à une marque de dentifrice ? Avis aux chercheurs en panne de projet de sujet de recherche.

Le conseil du psy

Plus vous mettrez de temps à vous brosser les quenottes, plus vous apprendrez à résister à la frustration. Je l'affirme. Essayez et vous verrez que j'ai raison sur toute la ligne. Celui ou celle qui néglige ses dents le fait souvent parce qu'il/elle a peur de la souffrance annoncée quand il faut se rendre au cabinet du dentiste. On reporte sous prétexte d'un fâcheux contretemps. Le seuil de résistance à la douleur est la photocopie organique du seuil de résistance à la frustration.

Avoir de jolies dents bien blanches et bien alignées est aujourd'hui un atout incontournable sur le plan professionnel. Un recruteur engagera plus facilement une personne au sourire immaculé qu'un candidat nettement plus compétent mais dont les dents sont jaunies par la nicotine ou plantées comme un cauchemar dentaire. Et il aura raison sans le savoir car il engagera une personne qui est capable d'attendre une heure de plus pour avoir deux bonbons au lieu d'un. Qu'est-ce que cela signifie ? Que le candidat aux dents parfaites sera apte à s'investir sans référence à l'aboutissement de sa carrière. Sera-t-il plus séduisant ? Sera-t-elle plus attrayante ? Bien sûr ! Le recruteur se sentira valorisé par le choix de ce candidat auprès de la société cliente, bien entendu ! Mais celui qui aura porté un appareil dentaire durant des années pour redresser son sourire, celui qui aura passé de longues minutes chaque jour pour glisser un fil dentaire entre ses dents, celui-là sera capable de résister à la frustration, inévitable quand on débute dans une entreprise. Combien de fois par jour vous brossez-vous les dents ? Combien ? Ce n'est pas assez.

LE FRONT
Le siège de l'espace-temps

Le chimpanzé a un cerveau d'environ 400 cm^3 et l'homme d'aujourd'hui de 1 350 cm^3, soit plus de trois fois le volume de celui de nos plus proches cousins. C'est cette croissance du cerveau, surtout dans sa zone frontale, qui nous a donné ce front très particulier parmi les primates, un front dont la beauté échappe à la plupart des gens qui ne voient que les sourcils qui le décorent ou les rides d'expression qui le creusent.

Une ride = une vie

Le front se plisse vers l'intérieur quand l'inquiétude surgit ; les rides du front se marquent vers le haut quand l'étonnement s'inscrit sur le visage. Des rides qui s'incrustent à demeure l'âge venant et que la mode des infiltrations de Botox peut effacer pour quelques mois. Mais les rides sont aussi les strates successives des vies vécues en une seule existence. Un nombre de vies qui n'est pas fixé d'avance d'ailleurs. Cela peut varier de une à quatre ou cinq tranches de vie distinctes. La vie imprègne le visage et les rides du front n'auraient pas lieu d'être si elles étaient insignifiantes. Comme les lignes de la main d'ailleurs !

L'homme du temps et la femme de l'espace...

Cette hypothèse du nombre de rides égalant le nombre de vies vécues l'espace d'une existence repose sur le symbolisme du front pris comme une entité indivisible. Le front est le siège du temps et qui dit temps dit espace, car ces deux notions sont indissociables et essentielles à notre perception de la vie et de la mort.

Le temps se situe dans la partie frontale droite (qui dépend du cerveau cognitif), l'espace dans la partie frontale gauche (qui dépend du cerveau affectif). À partir de ces informations-là, tout devient une question de coude privilégié en appui. *Si vous avez tendance à faire appel à la main et au coude gauches en appui pour reposer votre tête ou votre front*, vous êtes plus concerné par l'espace que par le temps ; dans le cas contraire, *la main et le coude droits en appui*, vous êtes plutôt un homme ou une femme maître ou esclave du temps. Il est plus simple d'appréhender cette deuxième proposition que la première. Le **temporel** (celui pour lequel le temps est primordial) est un individu qui mesure tout ce qu'il fait, où il va, d'où il vient, en fonction du temps qui passe. Sa vie est une horloge, voire un calendrier, dont il tient une comptabilité rigoureuse. C'est l'homme du « temps qui passe toujours trop vite », son refrain favori, la femme du « je n'ai pas le temps de tout faire ». Le temps est omniprésent dans son discours. Le **temporel** mesure toujours la distance avant de la parcourir, contrairement au **spatial** (celui qui privilégie son coude gauche en appui). Le **spatial** est un imaginatif, un rêveur, un créatif pour lequel le temps est une abstraction sans intérêt. Pour lui, il y a le matin et le soir, le jour et la nuit, l'hiver et le printemps, l'enfance et l'âge adulte. Le **spatial** aime prendre le temps de le prendre. Il déteste être bousculé pour des raisons d'horaire, ce qui fait qu'il est toujours très en avance ou très en retard à ses rendez-vous. Il ne mesure pas le temps au cordeau, comme le temporel pour lequel chaque minute compte. Le spatial a besoin d'un territoire personnel, d'un espace vital pour pouvoir exister. Plus cet espace sera confortable, plus son temps sera élastique, plus sa notion du temps sera floue et sans contrainte. Si on veut voir les choses de manière pratique, sur le plan amoureux, un couple spatio-temporel est un couple équilibré ; le couple **temporel** est un couple stressé ou carriériste ; le couple **spatial** est un couple plutôt bohème et peu concerné par la réussite professionnelle à tous crins.

Quand un sujet regarde au loin face au soleil, il privilégie la main droite pour protéger ses yeux, s'il évalue la distance qui le sépare du point de focalisation. *Il utilisera la main gauche* s'il estime le plaisir, la fatigue ou l'ennui qu'il retirera de sa balade jusqu'à ce point.

Si vous accompagnez des marcheurs **temporels** et que vous êtes un **spatial**, vous aurez vite envie de décrocher ou de les envoyer promener (littéralement). Les **temporels** ne visent que l'exploit ou le défi. Ils comptabilisent les kilomètres. Le **spatial** est un adorateur de la nature, il ne vise qu'à se goinfrer du paysage. Les clubs ou groupes de marche ou de *trekking* devraient tenir compte de cette distinction, ils auraient beaucoup moins de problèmes de communication au sein du groupe. Il faut évidemment équilibrer les deux profils pour installer une ambiance profitable à tous. Enfin, on trouve toujours plus de **spatiaux** au bistrot du village et plus de **temporels** qui pédalent sur les petites routes pour entretenir la forme.

La pêche est un sport spatial, le cyclotourisme est une activité temporelle. Les vacances sportives ou culturelles sont des vacances temporelles, le farniente sur la plage est une activité spatiale. La lecture est une activité intellectuelle spatiale. La télé est une détente temporelle. Et je pourrais continuer ainsi sur des dizaines de pages mais je gage que vous avez compris la différence entre ces deux notions. Toute activité humaine qui dépend du sablier est temporelle, toute activité humaine qui n'en dépend pas expressément est spatiale. Suivant le coude que vous privilégiez pour soutenir votre tête, votre front, votre joue ou votre menton, vous appartenez *de facto* à l'un des deux camps. Choisissez le vôtre !

Le temps logique et l'espace imaginaire

Je propose également de situer l'esprit logique et l'imaginaire. À savoir : **la logique** au niveau de lobe frontal droit et **l'imaginaire** au niveau du lobe frontal gauche. L'épiphyse ou le centre du front juste entre les sourcils au-dessus de la racine du nez serait le siège symbolique de **la concentration**. Ces attributions proviennent de l'observation des gestes en situation. Je ne les ai pas sucées de mon pouce, rassurez-vous.

Certains individus appuient le centre de leur front sur diverses parties des mains : doigts, paume, poing. J'ai eu l'occasion d'observer des centaines d'étudiants en situation d'examen écrit. Le contact physique avec le milieu du front est la norme, dès qu'ils font mine de s'abstraire du milieu ambiant.

Votre interlocuteur appuie une main (gauche ou droite) à plat sur son front, coude en appui. La main à plat sur le front symbolise la main qui frappe pour rappeler les idées en désordre.

LES JOUES

Courage, oblativité et tendresse !

Le degré d'oblativité (don de soi), le sens du bénévolat vraiment désintéressé, l'humanisme, l'indulgence ou le sens de la dérision se lisent sur les joues des gens. Évidemment, on peut aussi y lire les antonymes de ces qualités rares. La cruauté, l'égoïsme, la rancœur, la haine de la société, etc. Ne vous fiez jamais à l'homme (ou la femme) aux joues creuses qui vous assure de sa compassion car il (elle) en est dépourvu(e). Tendre l'autre joue est une conduite courageuse mais surtout oblative.

La joue droite représente le courage. La joue gauche la générosité et les deux sont le symbole de la tendresse.

Les joues creuses

Y a-t-il quelque chose de plus attendrissant que les joues rebondies d'un bébé ? Bien sûr, les joues se creusent ou se ravinent chez les seniors, enfin pas tous. Effet mécanique consécutif à la perte des dents, sans doute ; mais aussi conséquence psychoanatomique d'une culture intensive de la nostalgie du temps passé. Un amaigrissement associé à une pathologie sérieuse peut en être à l'origine. Les individus au visage carré (les types musculaires) perdent aussi leurs joues l'âge venant. Les joues creuses sont le signe d'un manque de générosité, voire d'un égocentrisme militant. Le culte de la personnalité se lit aussi sur ces visages ravinés, visages de personnages sans scrupule chez lesquels une vie de pouvoir a éradiqué les sentiments d'humanité les plus élémentaires. Les personnes généreuses gardent les joues pleines en vieillissant quelle que soit l'évolution de leur morphologie.

Les joues de la tendresse

Les mains et les joues aiment à se retrouver plusieurs fois par jour. Surtout quand la vie est ingrate et que les caresses font défaut. Quand votre interlocuteur pose son ou ses coudes en appui sur son bureau ou sur la table de bistrot qui vous sépare, notez le lieu où atterrissent les paumes de ses mains. Sur les joues ? Vous êtes en présence d'un mendiant affectif. Il a besoin d'amour, comme dans la chanson interprétée par France Gall.

Besoin d'amour dans une société qui clame son bonheur en paquet Bonux sur le petit écran. Besoin d'amour dans les magazines qui ne vivent que des indiscrétions et des infidélités amoureuses. Besoin d'amour dans une société terrorisée par les menaces d'attentats terroristes, une société qui se hait de n'avoir pas su s'aimer. Les stars embrassent le vent pour que les lèvres n'entrent pas en contact avec la peau de l'autre, genre « je t'aime, salope ! ». Difficile de concevoir à quel point les artistes se haïssent, cordialement ou non. Les amitiés sont presque insolites dans ce milieu où l'argent est le maître de tous les serviteurs.

Le seul vrai baiser d'amitié ou de tendresse est celui qu'accompagne la main sur la joue de celui qu'on embrasse. Et ces baisers-là sont rarissimes car ils prouvent la sincérité des liens ou de l'élan vers l'autre. Est-ce la raison pour laquelle la joue est aussi le lieu privilégié de la gifle ? Un signal de blessure affective profonde de la part de celui qui la donne et non de celui qui la reçoit !

Les pommettes

Parlant des pommettes sans lesquelles les joues ne seraient que des étendues de chair flasques, il s'agit ici de l'ossature qui soutient les joues. Proéminentes chez certains, elles sont à peine visibles chez d'autres. La mise en valeur de pommettes par le biais du maquillage chez les femmes est significative. Il ne suffit pas d'avoir les pommettes hautes pour ressentir le besoin de les maquiller. Cette mise en valeur d'une partie du visage traduit bien souvent un soupçon d'ambition, limite arrivisme, chez l'*executive woman* que vous croisez tous les jours dans les couloirs de votre entreprise. Ne lui en tenez pas grief ! Chacun choisit et fourbit ses armes en fonction de ses qualités, qu'elles soient professionnelles ou plastiques. Il est cependant fortement conseillé aux collègues des « pommettes rouges » de regarder attentivement où ils mettent les pieds. Elles (les pommettes turgescentes) sont assez féroces dans leur genre. Il ne faut évidemment pas conclure que la rougeur naturelle de la femme timide est un signe de carriérisme. Il est en revanche intéressant de réaliser que la reproduction artificielle de ces petites taches turgescentes qui apparaissent sur les joues ou les pommettes des adolescentes puisse ainsi changer de sens quand elles sont imitées dans un cadre professionnel. Les historiens nous rapportent que les jeunes filles proposées pour les harems dans les marchés aux esclaves se vendaient plus cher quand elles rougissaient. Les hommes considéraient la rubéfaction comme un atout sexuel.

Il est vrai qu'il existe un rapport indirect entre la capacité de rougir facilement et la lubrification du vagin. Il existe deux sortes de lubrification : aqueuse ou visqueuse. Les jeunes femmes timides, victimes de rubéfaction rapide, ont une lubrification visqueuse du vagin, beaucoup plus excitante que la lubrification aqueuse de celles qui ne rougissent jamais ou presque. Seule une expérience de terrain permet de confirmer ce genre de détail intime, évidemment.

Le doigt de Dieu

Les fossettes, ou le doigt de Dieu : les héritiers d'une lignée de rieurs et de farceurs ? Une rareté dont on ne connaît pas l'origine anatomique ou l'utilité éventuelle. On peut inférer plusieurs hypothèses :

• Tous les descendants d'un tronc commun, une tribu, un ancêtre qui a propagé cette marque distinctive. Il en existe d'autres comme les couples de nævi de part et d'autre de la bouche, les taches de naissance originales par leur emplacement, la fossette du menton, les dents de la chance, etc.

• La plupart des fossettes se marquent surtout quand le visage est souriant ou quand le sujet est prêt à éclater de rire. D'où l'idée d'une lignée de rieurs ou de farceurs. À force de rire, les joues ont gardé cette trace de cette bonne humeur permanente.

Et souvenez-vous que le fait de tendre la joue à celui qui vous veut du mal est un signe de courage et non de compassion ou de charité chrétienne. Car on tend toujours la joue droite en pareil cas !

LA LANGUE
L'instinct de conservation

La langue est un onzième doigt qui se cache dans la bouche.

Organe remarquable aux multiples fonctions, sa surface rugueuse est couverte de 9 000 à 10 000 papilles gustatives capables de détecter quatre saveurs différentes : le salé et le sucré sur le bout de la langue, l'acide sur le côté et l'amer à l'arrière. Mais la langue est aussi un organe de communication visuelle (tirez la langue !) tout en ayant un rôle capital dans le processus de la phonation. La langue est le siège de **l'instinct de conservation,** comme vous allez le découvrir. Elle préserve l'individu en lui offrant la possibilité de communiquer avec ses semblables et sert d'outil majeur à l'alimentation. Deux fonctions essentielles à la préservation de l'espèce. Une langue pour parler mais aussi une langue pour manger.

Imaginez un seul instant que l'Homme ne dispose pas d'une langue qui lui permette de s'exprimer, même si on sait que la langue n'est pas le seul intervenant en cause. Un monde du silence, un monde de signaux corporels aux significations grossières. Car si on considère la langue comme la source de la communication verbale, on peut aussi considérer qu'elle est l'un des instruments qui ont permis à l'*Homo sapiens* de survivre. Aucune société n'eût été possible sans la faculté de communiquer oralement. La richesse du langage est un facteur de préservation du genre humain. Elle a permis à la poésie, à la dialectique, à l'écriture d'exprimer les mille et un sentiments de l'Homme. Le langage est un miroir dans lequel nous pouvons admirer la supériorité de notre intelligence sur nos cousins, les primates.

Mais qui dit évolution sous-entend aussi préservation de l'espèce. Car cette langue indécente que les lèvres refoulent au fond de la bouche est aussi le siège symbolique et unique de notre instinct de conservation, une succursale de l'instinct de survie.

Survivre à tout prix

Nous sommes tous pourvus d'un instinct de survie mais certains en sont plus démunis que d'autres. Survivre, c'est vivre au-delà de l'imbécillité d'une race qui saccage sa biosphère comme un sale gosse casse le jouet qu'on vient de lui offrir. Les émissions de gaz à effet de serre, les pesticides, la pollution des mers font régulièrement la une des quotidiens mais le public se focalise sur un tremblement de terre à deux pas de chez lui : 5,1 sur l'échelle de Richter, quelques bacs riviera qui ont rendu l'âme, une heure de coupure EDF et les journalistes n'en viendront pas à bout avant la fin de la semaine. Vous vous rendez compte ? On a frôlé la catastrophe. Et pendant que le public se goberge de sa survie, la pollution se poursuit en sous-main. Les deux informations sont transmises au même niveau d'entrée, sauf que la plus grave est banalisée et rationalisée tandis que la plus bénigne est montée en épingle et « émotionnalisée ». Ce traitement à deux niveaux de l'information véhicule un effet pervers pour l'instinct de survie de l'individu. Il minore l'information la plus tragique à long terme, une situation en devenir à laquelle l'homme sera confronté un jour prochain, et place en vedette un incident immédiat sans conséquence pour sa santé ou son avenir. Dans le même temps, les téléspectateurs de France 2 se passionnent pour la destruction de Pompéi, il y a deux mille ans. Les habitants de cette ville n'ont pas vu venir la catastrophe, leur instinct de survie était hypnotisé par les intox colportées par les autorités locales de l'époque. Pompéi ne risquait rien. La Terre ne risque rien. Les gaz à effet de serre ont une incidence sur le réchauffement progressif de la planète. On l'a vu au cours de la canicule « exceptionnelle » de l'été 2003. Mais le phénomène climatique enregistré n'a tué que 15 000 vieux dans l'Hexagone. Une paille ! Et voilà comment l'instinct de survie, qui a permis à l'homme de créer une civilisation de haute technologie, est en train de tomber en désuétude. Faut-il s'en inquiéter ? Il vaut mieux s'alarmer du surendettement de quelque 750 000 ménages en France ou de l'endettement de 2 096 euros (*per capita*) de la population belge. Un autre signe du malaise lié à un instinct de survie fragilisé.

Le piercing de la langue

Dans les temples antiques des civilisations aztèques et mayas, les chamans et les grands prêtres se perçaient la langue pour communiquer avec leurs dieux. Conjurer le mauvais sort, l'échec vital ou remettre son passé en question, tel est le symbolisme de ce piercing très singulier et franchement très douloureux. Mais c'est aussi une façon comme une autre de justifier le fait de tirer la langue à tout bout de champ. Ce type de piercing a une tout autre signification que le comportement contestataire de la part d'un postado qui a oublié de grandir. Se faire trouer la langue est une manière de souffrance initiatique qui lui permettra de réveiller cet instinct de survie affaibli par les messages d'une éducation démissionnaire. Curieusement, les quelques jeunes dont je connais l'histoire et qui se sont soumis à cette initiation avaient des tendances suicidaires. Ils ne les évoquent plus depuis qu'ils se sont percé la langue. Seul ennui de ce genre de mutilation volontaire : la cicatrisation est longue et les infections sont courantes. La langue est surtout hypersensible à la douleur. Mais le jeu en vaut peut-être la chandelle, s'il est prouvé que cette mode peut diminuer le nombre de suicides chez les jeunes. Cette suggestion mérite peut-être une étude sérieuse de la part des pouvoirs publics.

Trois gestes stars

Votre interlocuteur passe régulièrement sa langue sur ses incisives supérieures, une mimique qui trahit plus un intérêt sonnant et trébuchant qu'un besoin de se laver les dents. Votre interlocuteur est très branché du… réticule.

Votre coup de cœur fait le tour de ses lèvres avec le bout de sa langue. Je trouve cette mimique indécente. Elle est pourtant assez courante et signifie effectivement que votre nouvelle conquête s'apprête à vous manger tout cru. Symboliquement, rassurez-vous ! Mais il arrive aussi qu'un tribun reproduise ce geste face à son auditoire. Le mensonge dessèche les lèvres du menteur, comme si les glandes salivaires refusaient de participer à une trahison de la vérité. Il est curieux de constater qu'on salive normalement quand on dit la vérité et que cette salivation se tarit quand on la déguise, envers soi-même ou envers les autres. En réalité, le fait de mentir entraîne automatiquement dans son sillage un sentiment de malaise ou de culpabilité, vite réprimé par la conscience du menteur. C'est ce dernier sentiment qui est à l'origine des troubles de la salivation. Mais il est vrai que le trac peut aussi produire les mêmes effets. Alors ? Trac ou mensonge ?

Enfin, *si on vous tire la langue de manière tout à fait inattendue,* c'est que vous avez droit à une salve d'honneur du pitre à bout d'arguments. Il peut aussi s'agir d'une licence qui permet de mesurer le degré de connivence entre deux individus.

LES LÈVRES

Plaisir, mensonge, colère et cupidité

Les lèvres émettent un signal sexuel puissant. Tous les gestes qui y sont associés ne dégagent évidemment pas la sensualité propre à ce signal. Cependant, le plaisir que nous ressentons lorsque nous les touchons involontairement du bout des doigts ou lorsque nous passons la langue entre les lèvres pour les humidifier est évident. Elles sont le portique de la bouche dont nous nous servons pour absorber la « nourriture plaisir ». Elles sont également le premier outil de contact privilégié dans la parade amoureuse achevée. Ce n'est pas sans raison que les femmes ont adopté le rouge à lèvres pour signaler leur présence. La bouche est le fruit du désir et les lèvres les messagères du plaisir. Les expressions gestuelles qui les concernent directement ont souvent une connotation autoaffective, voire franchement sexuelle.

La lèvre supérieure est le siège symbolique du mensonge ou de la colère, c'est selon. George « Dobeliou » Bush est-il un individu colérique ou un menteur invétéré ? Dans certaines de ses apparitions télévisuelles, on peut noter que sa lèvre supérieure demeure relativement figée alors que *sa lèvre inférieure (siège de la cupidité) se creuse normalement.* L'un n'exclut pas l'autre, Bush peut être menteur et colérique, comme bon nombre de gens, d'ailleurs. En revanche, il n'est pas aussi cupide que ses plus proches collaborateurs. On n'a pas que des défauts dans la vie. Les lèvres prises dans leur ensemble sont le siège du plaisir.

Le piercing des lèvres

La bouche et plus particulièrement les lèvres sont une partie du corps qui a un pouvoir aphrodisiaque puissant. C'est sans doute pourquoi seules les castes les plus hautes chez les Aztèques et les Mayas pouvaient orner leurs lèvres de boucles d'or pur. En Amérique centrale et en Amérique du sud, certaines tribus se perçaient la lèvre inférieure et agrandissaient le trou pour y placer des plateaux en bois. Aujourd'hui le piercing des lèvres est assez courant, il se pratique le plus souvent sur ou sous la lèvre inférieure, un signal d'âpreté ou de rapacité affiché en toute innocence. J'ai eu l'occasion d'observer un nombre important de personnes invitées en plateau et qui étaient percées sous la lèvre inférieure. Mon expérience de comportementaliste me permet de confirmer que ce piercing particulier correspond bien à des individus très déterminés dans leur recherche de profit au sens le plus large du terme. Le piercing sous la lèvre inférieure indique aussi une ténacité ou une rapacité qui ne s'encombre pas de scrupules superflus. Beaucoup de jolies jeunes femmes se font percer un bijou sous la lèvre inférieure en toute innocence. Elles correspondent peu ou prou à ce descriptif. Quelques-unes de ces jolies rapaces portent une bague au pouce droit, une confirmation du profil. Selon certaines sources, ce piercing serait également anxiolytique, voire antistress. Quand une peur panique survient, la première réaction neuromusculaire est un tremblement involontaire de la mâchoire inférieure. Dans un accès de colère ou de chagrin, la même réponse corporelle se reproduit chez la majorité des gens.

Les plis d'amertume

Il est intéressant d'observer que le genre de vie vécue par une personne se marque, avec l'âge, dans le dessin de ses lèvres. En croissant de lune tiré vers le bas pour ceux qui ont appris à cultiver l'amertume, en trait de crayon pour les individus auxquels le destin a réservé une vie aussi longue qu'un fleuve tranquille. Pour les derniers, ceux dont la vie a été une aventure, les commissures des lèvres ont une légère tendance à se relever, donnant à la bouche la forme d'un croquis d'assiette à potage. Restent les lèvres goulues, des lèvres sinusoïdales comme des vagues ourlées d'écume : ce dessin particulier est celui de la rapacité ou de l'avarice ! On ne naît pas ainsi, on le devient !

Mon ami Léon était le parangon des rapaces avares parmi tous mes amis d'enfance. Je me souviens parfaitement que le dessin de ses lèvres a évolué avec le temps et l'accumulation des millions sur son compte en banque. Quand il se vantait de sa cassette, il en bavait de plaisir. Littéralement ! Il est mort à cinquante-huit ans et n'a jamais pu profiter de son pactole. Je le soupçonne d'avoir organisé inconsciemment son décès pour ne pas se retrouver face à l'obligation de dépenser ce précieux trésor dans ses vieux jours. Dans le fond, il est mort riche.

Certaines jeunes femmes, dans la trentaine, sont déjà marquées du sceau de l'infâme amertume alors que le dessin des lèvres d'autres femmes quinquagénaires et actives laisse percevoir un redressement des commissures. Les lèvres en croissant de lune, tirées vers le bas, sont la signature du mépris ou du dégoût. La méchanceté de ces personnages est parfois perceptible dans leur comportement. Elles ont vécu une existence de frustration qui les porte à envier tout ce qu'elles n'ont pas su s'approprier.

Quand les lèvres s'effacent…

George W. Bush déborde de la couverture du *Nouvel Observateur* du 30 janvier 2003. Il pose sa main droite sur son cœur et pince les lèvres en forme d'assiette de potage renversée. L'attitude est théâtrale, voire caricaturale. Il est en train d'écouter l'hymne national de son pays. Le dessin de ses lèvres trahit une amertume inattendue chez l'homme le plus puissant de la planète. Ce type de mimique ne peut être contrefait, sauf peut-être par des comiques comme Sol ou des mimes comme Marceau au faciès très mobile. Elle s'imprime sur le visage en rapport avec le vécu. L'origine de cette amertume inscrite sur le visage du président des États-Unis ne peut être expliquée que dans la mesure où on connaît son histoire personnelle. En revanche, pour les lèvres pincées, c'est un autre débat qui s'ouvre. Il s'agit bien d'un tic gestuel et pas des moindres. La quasi-disparition de la pigmentation des lèvres confirme l'alexithymie du personnage (insensibilité aux sentiments d'autrui). Mimique des individus pudibonds ou vertueux, au choix, le pincement des lèvres exprime aussi le dégoût. On pince les lèvres de cette manière quand on ne peut pas se boucher le nez en public. Le dégoût est synonyme d'une attitude globale de rejet. La misanthropie suscite ce genre de mimique, la misogynie aussi. L'ouverture sociale commence au bord des lèvres avec les mots qui nous permettent de communiquer. La fermeture s'inscrit logiquement au même endroit. Toutes ces formes de rejet finissent par s'imprimer dans le registre mimique de la face quand un individu passe du rejet pur et simple à la violence des sentiments qu'il éprouve. Elle se métamorphose alors en cruauté contrainte, et justifiée en ce qui concerne Bush.

Le conseil du psy

Les lèvres en cul-de-poule sont l'équivalent des lèvres serrées ou effacées. Ils pincent les lèvres pour ne pas devoir se boucher le nez.

Signe de mépris pour l'insecte qui leur fait face : vous ou moi !

Pour les déstabiliser, focalisez votre regard sur ces lèvres méprisantes tout en l'écoutant ou en lui parlant, votre adversaire finira par se sentir vraiment mal à l'aise. Et vous pourriez en profiter pour reprendre la main.

LES MÂCHOIRES

La ténacité

Qui dit mâchoires dit colère avec toutes ses déclinaisons négatives comme la contestation systématique, le radicalisme, l'extrémisme, la révolte. Mais on peut aussi considérer les mâchoires comme l'un des sièges symboliques de la ténacité et de l'endurance.

Il grince des dents chaque nuit. C'est exaspérant !

Mais qui est exaspéré, en vérité ? Il est tout le temps en train de mastiquer sa colère.

La photographie rapprochée du visage de Jean-Marie Le Pen donne l'impression qu'il aboie pour tétaniser ses troupes, ce qui en soi n'est pas nouveau. Cette ouverture buccale particulière dite de la mâchoire carrée est une constante mimique du personnage qu'il s'est fabriqué.

Mais il faut aussi reconnaître la combativité et l'endurance de cet animal politique, même si on n'adhère pas à son credo.

Dans certaines régions du globe, les mâchoires proéminentes et très masculines, force des maxillaires et du menton, sont moins prononcées. En parallèle, on peut constater que les individus de ces régions (Extrême-Orient, notamment) ont une croissance moins marquée de la barbe. Y aurait-il un lien entre la mâchoire occidentale et la croissance capillaire de la barbe ?

La forme des mâchoires ne détermine évidemment pas la capacité d'endurance d'un individu. En revanche, le carburant principal qui alimente cette qualité est... la colère sublimée. Endurance ou combativité ont besoin du carburant de la colère pour retrouver du tonus. Peut-on durer sans râler contre le sort qui est contraire ou contre le temps qui prend toujours tout son temps ?

On ne peut pas déterminer le degré de ténacité d'un individu en fonction de son type de mâchoire. En revanche, la mastication discrète est un signe de colère qui est susceptible d'alimenter cette qualité.

LE MENTON
Le défi

On le dit volontaire quand il est prognathe mais sa forme est involontaire sur le plan purement morphologique. J'ai croisé plusieurs individus aux mentons en galoche qui n'étaient pas des foudres de persévérance. Alors d'où vient cette légende des volontaristes à la large mâchoire ? Elle n'est peut-être pas aussi fantaisiste qu'on serait en droit de le penser. Les profils athlétiques (dans la typologie de Kretschmer[1]) sont des individus à l'ossature lourde et saillante, au menton carré et au visage rectangulaire. Ce sont généralement des hommes ou des femmes très physiques, actifs, sportifs et surtout énergiques. Ils sont plus endurants que les deux autres types définis par Kretschmer, les pycniques (plus ronds ou trapus) ou les leptosomes (plus longilignes). Évidemment, ces typologies sont empiriques et représentent une tentative de classement psychomorphologique des individus sans véritable assise statistique.

1. Psychiatre allemand, 1888-1964.

Comme toujours, je vais donc aller à la pêche aux indices analogiques pour tenter de cerner la signification psychoanatomique du menton. Le muscle releveur du menton projette celui-ci en avant, imprimant une expression de défi au visage avec le concours du muscle buccinateur qui comprime les joues contre les dents. Quand les enfants se défient du regard dans la cour de récréation, ils amorcent toujours un mouvement qui expose leur menton aux coups hypothétiques de l'adversaire. Sous le coup de l'horreur ou d'une douleur violente, le muscle peaucier du cou tire la bouche vers le bas ou sur le côté du menton. Cette grimace est aussi lisible comme signal fruste d'ignorance.

Interdit aux moins de ...

Dans un autre registre, les bébés mordent volontiers le menton de leur maman. Une réaction relique de la tétée. Le menton ovale ou rond de la mère préfigure un petit sein que le bébé a envie de s'approprier. Cette conduite est parfaitement érotique sous d'autres latitudes et je vous conseille vivement de vous y essayer si votre partenaire a un joli menton bien dessiné. Vous lui ferez découvrir un lieu anatomique dont il/elle ignorait la puissance érotique. En dévorant son menton, vous pouvez remonter jusqu'à la lèvre inférieure et inclure cette dernière dans votre anthropophagie amoureuse.

Le signe de la chance

La fossette du menton est une curiosité morphologique au même titre que les fossettes qui marquent les joues. Les mentons à fossettes remportent toujours un certain succès, bien qu'ils soient plutôt rares dans nos régions. Une légende veut que le bébé qui naît avec ce genre de détail morphologique soit né coiffé. Les fossettes ont toujours été considérées comme un attrait du fait de leur rareté. Selon certaines légendes, elles seraient une marque de distinction divine. Rareté = chance car elle a toujours une valeur ajoutée en toutes circonstances ! Le raccourci est un peu facile. Les fossettes au menton sont encore plus rares que celles des joues. Les hommes ou les femmes qui en sont pourvus ont donc bien de la chance. Mais l'héritage de cette pliure de la peau du menton pourrait s'expliquer différemment. Je vous livre mon hypothèse. Elle repose sur un raisonnement analogique, c'est-à-dire un rapport de similitudes dont le rapprochement peut déboucher sur une partie de la vérité. Ce type de raisonnement est l'un des outils de base du travail de recherche psychoanatomique. Il vient directement après l'observation pure et dure.

En réalité, une lignée d'ancêtres obèses ou bien portants pourrait être à l'origine de cette pliure de la peau du menton. Des ascendants tout en rondeurs sous-entendent un certain confort et une aisance certaine. Des lignées de bourgeois bien nourris et fatalement en bonne santé ont donné naissance à des descendants du même bois. Et puis les rondeurs ont brutalement disparu. Une génération confrontée à l'aventure ou à l'obligation de fuir. Les rondeurs ont été remplacées par des muscles et une énergie du désespoir, la racine de la bonne fortune. D'où l'idée de la chance associée à la fossette. Car la chance n'est jamais qu'une déclinaison de certaines grâces subtiles qui accompagnent le vrai talent : inspiration, intuition, flair, opportunisme, créativité, etc. Je dois avouer que je n'ai jamais observé de fossettes au menton chez les personnes dont l'existence est un échec permanent. Dans ma spécialité, **l'observation analogique**[1] est une seconde nature. C'est d'ailleurs la raison pour laquelle je pense relativement peu. On ne peut pas observer son entourage socio-affectif, les images télévisuelles ou la foule qui déambule dans les rues et penser en même temps. L'observation est une opération extéroceptive qui exclut toute possibilité d'introspection.

---

1. L'observation analogique est une méthode d'observation comparative entre la reproduction du geste et le contexte de son apparition.

Cette interprétation de la fossette du menton va dans le sens du siège symbolique attribué à cette partie anatomique du visage : le défi. Pour braver le sort, il faut avoir du courage ; pour provoquer, il faut avoir du talent ; pour oser, il faut avoir de la chance. Et pour avoir de la chance, il faut peut-être en être doté. Navré de vous décevoir si vous êtes un fervent partisan des coïncidences et du hasard des rencontres.

Le langage du menton

Votre interlocuteur relève la tête et se caresse ou se gratte le menton d'un air inspiré.

Le simple fait de relever la tête indique un changement d'orientation dans le climat mental. Vous avez ébranlé les certitudes de votre interlocuteur. Donnez-lui du champ, si vous constatez l'intervention de ce geste dans le cours de votre entretien ! S'il vous pose des questions, c'est gagné ! Si vous poursuivez votre exposé en ignorant le signal que représente ce geste, c'est fichu !

« Il n'a pas arrêté de se caresser le menton pendant tout le temps de mon exposé. Et puis il m'a fichu à la porte de son bureau, sous prétexte d'un rendez-vous téléphonique avec un client. Je ne comprends pas ce qui a pu se passer dans sa tête. Au début, le projet avait l'air de l'interpeller », se plaint ce cadre qui n'a pas donné assez de mou à la longe de son projet.

Votre interlocuteur a tendance à désigner un objet ou une personne de la pointe du menton.

Mélange de mépris et/ou de ruse de la part d'un individu qui n'accorde du crédit qu'à ceux qui serviront de marchepied à sa carrière. Si vous constatez qu'il redresse son menton un peu trop souvent, c'est que le boulier compteur qui lui sert de cerveau calcule, ajoute, retranche, multiplie les avantages qu'il retirera de l'imbécile qui est en face de lui. Devinez qui est l'imbécile ?

« Tiens, qui voilà », semble-t-il dire en hochant la tête, menton en proue.

Jusqu'à ce jour, vous n'aviez jamais remarqué ce détail gestuel qu'il reproduit pourtant régulièrement sous vos yeux. Un comportement tellement sympathique de sa part, toujours assorti d'un sourire. Difficile de croire que ce personnage, que vous croisez chaque jour, vous signale involontairement ou non son mépris ! C'est peut-être votre patron, votre collègue du bureau d'en face, un client que vous croisez souvent dans les allées d'une foire commerciale. Et chaque fois ce hochement de la tête pour vous informer qu'il vous a vu. Non pas juste un sourire ou une œillade de connivence, ce qui signifierait complicité, mais toujours ce menton relevé, comme s'il attendait un uppercut de votre part.

Votre interlocuteur lève le menton chaque fois qu'il vous adresse la parole.

Il ne vous apprécie guère ou il vous met au défi de le contredire. Certains locuteurs en font un tic récurrent. On dirait qu'ils vont aboyer chaque fois qu'ils commencent une phrase. L'attitude est clairement agressive et votre interlocuteur recherche la confrontation.

Ne rentrez pas dans son jeu, fuyez-le ! La frustration est le seul moyen de vous faire respecter par ce type d'individu pour lequel toute relation doit déboucher sur un combat de coqs.

LA MOUSTACHE
Le sens de l'improvisation

De la moustache en guidon de vélo à la petite touffe de poils qui semble servir de chauffeuse aux narines, la moustache est avant toute chose un ornement en trompe l'œil à l'instar du maquillage adopté par nos compagnes. La moustache est l'emblème de l'animateur de proximité, enthousiaste, communicatif, convivial, familier, extraverti et appréciant l'humour. Il aime le dialogue et ne s'en prive pas. Pourquoi aucun de nos politiciens en vue (sauf Noël Mamère) ne porte la moustache du gendarme d'autrefois ? Sans doute parce que la moustache rappelle trop la IIIe République et ses représentants du peuple, proches des gens. La question reste ouverte ! La signification des différents types de moustache mériterait, à elle seule, une étude exhaustive. Il est évident que certains hommes se laissent pousser la moustache pour raccourcir un nez à la Cyrano qui blesse leur *ego* mais ce n'est pas la règle générale. Celui qui adopte la moustache adoucit souvent l'aspect angulaire de son visage et cette recherche s'accorde assez bien avec le besoin de s'ouvrir aux autres. La moustache est un postiche de comédien plus vrai que nature. Elle habille le visage nu, gomme les angles aigus, sert de collerette à un nez trop pointu. Le moustachu accro à sa touffe de poils est un caméléon, un individu plutôt versatile, infidèle mais tellement charmeur (ou manipulateur) qu'on a envie de croire à ses mensonges. Il est capable de vous offrir la lune et d'improviser pour faire semblant de tenir sa promesse. Car il a un grand sens de la débrouille, qu'on nomme aussi sens de l'improvisation. Cette qualité est typique des pays où la moustache est encore uniformément acceptée comme une parure virile. Pays arabes ou musulmans, pays du bassin méditerranéen. Mais la moustache est aussi devenue le signe de ralliement des homosexuels de New York et de San Francisco depuis les années 1970.

Toute parure de poils est un déguisement, un loup de carnaval plaqué sur un visage dont la nudité dérange. La moustache abrite la lèvre supérieure, celle de la colère et du mensonge. Atténue-t-elle la première au profit du second ? Il est vrai que les moustachus sont souvent de grands colériques devant l'Éternel. Sont-ils aussi plus menteurs ?

LE NEZ

Flair et savoir-faire !

Le nez est un appendice qui sert à respirer mais dont la forme peut vous couper le souffle.

Le nez est le siège du flair (logique), du savoir-faire (un peu moins logique) et aussi le méridien du charisme, dont le siège symbolique se retrouve dans le regard (analogique). Ce qui me fait dire qu'un nez peut sévir dans beaucoup de domaines, à condition de savoir s'en servir. Pour l'intervention du sexe, la convergence entre le nez et la sexualité procède d'un rapport biomécanique que j'expliquerai par la suite.

Je ne fais pas référence à la forme du nez : qu'il soit menu ou proéminent n'entre pas en ligne de compte. Je m'attache plutôt à sa mobilité en tant qu'acteur principal du visage. J'ai remarqué que le nez est la partie anatomique qui s'exprime de manière privilégiée chez ceux et celles à qui tout réussit. Particulièrement chez les acteurs ou les actrices de cinéma et les animateurs/animatrices qui squattent les programmes de téléréalité. Leur nez bouge, se mobilise, s'extravertit, se met en scène. En revanche, l'appendice nasal de la population lambda demeure relativement figé, quelle que soit l'expression du visage. J'ai aussi observé les participants à certains de mes stages de groupe, tandis que je leur demandais de fermer les yeux et de se concentrer sur leur nez. Mis à part un léger mouvement, dit des narines épatées, le nez de ces sujets s'appuyait sur un registre psychotonique désespérément pauvre. Nez figé, nez triste ! Il s'agissait, en règle générale, de personnes en situation d'échec professionnel ou affectif. Est-ce que l'échec et la réussite ont une incidence sur la mobilité du nez ? Il faut croire que oui. C'est au degré de mobilité du nez d'un individu que l'on peut déterminer son potentiel de réussite vitale. Ce critère est fondé, il suffit d'observer et de comparer les nez des personnages médiatiques et autres hommes de pouvoir qui encombrent la lucarne avec celui des consommateurs de votre bistrot préféré ou de vos collègues de bureau. Les nez mobiles ont toujours plus d'avenir devant eux que les nez figés. Et comme il ne s'agit pas d'un atout morphologique hérité en exclusivité mais d'une activité musculaire à la portée de tous, vous pouvez vous y mettre tout de suite.

La gym du nez

Je vais vous l'enseigner séance tenante pour vous aider à libérer votre nez, ce qui signifie aussi que vous allez réveiller votre savoir-faire, votre flair ou votre appétit sexuel dans la foulée. Faites-le bouger souvent quand vous êtes seul face à votre miroir ou tout bêtement dans la rue, si vous n'avez pas peur du ridicule. À force de lui donner de l'exercice, il finira par se délivrer du carcan éducatif qui a paralysé son expression. Les bénéfices que vous en retirerez sur le plan de la séduction, au sens large du terme, ne sont pas mesurables, ils sont incommensurables. Car un nez mobile est toujours plus séduisant qu'un nez figé, fût-il plastiquement parfait ! Il en va du nez comme des autres parties du visage que le narcissisme fige dans sa beauté glaciale chez un grand nombre d'hommes ou de femmes. M, O, P et U sont des lettres que vous pouvez articuler pour aplatir et pincer vos narines, dans un premier temps. Mais par-delà l'utilisation de ces lettres, faites tourner votre nez dans tous les sens, chaque fois que vous en avez l'occasion. La gym nasale est roborative, énergétique et libératoire sur le plan psychologique. Elle vous délivrera des sentiments polluants tels que la peur d'être ridicule ou grotesque, la peur de déplaire, l'impression d'être de trop et surtout le sentiment d'incompétence. Prenez conscience des mouvements de votre nez quand vous discutez avec votre conjoint ou vos amis, quand vous riez ou quand vous râlez. Offrez-lui une tribune pour s'exprimer et vous en retirerez très vite de tels atouts séducteurs que vous finirez par trouver sa forme originale ou plaisante, surtout s'il vous paraissait quelconque ou très moche avant de vous en soucier. Le nez de Depardieu est une horreur morphologique. Et pourtant, l'acteur a réussi à le rendre séduisant. Pourquoi ? Parce que, contrairement au vôtre, son nez est libre de s'exprimer.

Nez de l'amour, nez de la haine !

La sympathie ou l'antipathie passe-t-elle par l'odeur de l'autre ? « Je ne peux pas le sentir, celui là ! » ; « il n'est pas en odeur de sainteté » ; « avoir quelqu'un dans le nez » ; « se bouffer le nez » avant de divorcer de celui qu'on a tant aimé, etc. Ce ne sont pas les expressions idiomatiques qui manquent à l'appel pour magnifier le rôle socio-affectif du nez. Il faut croire que l'odeur subliminale intervient dans les coups de cœur, irrationnels par définition. On peut craquer pour l'odeur d'un individu ou oublier sa première impression visuelle très favorable parce qu'une odeur de trop-propre-sur-lui vient interjeter appel. Mais par-delà la fonction olfactive du nez, il y a aussi sa morphologie qui intervient.

La forme du nez peut perturber l'harmonie d'un visage, on le sait. Mais ce que l'on sait moins, c'est que le choix héréditaire d'un nez ne se fait jamais au hasard des croisements génétiques. Le nez du futur adulte est pour ainsi dire choisi en fonction d'une harmonie de critères morphopsychologiques de base, dont les racines se situent dans les émotions enregistrées à partir du stade fœtal jusqu'à l'issue du développement de l'adulte. Enfant, il ressemblera tour à tour à sa mère et à son père, à un oncle ou à lui-même en fonction des influences émotionnelles positives et négatives dont il se sera imprégné au cours de son évolution.

La morphologie du nez d'un enfant qui entre en conflit ouvert avec un parent peut se modifier en l'espace de quelques mois et perdre sa ressemblance avec le nez du parent rejeté. Mieux que cela : un enfant d'une race, d'une région du monde ou d'une culture différente, adopté peu après la naissance par des parents européens, verra certaines caractéristiques physiques, et son nez en particulier, évoluer et se transformer au contact de l'amour authentique de ses parents adoptifs, au point de leur ressembler, comme s'ils étaient ses géniteurs. Dans cette métamorphose par mimétisme affectif, le nez est l'acteur principal. C'est lui qui va évoluer vers la forme nasale du parent auquel l'enfant décide de s'identifier. Le nez de l'enfant hostile se métamorphosera de la même manière, s'éloignant de son ancienne ressemblance et allant jusqu'à modifier le reste du visage. On le voit, les choses ne sont pas aussi simples que de refaire un nez chez le chirurgien plastique. Surtout que votre nez continuera à se transformer avec l'âge... et votre besoin d'identification affective !

Le nez de Pinocchio

Je veux tordre le nez à cette présomption stupide qui accrédite que le fait de se tripoter le nez trahit le menteur. C'est archifaux. En revanche, les individus qui dissimulent souvent leur bouche à l'abri de leurs mains sont des personnes qui ont des relations très conflictuelles avec la vérité.

Dans un article publié par le magazine *VSD*, un chercheur américain prétendait que les gestes qui associent le nez trahissent le mensonge. Il fondait ses allégations sur le fait que le président Clinton touchait très souvent son appendice nasal au cours de ses interviews télévisées concernant le scandale Lewinsky. L'amalgame dans l'esprit du public est l'une des techniques d'argumentation utilisées par tous les charlatans pour accréditer leurs spéculations. Clinton a menti sur la réalité de ses rapports avec Mlle Monica Lewinsky ; Pinocchio a menti et son nez s'est allongé. Conclusion : quand un homme se tripote le nez, il ment. CQFD !

Partant de ce constat physiologique et d'une longue pratique de l'observation des gestes, il m'est apparu que le nez est souvent sollicité dans deux cas de figure distincts mais non exhaustifs : le premier concerne les allusions à caractère sexuel au sein d'une réunion entre amis ; le second révélerait un besoin de prendre du recul. L'attitude du boxeur au combat. Il me semble qu'il serait prudent d'acquitter le nez de l'accusation de mensonge au bénéfice du doute.

Le nez érotique

Une soirée entre copains ! Des blagues cochonnes comme pousse-café. Pas de nanas autour de la table pour vous donner mauvaise conscience. On est entre mecs. Tout le monde se tripote le nez en riant. Des allusions sexuelles à profusion sont à l'origine de ce tripotage de morveux. On se touche le bout du nez à la place du sexe. C'est plus convenable, même entre potes. Il faut rassurer le centre de gravité de vos plaisirs et le digne représentant de votre savoir y faire en matière de gaudriole.

Dans un contexte purement social, les indigènes du Pacifique se frottent mutuellement le nez comme nous pratiquons le baiser amical ou social. Selon l'ethnologue Malinowski cette coutume cache le besoin de se sentir mutuellement tandis que les narines respirent l'odeur de l'autre corps. Dans quelle mesure ce frottage n'est-il pas lié à l'identification du nez comme étant une représentation symbolique du sexe dans l'esprit de populations qui ont recours à de telles pratiques ?

La vascularisation du nez lors de l'excitation sexuelle rend ce dernier très sensible au toucher. J'en veux pour preuve l'augmentation récurrente des contacts entre les doigts et l'appendice nasal quand le discours des intervenants d'un plateau de télé tourne autour du sujet le plus couru depuis que l'Homme a été chassé du paradis. Faites-en l'expérience, parlez de sexe à vos amis et ils se cacheront le nez en riant ou se le tripoteront séance tenante !

Autre information peu connue : le léchage du nez du partenaire dans le contexte d'une chaude nuit d'été est une conduite hautement érotique avec effet immédiat sur la mécanique du sexe des deux genres.

Et les gestes du nez ?

Parmi les gestes qui se rattachent à la sexualité non verbalisée, on trouve la pince pouce-index en V qui cache la bouche et encadre le nez un court instant. Il s'agit là de la reproduction inconsciente d'un signe obscène d'origine arabe, dans lequel le bout du nez préfigure un phallus en érection. C'est également un geste conventionnel en Angleterre pour conspuer les arbitres sportifs. Le geste effectué sans intention de nuire indiquerait une frustration sexuelle au même titre que le bonhomme *qui vous tend un doigt d'honneur* est souvent un individu frustré, et pas forcément au sens sexuel du terme.

Si vous observez une sorte de frémissement chevalin des narines chez votre interlocuteur, sachez qu'il exprime inconsciemment son impatience. S'il s'agit d'une nouvelle rencontre, l'impatience en question indique peut-être que vous perdez un temps précieux à le (la) faire glander au lieu de passer aux choses sérieuses. S'il se caresse l'arête du nez du bout de l'index, coude en appui, tout en vous épiant du coin de l'œil, un geste plus érotique que nature, cela signifie qu'il se caresse le sexe sous votre nez, sans fausse pudeur. Le geste n'est pas exclusivement masculin.

Un nez inutile ?

Comme toutes les excroissances, il est fort sollicité par ceux qui estiment que la nature ne les a pas gâtés. Vous remarquerez aisément que les individus dont le nez se marie idéalement avec le visage ont moins tendance à le triturer dans tous les sens que tous ceux qui n'ont pas cette chance. Les porteurs de nez camards se le pincent souvent entre le pouce et l'index, ceux qui ont un nez pointu ou trop long se l'écrasent. Enfin, certains individus qui portent leur narcissisme à la boutonnière ont tendance à le signaler distraitement d'un index innocent.

Desmond Morris nous fait remarquer que le nez protubérant et charnu de notre espèce est un autre trait unique et mystérieux que les anatomistes sont incapables d'expliquer. Certains en parlent comme d'une simple variation exubérante sans signification fonctionnelle. Il est difficile de croire que quelque chose d'aussi positif et d'aussi distinct parmi les appendices des primates ait évolué sans fonction précise. Lorsqu'on lit que les parois latérales du nez contiennent un tissu érectile spongieux qui provoque l'élargissement des conduits nasaux et des narines par vasodilatation lors de l'excitation sexuelle, on est en droit de commencer à se poser des questions sur son inutilité supposée.

Il est étonnant de constater que, dans la représentation picturale des extraterrestres, les dessinateurs ne leur attribuent jamais un nez protubérant. Comme si ce détail morphologique pouvait les différencier de la race humaine. Le nez est effectivement un signe exclusif d'humanité et qui permet de distinguer les humains des animaux et des petits hommes verts. D'autre part, son usage clairement olfactif le rapproche d'un sentiment que l'homme partage avec les autres mammifères : la tendresse. La mère se sert naturellement de son nez pour établir une relation de tendresse avec son nourrisson ou son bébé. Elle le caresse et renifle par la même occasion son odeur du bout du nez. Un comportement humain très animal, ou devrais-je écrire le contraire ?

Le nez barométrique

Si vous êtes sujet à une haute fréquence de rhinites (allergiques ou non), il ne serait pas inutile de réfléchir au service que ne vous a pas rendu votre flair en vous dirigeant récemment vers une voie de garage. Un rhume n'est jamais innocent, c'est toujours un signal psychosomatique fort que vous renvoie l'inconscient pour vous signaler que votre flair a des ratés. Quand il m'arrive de donner cette explication à une personne enrhumée, elle me renvoie dans les cordes du ring. Inacceptable ou interprétation stupide d'un psy de salon. Un nez bouché n'a plus de flair, cela me paraît évident. Or, s'il n'a plus de flair, c'est peut-être une manière de signaler à son propriétaire qu'il fait fausse route ? Non ? Les quelques fois où je me suis retrouvé avec un rhume carabiné (genre sinusite, si vous voyez), je m'en suis guéri en recherchant le faux pas qui en était à l'origine.

Elle est entrée dans mon cabinet avec un nez qui coulait comme une fontaine. « Je n'irai bas au pureau », me dit-elle avec un terrible accent allemand.

Je l'ai induite en hypnose fruste pour provoquer une transe décharge d'évacuation du problème sous-jacent. Elle travaillait dans une société depuis peu comme concepteur de publicité d'affichage. La boîte était mal gérée et peu performante. Ma patiente s'en voulait d'avoir manqué de flair (c'étaient ses propres termes) en acceptant ce job. Elle a commencé à souffrir d'une rhinite chronique quelques semaines après avoir débuté dans cette société. En réalisant qu'il y avait un lien réel entre la rhinite et son manque de flair professionnel, elle a pris la décision de rendre son tablier au patron de la boîte. Son nez s'est asséché en l'espace d'une dizaine de minutes et le rhume était guéri au bout d'une demi-heure.

Plus de 80 % des rhinites sont d'origine psychogène. Trouvez le facteur déclenchant de votre rhume et vous serez guéri dans l'heure qui suit. Les maladies infectieuses des voies respiratoires supérieures (rhinites, bronchites et sinusites récidivantes ou non) sont souvent consécutives à une diminution de la résistance non spécifique qui peut être due à l'apparition d'un état dépressif passager. Toute initiative qui conduit à un cul-de-sac provoque ce genre d'état. La rhinite devient alors le premier signal destiné à faire prendre conscience du manque de flair (le nez bouché) qui a conduit le malade à cette extrémité. Pour votre gouverne, si votre nouveau copain renifle plus souvent qu'il ne se mouche, sachez que le fait de renifler, c'est aussi conserver en soi la source de la maladie qui conduit à l'échec de ses entreprises. Si j'étais vous, je réfléchirais à deux fois avant de partager sa vie ou de sauter à pieds joints dans son lit.

Les crottes de nez

Le bonhomme qui est assis en face de vous passe son temps à se triturer les trous de nez sans se demander si cette manie vous dérange. Un morveux sur pied. Crottes de nez ou pas, il vous considère comme un personnage aussi virtuel qu'une star de la téléréalité. Imaginons que vous soyez une femme et que le morveux en question soit éventuellement votre futur partenaire de jeu ! Ne mourez pas idiote ! Sachez que ce morveux affirme sous votre nez à vous son incompétence sexuelle en fourrant ses doigts dans le sien. Il n'est pas impuissant, rassurez-vous, mais parfaitement incapable de vous offrir du plaisir pour le même prix, genre deux en un. Vous ne représentez rien d'autre à ses yeux qu'un vagin sur pattes. Son savoir-faire sexuel avoisine le zéro absolu.

Autre interprétation, autre contexte ! *Elle se cure constamment l'orifice du nez d'un auriculaire aérien.* Handicapée par un complexe de supériorité identifiable dans les cinq premières minutes de votre rencontre, votre interlocutrice a la fâcheuse tendance d'entrer en conflit avec tous ceux qui l'approchent d'un peu trop près. Gardez vos distances !

Il se cure les narines avec l'index, ce qui révèle un mépris total pour les règles qui régissent les rapports sociaux. Il rate en général beaucoup d'occasions par excès d'impatience dans la mesure où ce tic gestuel trahit bien souvent un manque de persévérance.

Se curer le nez m'est pas toujours un geste polluant, s'il est reproduit en privé ou en solitaire. C'est une conduite de toilettage dont l'objectif inconscient consiste à se débarrasser de ses pensées parasites. Le rapport symbolique entre les crottes de nez et les pensées parasites vous apparaîtra pleinement justifié, sans qu'il soit besoin d'en valider l'exactitude. C'est tellement évident ! Si vous vous surprenez dorénavant en train de vous curer consciencieusement le nez, vous saurez qu'il est urgent de faire le ménage dans vos pensées vagabondes.

Le conseil du psy

Pour conclure ce tour de piste consacré au nez, souvenez-vous que l'on se le gratte, en règle générale, pour exprimer perplexité ou hésitation, comme si le flair n'était pas au rendez-vous. Simple réaction de stress face à une situation d'incertitude en somme, et non comme prétendent certains chercheurs malavisés qui affirment haut et fort que seuls les menteurs se le tripotent. Le nez de Pinocchio a encore de beaux jours devant lui. Et n'oubliez pas votre séance quotidienne de gym du nez, si vous voulez remonter les bretelles à votre savoir-faire ou dégager votre flair !

Les nez troués

Le piercing des narines est supposé avoir pris naissance au Moyen-Orient il y a presque quatre mille ans. De là, il se serait étendu à l'Inde au XVIe siècle, où il a été rapidement adopté dans les castes nobles. Le type de bijou porté pouvait servir à distinguer la caste et la position sociale à laquelle appartenait le porteur du piercing.

Ce piercing a été importé dans l'Ouest par les hippies, amoureux des Indes, dans les années 1960. Il a été adopté ensuite par les punks dans les années 1980 jusqu'à devenir tout à fait populaire au cours de ces dernières années. Narine gauche pour les filles ou les fils à maman, narine droite pour les fils et filles à papa ? Le fait est que cette mode de la narine percée se remarque plus souvent du côté gauche que du côté droit et jamais des deux côtés à la fois. Il s'agit bien d'une identification latéralisée à l'un des deux parents mais elle indique peut-être plus le rejet inconscient de l'image parentale désignée. Cela étant, le piercing des narines débouche aussi sur un symbolisme bien plus explicite.

La narine droite est la narine privilégiée par les hindous. Elle symbolise la spiritualité, la chance, l'intuition ou la fatalité du destin. Si vous ne le savez pas, un fataliste prend la vie comme elle va tandis qu'un philosophe (un peu épicurien) prend la vie comme elle vient.

Choisissez votre camp et votre narine !

La narine gauche symbolise le plaisir, la générosité, l'humour et l'indulgence. Un piercing dans cette narine est un gage de bonheur sur terre, à défaut d'une place au paradis.

Le piercing du septum nasal est effectué dans la cloison centrale du nez. En Nouvelle-Guinée, les Papous y portaient un bijou en os ou en bois. On y perce souvent un anneau en forme de fer à cheval, un porte-bonheur qui symbolisait à l'origine les organes génitaux de la femme. Autrefois, le fait de l'accrocher au-dessus de la porte d'entrée de la maison était un moyen d'éloigner le Malin en l'empêchant de regarder dans la maison. Il est devenu par la suite un symbole de fécondité.

La racine du nez est le siège gestuel et symbolique de la colère, il est aussi celui du savoir-faire et de l'efficacité. Serait-ce un excellent remède pour calmer les coups de sang des jolies filles colériques ? La colère est une énergie explosive et massive. Sublimée, elle devient le substrat de l'efficacité. Voilà le rapport qui relie le tempérament atrabilaire et la qualité de savoir y faire. Hélas, ce piercing est bien trop rare pour pouvoir confirmer le diagnostic que je propose.

Puisqu'il faut conclure...

Flair et savoir-faire ont toujours été colocataires. Ces deux qualités ne sont pas héréditaires. On les acquiert à force d'observation, d'écoute et de réflexion. Ce qui signifie que tous ceux qui voient au lieu de regarder, tous ceux qui entendent au lieu d'écouter et tous ceux qui pensent au lieu de réfléchir, tous ceux-là sont exclus du flair et du savoir-faire. Or, le savoir-faire n'est jamais qu'un rejeton acquis du talent inné.

LES OREILLES
Égoïsme et revendication

L'oreille droite est le siège symbolique de l'égoïsme. Dépossédé, sans travail, sans perspectives, blessé dans son orgueil ou dans sa fierté, l'égoïste se punit parfois en somatisant sa frustration dans une affection de l'oreille droite. Mais le plus intéressant consiste à observer les individus qui se palpent le lobe de l'oreille droite, dès qu'on leur demande un effort bénévole. Ce tic gestuel est la marque de fabrique de l'égoïste patenté.

L'oreille gauche est l'un des sièges psychoanatomiques de la revendication. Être spolié, castré, sevré d'une satisfaction souvent légitime ou considérée comme telle, être exclu, rejeté, mal aimé, victime de l'indifférence, tous ces cas de figure génèrent parfois des pathologies de l'oreille gauche du type surproduction de sébum, douleurs atypiques de l'oreille interne, boutons de fièvre récidivants à l'intérieur du conduit auditif ou bouchons de cérumen à répétition. Le contexte psychogène de ce genre d'affection n'est jamais pris en compte par les spécialistes. Il est vrai qu'il n'existe aucune solution de type psychologique pour déboucher une oreille. La palpation du lobe de l'oreille gauche est un signal distinct de frustration que j'ai eu l'occasion d'observer chez de nombreux **revendicateurs** dont l'insatisfaction transpirait par tous les pores de la peau.

En matière de séduction, le symbolisme des oreilles est pris en otage par la sexualité. **L'oreille gauche** devient le siège symbolique du fantasme. **L'oreille droite** se métamorphose en siège de l'érotisme. Les lobes ajoutent un sens plus précis à chaque oreille. **Le lobe gauche** représente le fantasme mais aussi le « délicieux » sentiment de culpabilité. Un anneau unique à l'oreille gauche est révélateur d'un sujet fantasmatique et ambigu. **Le lobe droit** est synonyme d'érotisme et aussi d'opportunisme, un couple de critères qui s'assemblent idéalement. Un anneau unique à l'oreille droite trahit le libertin.

Les lobes, pris dans leur ensemble, sont le siège de toute sensibilité jusques et y compris l'excitabilité érotique, évidemment.

On peut en déduire le conseil suivant : si votre amie vous mordille le lobe de l'oreille droite, il faudra que vous preniez l'initiative pour passer aux choses sérieuses. Si elle vous mordille le lobe de l'oreille gauche, laissez-vous faire, pour autant que vous êtes décidé à succomber.

Les oreilles en portemanteaux

Elles ne sont pas toujours un atout plastique mais il est rare qu'on en fasse grand cas en tant que critère de beauté. Certaines créatures splendides ont les oreilles aussi décollées que Dumbo l'Éléphant sans que nul ne s'en aperçoive. Les oreilles sont les portemanteaux des boucles qu'on y accroche pour rehausser la beauté d'un visage. Des anneaux de belle taille sont suspendus aux lobes des oreilles de cette jolie femme que vous épiez du coin de l'œil... Plus les boucles d'oreilles sont grandes, plus elles trahissent une frustration affective, voire sexuelle. Le désir est au rendez-vous mais le plaisir lui a posé un lapin, en quelque sorte. Navré de vous couper l'herbe sous les pieds ! Évidemment, si vous lui posez bêtement la question, la dame aux boucles rondes vous dira que l'auteur raconte n'importe quoi, qu'elle est parfaitement satisfaite de sa vie amoureuse. Vous lui avoueriez qu'il vous arrive d'éjaculer précocement ? Au fil des années de pratique psychothérapique, j'ai repéré un lien de causalité entre l'anorgasmie (incapacité d'atteindre l'orgasme) et le fait de porter des anneaux d'oreilles de plus en plus larges. Les boucles en pendentifs sont aussi significatives d'une demande larvée de pénétration sexuelle. Comme on le voit, les boucles d'oreilles ne sont pas uniquement des colifichets innocents. Il m'est arrivé de me trouver confronté à une animatrice de télévision qui portait justement ce genre de boucles en pendentifs. Il était prévu dans le conducteur qu'elle m'interroge sur ce détail « croustillant ». Elle a prudemment éludé le débat. Anneaux ou pendentifs sont les seules formes de boucles vraiment significatives. Les oreilles parfaites sur le plan esthétique sont rarissimes. Cependant, si vous avez de jolies oreilles de l'avis de votre entourage, je vous conseille de vous couper les cheveux très court afin de les dégager et de les exposer à la vue de vos admirateurs. Choisissez aussi des boucles d'oreilles qui attireront l'attention sur leur forme parfaite sans les surcharger !

Du sexe à l'oreille

Desmond Morris note qu'on a enregistré des cas d'individus, mâles aussi bien que femelles, qui parviennent bel et bien à l'orgasme à la suite de stimulation de lobe de l'oreille. Il est vrai que des observations récentes ont montré que durant les moments d'excitation intense, les lobes enflent et se gorgent de sang. Un afflux sanguin qui les rend évidemment très sensibles au toucher. Selon le rapport Kinsey, il existe des cas rares où un homme ou une femme ont atteint l'orgasme à la suite d'une stimulation des oreilles.

Dans le droit fil de ce qui vient d'être rapporté : *si une belle inconnue dont vous venez de faire la connaissance se caresse distraitement le lobe de l'oreille entre le pouce et l'index,* elle vous confie son vice favori : la masturbation librement consentie. Quand un homme reproduit le même geste dans un contexte de séduction, il évalue ses chances de vous séduire. Changement de sexe ! Changement de sens !

J'avais une amie qui adorait que je lui mordille les lobes d'oreilles. Ils étaient tellement sensibles qu'ils se gorgeaient de sang dès qu'elle était excitée. Chaque fois qu'elle se rendait chez son coiffeur et que ce dernier la mettait sous le casque, elle avait un orgasme dû à la chaleur émise par l'appareil. Ses oreilles viraient au rouge vif et elle se mordait les lèvres pour ne pas crier son plaisir en public.

Les oreilles trouées

Les oreilles sont de loin l'endroit le plus commun que l'on perce à tire-larigot. On perce les oreilles des petites filles pour faire plaisir aux grands-mères ou aux tantes à héritage qui ont offert ces fameuses boucles d'oreilles en or plus kitsch que géniales ; des boucles que les petites filles s'empressent de perdre, d'ailleurs ! Autrefois, ce piercing aurait pu permettre de distinguer une personne riche d'une personne pauvre, mais ce n'est plus le cas. Les marins se perçaient l'oreille, on supposait que cette coutume améliorait la vue. Les Romains, quant à eux, associaient ce piercing à la richesse et au luxe. Les oreilles sont aussi un symbole subtil du pouvoir de séduction. Même décollées, on a souvent tort de les cacher sous ses cheveux car, même si elles ne vous plaisent pas, vous pouvez toujours les habiller de bijoux percés pour les rendre plus attrayantes.

L'oreille au téléphone

Je reviens sur un refrain gestuel fondamental déjà évoqué dans plusieurs de mes ouvrages. À savoir le choix involontaire de l'oreille qui écoute au téléphone. L'oreille que vous privilégiez détermine votre mode de communication : introverti ou extraverti.

Il est important d'en prendre conscience pour apprendre à tirer avantage des atouts d'une communication introvertie sans en subir les travers. De même en ce qui concerne la communication extravertie.

L'oreille droite est rationnelle puisqu'elle dépend du cerveau cognitif. L'oreille gauche est émotionnelle puisqu'elle dépend du cerveau affectif.

L'oreille réceptrice droite identifie un individu dont la communication est extravertie. L'oreille réceptrice gauche identifie un individu dont la communication est introvertie. En somme, cela revient à dire : « Dis-moi comment tu m'écoutes et je te dirai comment tu communiques[1] ». Comme tous les bons comédiens, le président Bush (encore lui) communique sur le mode introverti : il communique

1. Je vous renvoie à mon livre précédent : *Les Gestes du succès, les mots de la réussite*, First Éditions.

par le canal de son *ego* au lieu de communiquer avec son correspondant.

Ce qui me donne à penser que le vrai pouvoir n'est pas entre ses mains mais entre celles de Dick Cheney et peut-être aussi celles de Bush père. Mais il est vrai que cette remarque repose sur l'observation d'une série d'images télévisuelles et d'attitudes gestuelles typiques du pouvoir.

Rappelez-vous que le revendicateur se tripote toujours l'oreille gauche et que l'égoïste se tripote l'oreille droite. On peut évidemment être abonné à ces deux critères de comportement : revendicateur et égoïste ! Car il existe aussi des revendicateurs sociaux qui interviennent pour préserver les droits de la communauté. On les appelle des syndicalistes !

LES PAUPIÈRES
Le siège (possible) du bonheur

Il faudrait convaincre les hommes du bonheur qu'ils ignorent, lors même qu'ils en jouissent.
Montesquieu

Un vœu pieux de la part d'un homme qui a vécu dans le courant de libération des esprits du XVIIIe siècle. Partant d'un verbe irresponsable (falloir) dont le sujet est inexistant, verbe conjugué au conditionnel, un temps qui n'appartient qu'à ceux qui ne croient pas en l'avenir, la formule est d'une rare stupidité. Toutes les figures de l'Histoire ne sont pas des génies. Comment peut-on jouir d'un bonheur qu'on ignore à moins d'avoir trois ans toute sa vie ? Quelle frustration, quelle castration que cette profession de foi qui se veut aphorisme. Vous jouissez d'un bien dont vous ignorez que vous en êtes le propriétaire. Montesquieu se projette, se regarde dans le miroir social de son époque et décide à l'unanimité du bonheur de tous les ignorants qui le croisent. Que voilà un philosophe enguirlandé comme un sapin de Noël ! Il a inventé la langue de bois. Encore un bourgeois gentilhomme qui faisait de la prose sans le savoir.

Et les paupières ?

Les paupières ont pour mission de protéger les globes oculaires des agressions venant de l'extérieur mais aussi de nettoyer l'œil de ses poussières. Des rideaux de chair et de muscles qui se referment régulièrement comme des capots de Volkswagen Coccinelle. Les paupières closes et tout devient noir, le regard cesse de « s'extravertir ». Les paupières s'ouvrent et le monde existe à nouveau. On ne réalise jamais assez l'importance des muscles palpébraux. Si vous étiez incapable de fermer les paupières, vous ne pourriez plus dormir et vous pourriez même en mourir. Les gens qui dorment les yeux ouverts sont victimes d'une pathologie hystérique rarissime.

Les sujets réceptifs à l'hypnose, induits en transe somnambulique, conservent les yeux ouverts mais ne voient que ce que l'opérateur leur suggère. Si l'opérateur abandonne son sujet hypnotisé pendant un court instant, les paupières de ce dernier ont tendance à se refermer. Il ne faut pas oublier que l'état somnambulique est une altération de la vigilance, un stade du sommeil paradoxal (la phase du rêve nocturne). Il est logique que les paupières se ferment en l'absence de *stimulus* visuel et fantasmatique suggéré par l'opérateur.

J'ai proposé un jour à un groupe d'individus de leur apprendre à obtenir un verrou réflexe des paupières, c'est-à-dire une incapacité volontaire de rouvrir les yeux après les avoir fermés. Il s'agissait d'une conférence d'information sur l'autohypnose, une discipline que j'ai utilisée et enseignée pendant de nombreuses années. Le verrou des paupières est le stade fruste d'un état de conscience marginale. Le sujet demeure conscient de ce qui se passe autour de lui mais est virtuellement incapable d'ouvrir les yeux, sauf en cas de danger. Tous les membres du groupe ont accepté de se soumettre à l'expérience, même les plus réfractaires... en paroles. Il m'a fallu moins de dix minutes pour induire cet état hypnoïde avec un résultat de 60 % des personnes présentes. Six personnes sur dix ont atteint le stade dit du verrou oculaire involontaire. J'ai donc suggéré à chacun d'entre eux d'accepter la clef de verrouillage et de déverrouillage sur un mode numérique : « 1-2-3 » pour verrouiller et « 3-2-1-0 » pour déverrouiller. Le déverrouillage a fonctionné avec tout le monde sauf une jeune femme dont le verrou oculaire est resté bloqué.

« Que ressentez-vous ? » lui ai-je demandé aussitôt. Elle se sentait parfaitement bien, coupée du monde et des nombreux problèmes qui sabotaient la vie. Elle a fini par avouer devant tout le monde qu'elle souhaitait que ses paupières ne s'ouvrent plus. « Ne plus devoir affronter le regard des autres est un vrai bonheur, avoua-t-elle sans rougir. Si vous saviez quel effort j'ai dû consentir pour venir à votre conférence. » Ses yeux ont fini par s'ouvrir spontanément au bout d'une vingtaine de minutes. L'acquisition de ce verrou oculaire l'a transfigurée. Elle s'en est expliqué par la suite, dans le cadre d'un stage : « Le verrou des paupières n'est pas une simple fermeture des yeux mais un blocage réflexe qui me donne le sentiment d'être coupée du monde. Je me sens protégée comme l'autruche qui cache sa tête dans un trou. Je sais bien que je ne suis pas invisible mais ce verrou oculaire me donne l'impression d'une immersion en sécurité à l'intérieur de moi. Et pour moi ce sentiment de sécurité est une des formes du bonheur. Mes paupières me protègent de l'agression des images extérieures, de la laideur du monde... et de la méchanceté des adultes. »

Le cas de cette jeune femme était étonnant mais elle a assez bien résumé le rôle de ces paupières dont nous ne nous préoccupons jamais. Elles fonctionnent sans faille jusqu'à la fin de la vie et assurent le vrai bonheur qu'on nomme parfois le rêve et le sommeil.

Le temps : l'ennemi du bonheur

Fermer les yeux, c'est retrouver son univers personnel, ce jardin secret qu'on ne partage avec personne. La source du bonheur est en soi, je suppose que vous le saviez depuis toujours mais il n'est pas inutile de le rappeler, de temps à autre. Cependant, pour toucher du doigt ce sentiment impérial, il faut gommer la notion de temps qui vous oblige à toujours progresser malgré vous. Le temps tue le bonheur car il oblige l'Homme à mesurer ses efforts. Les paupières closes se moquent du temps qui passe. L'horloge biologique interne se cale sur le temps de l'univers interne dès qu'elles se ferment et non sur celui de la montre ou de l'univers externe. Le temps accélère ou ralentit en fonction de la manière dont on le gère. En fermant les yeux, le temps s'efface au profit d'une expansion immédiate des espaces du mental : celui du ressenti, du rêve ou de l'imaginaire. Le vrai bonheur pousse dans ces champs-là !

LES PUPILLES

Le siège de la vérité et de l'authenticité

Représentants de nos émotions et du regard de l'âme, les yeux peuvent beaucoup pour ceux qui savent s'en servir. Ils interviennent tout le temps dans le registre de la communication interindividuelle. Il n'est cependant pas toujours aisé de traduire certaines intensités par des mots. En revanche, les réactions de nos pupilles sont étonnantes. Je citerai encore Desmond Morris :

« *Il y a des centaines d'années, les courtisans italiens utilisaient une drogue extraite de la belladone qu'ils se mettaient dans les yeux pour dilater leurs pupilles. On disait, à l'époque, qu'elle rendait plus beau, c'est pourquoi on l'appelait la* bella donna, *littéralement : la jolie femme. Un exemple plus récent nous vient des marchands de jade dans la Chine prérévolutionnaire qui se mirent à porter des lunettes noires pour dissimuler la dilatation de leurs pupilles excitées par un beau jade qui leur était présenté. Auparavant, les joailliers surveillaient avec soin la dilatation des pupilles de leurs clients afin de hausser les prix ou de les abaisser suivant le diamètre adopté par les pupilles de leur client. »*

Les réactions sexuelles ont été testées de la même manière dans le cadre d'une expérimentation scientifique. Des photos de nus masculins et féminins ont été présentées à des hommes et à des femmes. On a constaté que les homosexuels, pris dans leur ensemble, ont eu une réaction dilatatoire de la pupille lorsqu'ils voyaient le corps nu d'un membre de leur sexe alors que les hétérosexuels avaient une réaction positive vis-à-vis des clichés féminins et répulsive en ce qui concernait les clichés masculins.

Sachez encore que les alcooliques, les fumeurs d'herbe ou de chanvre indien ont toujours les pupilles dilatées quand ils sont sous l'emprise de leur drogue. Les pupilles d'un psychotique en crise se rétractent à la taille de têtes d'épingle. C'est ce qui donne à leur regard cet aspect caractéristique, complètement vidé de toute substance. Cette rétraction maximale des pupilles signale que l'activité imaginaire est quasi nulle. *A contrario*, une activité émotionnelle intense se traduira par une dilatation progressive des pupilles.

La dilatation des pupilles est une expression du désir massif ou du plaisir qui suit l'assouvissement de ce désir. Il est impossible de la contrefaire. Cette réaction est biomécanique et dépend essentiellement du système limbique, celui qui commande à vos émotions. Voilà pourquoi les pupilles sont le siège absolu de la vérité toute nue et la prunelle des yeux. C'est le premier détail auquel vous devez être attentif dans une rencontre professionnelle. La variation du diamètre de la pupille peut être très subtile mais elle se modifie toujours selon les fluctuations du mental. Je vous déconseille de vous focaliser sur les yeux de votre interlocuteur quand vous lui parlez. En revanche, ne lâchez plus ses pupilles des yeux dès qu'il prend la parole à son tour. Avec un peu d'entraînement, vous saurez quand il ment ou quand il dit la vérité avec une marge d'erreur infinitésimale.

Le siège de l'âme

Imaginez des iris sans pupilles ! Pas facile, hein ? Et pourtant, l'iris sans pupille est l'œil du diable. La pupille est l'excroissance anatomique de l'âme humaine, d'où son rapprochement symbolique avec la vérité et l'authenticité. Avec l'expérience, vous constaterez qu'un nombre très restreint de vos amis, collaborateurs ou clients sont des individus authentiques. Ils expriment leurs sentiments sans les ressentir : « J'adore littéralement ce mec ! » dit-il. Certifié sincère et conforme en paroles, mais en paroles seulement, car les pupilles sont rétractées. Leur diamètre n'a pas varié d'un iota. « Votre projet est formidable. Je suis certain que la direction sera emballée. » Il parle sans savoir, sans y croire, car le diamètre de ses pupilles ne varie pas d'un dixième de millimètre. Le regard n'est pas à la même température que le sourire carnassier qu'il vous sert en prime de ses assurances frelatées. Vos pupilles ne peuvent se dilater que si vous ressentez sincèrement ce que vous dites. L'authenticité est à ce prix, la vérité aussi. Ou alors, arrangez-vous pour rester dans la pénombre pour mentir. Les pupilles se dilatent quand la lumière baisse. Mais l'expression de votre regard risque de vous trahir, malgré la dilatation des pupilles. Les choses ne sont pas aussi élémentaires qu'il y paraît. Désolé.

LE REGARD
Le siège du charisme

Les yeux ne représentent rien sur le plan psychoanatomique, si on les dissocie des expressions du regard. Sachant aussi que les pupilles sont les ambassadrices de l'âme et le siège symbolique de la vérité, que représente le regard ? Un ensemble qui additionne l'orientation des yeux à la couleur des iris et aux mouvements de dilatation ou de rétraction des pupilles. Dès lors, le regard est une entité anatomique à part entière dont les expressions trahissent des sentiments qui peuvent être traduit en mots. Ceux de mes lecteurs ou lectrices qui ont déjà observé le regard d'un mort sans y mêler leurs émotions (je sais qu'ils sont peu nombreux) comprendront mieux le rôle du regard dans l'approche charismatique. Car qu'est-ce que le charisme, en réalité, sinon un pouvoir de séduction qui touche directement les émotions d'un interlocuteur ou du plus grand nombre. Et le vrai pouvoir de séduction charismatique est oblatif. Généreux, si vous préférez ! Il s'agit d'un regard qui observe l'autre sans y mêler les pensées parasites d'un *ego* surdimensionné ou d'un sentiment de pouvoir quelconque.

Le regard allocentrique

On apprend à discipliner son regard. Un regard qui subjugue est le regard d'un individu qui a réussi le tour de force de se débarrasser entièrement de la pollution de son propre *ego*, lorsque les yeux se posent sur l'autre. Il est curieux que nous adoptions tous ce type de regard, le plus naturellement du monde, quand il nous arrive d'admirer un paysage ou une toile de maître. Un acteur de talent est capable de produire ce **regard allocentrique** sur commande. Le regard allocentrique accroche la lumière d'une manière très différente de son contraire : le regard égocentrique. C'est, comme nous le verrons par la suite, un regard extraverti.

Le zapping visuel

90 % des informations passent par nos yeux et surchargent notre vision binoculaire tandis que la conscience trie la signification de chacune de ces images multiples. Le zapping visuel est un comportement typique de citadin dont le regard est sursollicité, voire saturé, d'images mobiles et de rencontres inopportunes. Il faut éviter de croiser

le fer avec des inconnus, telle est la règle. Le regard de l'autre est insupportable car il est perçu comme une véritable inquisition de l'âme. Vous remarquerez que, quand vous discutez avec un inconnu, vous ne le fixez jamais dans les yeux. Votre regard balaye globalement son visage ou s'échappe hors champ. Si on vous demandait quelle est la couleur de ses yeux, vous seriez bien en peine de répondre. Le balayage visuel ne s'attarde pas sur ce genre de détail. On ne scrute pas le regard d'un interlocuteur sans créer un climat malsain. S'il vous arrive, en tant qu'homme, de croiser une jeune femme dans la rue et d'accrocher son regard, vous y lirez une interrogation fugitive avant qu'elle n'esquive votre regard pour conserver sa distance de sécurité.

Et de tous les gestes, le regard est sans équivoque possible le plus éloquent des miroirs de l'âme. Il est très difficile de décrire précisément les métamorphoses soudaines du regard. Il en émane toujours quelque chose de surnaturel. L'œil qui reçoit les images émet en permanence un reflet de l'atmosphère réactionnelle qui prévaut dans la conscience individuelle.

La loi de l'autruche

Regards moqueurs, paniqués, fuyants, faussement indifférents, gênés, satisfaits ou quémandeurs, curieux, tendres, aguicheurs, gourmands, jaloux, concupiscents, atones, vifs ou vides, etc. Ils sont bien trop nombreux pour être classés de la même manière que les gestes. De plus, le regard change constamment de contenu à l'insu de la conscience. Il représente à tout moment la synthèse de l'attitude mentale réactionnelle d'un individu face à une situation donnée. Il faut apprendre à observer le regard de ses interlocuteurs tout en se baignant dans leur discours pour réaliser la richesse de ses expressions. Le regard fuyant ou détourné est la norme quand il vient à croiser celui d'un ou d'une inconnue. Un regard appuyé est perçu par l'autre comme un viol de son territoire.

« Pourquoi me regardes-tu comme ça ? » est une formule consacrée, au sein du couple. Un regard perforant du mari est souvent mal interprété par son épouse et *vice versa*. Il génère un sentiment de culpabilité (ir)rationnelle. Les mouvements oculaires nous permettent de situer le processus mental qu'utilise notre interlocuteur. Les mouvements d'yeux précèdent toujours la formulation verbale. Ainsi, la femme amoureuse boit littéralement son compagnon du regard, tandis que ce dernier, gêné d'être l'objet d'une telle admiration, tente de masquer sa confusion en additionnant des kilomètres de phrases pour échapper à l'hypnose qu'elle lui fait subir. En règle générale, nous zappons tous pour éviter la confrontation oculaire avec nos interlocuteurs, fussent-ils nos proches. Cette attitude réflexe, largement répandue, confirme le rôle fascinateur du regard. La majorité des interlocuteurs s'entretiennent sans que les regards s'accrochent. Ils se croisent et s'évadent vers un point de focalisation externe, non gênant pour l'autre.

Les mots suffisent à l'échange. Le décryptage du regard en parallèle du discours serait considéré comme un parasitage de l'entretien. Les mouvements du corps servent d'animation gesticulatoire et insignifiante à l'échange mais ne doivent en aucun cas être traduits. On se fie au sens littéral du langage sans la moindre initiative d'analyse psycholinguistique. Telle est **la loi de l'autruche** qui prévaut en matière de communication.

Le regard qui tue

Un artiste qui interprète techniquement une chanson aura un regard introverti, c'est-à-dire un regard tourné vers l'intérieur. Ce type de regard est dénué de brillance, c'est-à-dire d'émotion. C'est le regard anticharismatique par excellence. Quelle que soit la maîtrise vocale qu'il possède, l'artiste perdra progressivement la cote d'amour de son public. C'est l'un des critères qui interviennent dans des crochets télévisuels comme la *Nouvelle Star* ou la *Star Academy*, dans lesquels le public est invité à éliminer les concurrents, et dans toute émission de téléréalité fondée sur le même principe de nomination des candidats.

Si le public peut lire dans le regard d'un artiste une trop grande assurance, voire une forme d'arrogance, il le rejettera tôt ou tard ou le sanctionnera en boudant ses disques ou ses films. Le public a besoin de sentir la fragilité de son idole pour pouvoir l'apprécier et se sentir proche d'elle. On comprend mieux l'utilité de la presse « pipole », celle qui engrange des bénéfices en s'étalant sur les malheurs de Sophie. C'est bien la raison pour laquelle le public aime les victimes et non les conquérants. « Il a eu un accident, comme moi en 19..., tu te rends compte ? » Les anonymes ne peuvent s'identifier aux seconds mais imaginent qu'ils pourraient être à la place des premiers. Dès lors, celui qui apparaîtra comme un être fragile mais talentueux, victime parce que manquant de confiance en soi, menacé par un concurrent plus talentueux mais plus arrogant, celui-là l'emportera parce qu'il venge tous les anonymes de l'inexistence que la télé leur impose quotidiennement. C'est le côté pervers de ce type de programme populaire et populiste ! Les victimes ont toujours un regard extraverti. Elles mendient l'affection de leur entourage et l'entourage aime ça parce qu'elles se soumettent au lieu d'agresser. On aime la modestie, la fragilité, une certaine humilité sans en faire trop et un regard qui brille de reconnaissance pour ce public omnipotent. Un regard extraverti.

Le charisme est une énergie fédératrice

Le charisme n'est pas une qualité exclusive de la France d'en haut. Certains gamins des cités de banlieue en sont dotés, d'autres enfants des beaux quartiers en sont dépourvus. J'ai comparé le charisme à un pouvoir de séduction oblatif, une image qui peut choquer mes lecteurs dans la mesure où certains personnages charismatiques ne sont pas vraiment des individus généreux ou allocentriques (le contraire d'égocentriques). Pourtant la rencontre avec un évènement majeur dans la vie d'un homme peut transformer n'importe quel individu lambda en personnage charismatique. Nous sommes tous dépositaires de cette énergie fondamentale qui appartient à l'instinct de préservation de l'humanité : **l'énergie fédératrice** que nous nommons le charisme. Il faut des chefs pour guider les hommes. Et les chefs sont souvent des individus issus du peuple. Il nous faut des héros ou des idoles pour nous identifier, pour nous apporter la « bonne parole », pour nous servir de modèle. Nous les reconnaissons immédiatement à ce regard particulier qu'ils posent sur le monde ou sur les caméras de télé qui sont les substituts de nos yeux. Et immédiatement, nous en tombons amoureux parce qu'ils séduisent nos rêves. C'est le cas du facteur Olivier Besancenot, de Cohn-Bendit, de certains animateurs de télé qui surgissent de nulle part et séduisent immédiatement le public, de politiciens chevronnés dont on sait qu'ils ne sont pas d'une intelligence ou d'une culture fabuleuse mais dont le charisme rassure les masses qui les élisent.

C'est le charisme qui est le déclencheur universel du coup de foudre. L'autre est soudain grandi, magnifié, embelli. Cette opération s'effectue à partir du message visuel, de ce que vous avez lu dans ses yeux sans même vous en rendre compte.

Imaginez que le charisme est une sorte de coup de foudre à long terme entre un individu donné et tous ceux qui s'identifient à lui. Star de la chanson, homme politique, gourou, leader d'entreprise ou d'ailleurs, animateur de télé, acteur de cinéma, tous ces lauréats du charisme ne sont pas devenus des idoles modernes par la grâce divine. Certains ont surfé sur les évènements en prenant des risques, d'autres ont été appelés par ces mêmes évènements, d'autres encore avaient cette fibre charismatique en eux et se sont servis de leurs talents pour acquérir cette valeur ajoutée qu'est le charisme.

Le conseil du psy

Un regard suffit ! Un regard dégraissé de son *ego*, souvenez-vous ! Pour apprendre à acquérir ce regard extraverti, il suffit de vous regarder dans un miroir et de penser en guettant les variations de vos pupilles. Utilisez un miroir grossissant pour mieux distinguer ces modifications qui sont souvent très subtiles ! Le charisme est en vous, comme une pépite d'or pur dissimulée au fond des yeux. Utilisez un miroir de rasage et posez-le sur votre table de travail ! De temps en temps, observez vos yeux comme s'il s'agissait de ceux d'un autre. Visualisez quelqu'un que vous aimez et observez les réactions de vos pupilles ! Si elles ne varient pas, cela signifie que vous avez des difficultés à exprimer vos sentiments.

Vos émotions sont censurées ou bridées. Si elles se dilatent imperceptiblement, tout va bien. Apprenez à jouer avec vos émotions et consultez les réactions concomitantes de vos pupilles. Progressivement, vous libérerez l'énergie fédératrice du charisme qui est en vous. L'idéal consiste à filmer vos yeux avec une caméra fixe pendant que vous jouez à ce jeu du regard extraverti.

LES SOURCILS
Le siège de l'inspiration et de la créativité

Mais à quoi servent les sourcils ? À mettre nos émotions entre parenthèses, à signaler nos changements d'humeur, même si on peut aussi supposer que leur fonction anatomique primaire consiste à protéger les yeux de la sueur qui s'écoule du front. La partie basse du front est le siège de l'inspiration ou de la créativité. Dans le mot sourcils, il y a le mot « source ». On pourrait en déduire que des sourcils très mobiles seraient une preuve kinesthésique de la prédominance de ces deux qualités, mais n'allons pas trop vite en besogne.

Première évidence ! La fonction de base des sourcils consiste à signaler les changements d'humeur. La peur ou la surprise font hausser les sourcils, la colère les fait baisser, l'inquiétude les rapproche, l'interrogation les tire vers le haut. On baisse ou on hausse les sourcils pour manifester sa présence à distance à un ami. L'importance des sourcils est indiscutablement liée aux expressions faciales. Chaque fois que vos humeurs varient, la position de vos sourcils change, amenant toute une gamme de signaux parfaitement compréhensibles sans un lexique gestuel.

Le sémaphore

Les sourcils sont le sémaphore du visage.

Les sourcils froncés : la profondeur des rides entre les sourcils « au repos » est une assez bonne indication du nombre de fois où la personne observée les aura froncés tout au long de sa vie.

Les sourcils levés : c'est le front ridé généralement associé à une personne soucieuse. L'individu soucieux au front creusé est essentiellement un individu qui voudrait s'échapper. Celui qui rit avec le front plissé est aussi un individu inquiet.

Les sourcils noués : c'est l'expression associée à une grande anxiété ou à un grand chagrin. On l'observe également dans certains cas de douleurs chroniques. C'est l'attitude caractéristique dépeinte dans les publicités pour les médicaments contre les migraines.

Le clignement des sourcils : les sourcils se lèvent et se baissent en une fraction de seconde. Ce bref clignement des sourcils est un signal d'accueil. Ce clignement est en général pratiqué à distance, au début d'une rencontre. Mais il faut s'en méfier car ce genre de réaction n'augure pas d'une rencontre placée sous des auspices favorables.

Le clignement des sourcils à répétition : le mouvement est répété plusieurs fois en rapides successions. C'est un geste rendu célèbre par Groucho Marx. Les sourcils se lèvent et s'abaissent rapidement pour un signal d'accueil outrancier, souvent pseudo-érotique. Ce type de signal gestuel est privilégié par les hommes qui ont des sourcils très fournis et souhaitent attirer l'attention sur cette caractéristique anatomique et le message qu'elle véhicule sur le plan érotique. Tous les hommes qui ont des sourcils lucifériens sont réputés pour leur sexualité sadomasochiste très performante. Une affirmation qui reste à démontrer !

Le haussement des sourcils : le haussement des sourcils sert souvent à ponctuer un discours. La plupart d'entre nous, quand nous parlons avec animation, font de petits mouvements du corps pour appuyer leurs paroles. À chaque accentuation verbale, nous ajoutons une accentuation visuelle. Ce réflexe est un véritable dispositif séducteur que certains tribuns adoptent face à une caméra ou quand ils s'adressent à un très petit nombre de gens.

Les sourcils marionnettes : les sourcils très mobiles sont des sourcils marionnettes. Ils voyagent du bas du front vers le haut au rythme des mots clefs. Ils participent au discours, se soulevant régulièrement pour ponctuer les propos du locuteur. Les sourcils marionnettes appartiennent à des personnages très susceptibles. Ils détestent qu'on ironise sur cette manie gestuelle.

Les sourcils machiavéliques : votre interlocuteur fronce les sourcils en les rapprochant vers la racine du nez. À l'origine, le fait de froncer les sourcils était une manière un peu théâtralisée de questionner son interlocuteur sans verbaliser son interrogation. Louis Jouvet en jouait régulièrement. L'air méchant bien connu des enfants et des conteurs prend ici tout son sens. L'homme aux sourcils cruels fait dans le genre subversif. Jouvet était-il un personnage subversif ou cruel ? En tout cas, il aimait en incarner le rôle. Les sourcils qui se rapprochent régulièrement pourraient aussi traduire le doute qui mine la confiance en soi d'un individu pas subversif pour deux sous.

Les sourcils qui démangent : votre interlocuteur se gratte les sourcils du bout d'un doigt. Vous avez affaire à un sujet versatile et très capricieux, un digne représentant de cette *nomenklatura* fort répandue sur notre petite planète, j'ai nommé les hommes de pouvoir à géométrie variable et à responsabilité relative.

Le toilettage des sourcils : votre interlocuteur, coudes en appui, se lèche le bout des doigts avant de lisser ses sourcils.

Séquence gestuelle classique chez les individus qui se prennent pour des gourous.

Le piercing des sourcils : le piercing du sourcil droit peut être le signe d'un tempérament capricieux, très star accro aux futilités. Mais ce piercing peut aussi divulguer un besoin de grandir, de valoriser son image publique et d'acquérir une bonne image de soi en fin de compte. Les individus contestataires, du genre « Je suis contre si t'es pour », arborent souvent *un piercing au sourcil.* Ce qu'ils ignorent, les pauvres, c'est qu'ils privilégient de cette manière une conduite de progrès et un rejet de la médiocrité qu'ils défendent parfois avec acharnement. En somme, ils se soignent contre leur gré du syndrome de la contestation, un sport très franco-français.

Un peu d'histoire

Les sourcils des femmes étant naturellement moins fournis que ceux des hommes, elles ont souvent amplifié cette différence en se les rasant ou en se les épilant avant de les redessiner d'un trait plus mince. Les sourcils féminins ont été rendus plus séducteurs par la mise en valeur de leur minceur et de leur petitesse. Cela s'est pratiqué pendant des siècles à l'aide de techniques diverses, rasage, maquillage ou épilation. Au XXe siècle, l'épilation des sourcils connut son apogée dans les années 1920 et 1930, entre les deux guerres, période où le crayon à sourcils était dans chaque sac à main. La pince à épiler avait contribué à amincir le sourcil et on utilisait le crayon à maquillage pour en accentuer l'arc délicat. Et lorsqu'une femme trouvait que ses sourcils n'étaient pas bien plantés, elle pouvait bien sûr les épiler entièrement et les redessiner à son gré. Dans ce cas, les sourcils apparaissaient presque toujours au-dessus de leur véritable place pour donner au visage un aspect moins « froncé ». L'exemple le plus étrange de faux sourcils nous vient d'Angleterre au début du XVIIIe siècle. À cette époque, la mode était aux sourcils rasés remplacés par des postiches, mais ces postiches étaient bizarres : ils étaient en peau de souris !

Toutes ces méthodes étant destinées à rendre les femmes plus belles, les sourcils laissés à l'état naturel étaient souvent associés à une nature fortement « non sexuelle ». Les femmes qui travaillaient dans des conditions où elles étaient censées étouffer leur sexualité ne devaient pas toucher à leurs sourcils. Dans les années 1930, un procès opposa même une infirmière à la directrice d'un hôpital qui lui avait refusé l'autorisation de s'épiler les sourcils. Cette interdiction, plaida-t-on, allait à l'encontre des libertés individuelles, mais les tribunaux donnèrent raison à la directrice. Les malades, par conséquent, se virent « épargner » la stimulation érotique que constitue le spectacle de sourcils délicatement épilés. Les Juifs religieux interdisent à leurs épouses de toiletter leurs sourcils pour des raisons esthétiques. L'ennui, c'est qu'ils sont bien incapables de justifier cette interdiction autrement qu'en la classant dans le registre des futilités. Encore une fois, la religion est bien mal servie par des petits gourous de pacotille, qu'on soit juif, musulman ou chrétien ! Chez les hommes, les sourcils broussailleux ont toujours été acceptés en tant que signaux de charme masculin. En revanche, quand les sourcils épais d'un homme se rejoignent au-dessus du nez, c'est différent. Un vieux dicton dit qu'il ne faut pas faire confiance à un tel homme. Ce sont les sourcils lucifériens ! Le racisme est partout.

Si vous avez de beaux sourcils naturellement bien dessinés, n'hésitez pas à les charger pour attirer le regard sur cet atout et apprenez à les faire bouger de manière séduisante quand vous vous exprimez. Vous ne trouverez pas de meilleur exemple que la journaliste Élise Lucet qui présente le journal de la soirée sur France 3. En cette matière, elle est le parangon des sourcils bavards et séducteurs. J'ai eu l'occasion de l'apercevoir sur une autre chaîne, interviewée par une consœur. J'ai failli ne pas la reconnaître, elle avait oublié ses sourcils bavards dans sa loge du JT. Je dois avouer que je l'ai trouvée moins séduisante que d'habitude. Ce qui prouve bien que le charme d'une personne dépend aussi du mouvement subtil d'une toute petite partie de son anatomie.

Le conseil du psy

Si vous observez les sourcils de vos interlocuteurs ou de ceux qui squattent le petit écran, vous constaterez très vite la congruence entre le manque de créativité des sourcils immobiles et le trop-plein de créativité de tous les autres dont les sourcils n'arrêtent pas de voyager. C'est un excellent exercice d'observation comportementale. Les chanteurs dont les sourcils demeurent figés sont de bons interprètes techniques mais pas créatifs. Plus les sourcils s'expriment, plus l'artiste investit ses émotions dans son jeu de scène. Le meilleur exemple vivant à ce jour : Charles Aznavour.

Comme il existe une gymnastique du nez, vous pouvez apprendre à vos sourcils à se mobiliser quand vous vous exprimez. Il suffit de prendre conscience de leurs mouvements. Lisez un article de journal à haute voix et concentrez-vous sur le mouvement de vos sourcils. S'ils restent immobiles, faites-les bouger en dramatisant exagérément votre lecture. C'est tout à fait élémentaire, comme exercice. Il suffit de refaire l'exercice chaque jour pour libérer votre inspiration ou votre créativité. Rien ne vous oblige à me croire sur parole mais personne ne vous empêche d'essayer !

LA TÊTE

La contestation

Il dit oui et secoue la tête de droite à gauche contredisant du même coup sa profession de foi. Ça ne vous est jamais arrivé ? Moi si ! Et j'ai ressenti la douleur du mensonge dans le bas-fond de mon scrotum (là où logent les testicules). J'ai eu l'impression d'une trahison gestuelle. Mon corps a pris le contre-pied de mon discours en toute indépendance. J'ai dit « oui » pour faire plaisir mais je pensais « non ». Peu de gens sont attentifs à cette contrefaçon du mot par le geste. « Oui, je veux bien ! Non, je ne veux pas. » Et le pire dans cette histoire, c'est que le non *gestualisé* est gommé par la conscience de l'auditeur, aveuglé par la puissance du verbe. Pourtant, ce réflexe de dénégation est un geste prédictif des futures réactions de votre interlocuteur. S'il vous a promis de vous aider, il se défilera au dernier moment et sous n'importe quel prétexte. S'il vous a donné son accord, il trouvera tôt ou tard un moyen d'échapper à ses responsabilités. Le déni gestuel exprimé *a contrario* d'un accord verbal conduit droit dans le mur.

Tête mobile ou mains bavardes

Elle n'arrête pas de hocher la tête en guise d'approbation. Ça m'énerve mais je continue à lui décrire mon sentiment sur sa stratégie de communication. Je trouve cette stratégie ringarde et inappropriée à l'objectif qu'elle poursuit. Elle est attentive à mes critiques mais je sens bien que je dépense mon énergie en pure perte. Sa religion est déjà faite. Quand elle prend la parole à son tour, sa tête entre en turbulence tandis que ses mains restent scotchées sur la nappe. Sa tête ponctue son discours. Je perds mon temps mais je n'ose pas lever le camp. Le rendez-vous se termine. Bisous ! *Hasta luego.*

Vous avez sûrement déjà remarqué que certains de vos proches agitent la tête quand ils s'expriment mais leurs mains demeurent cachées, ancrées ou immobiles. En revanche, ceux dont les mains servent de sous-titrage au discours reproduisent beaucoup moins fréquemment cette agitation du chef, sauf quand ils s'énervent.

La mobilité réflexe de la tête est la norme quand nous sommes sur la défensive ou en situation de stress. On utilise rarement ses mains pour protéger ses convictions mais plutôt pour convaincre ou pour attaquer. On peut dès lors supposer qu'une personne qui agite la tête en parlant exprimera sa méfiance. Elle est sur la défensive. Dans les situations extrêmes de défense, les têtes mobiles sont la norme. Ce code gestuel devient un réflexe inconditionnel chez certains individus qui se considèrent comme des victimes du système. Dans les grèves, les manifestants, interrogés par des journalistes, expriment toujours leurs griefs en agitant la tête plutôt qu'en utilisant leurs mains. Submergée par leurs doléances, leur colère ne s'exprime pas librement. Les **têtes mobiles** sont des individus qui ont perdu confiance en eux et empêchent leurs mains (les aires cérébrales) de se libérer. Ils se méfient d'eux-mêmes ou des autres. La mobilité de la tête n'empêche pas forcément l'intervention très ponctuelle de l'une ou l'autre main mais l'observation permet de constater que cette intervention est peu significative. La main est rappelée à l'ordre et la tête poursuit ses turbulences.

Pourquoi les mains se figent-elles quand la tête s'agite ?

Les mains bavardes impliquent une créativité du contact. Si elles se figent, cette créativité disparaît et apparaît l'ennemi de la créativité : le refus du changement, de la nouveauté ou l'esprit contestataire. Les **têtes mobiles** sont des conservateurs, voire des nostalgiques fanatiques auxquels il ne fait pas bon présenter des projets révolutionnaires. Les **têtes mobiles** sont des contestataires qui se posent en victimes d'un progrès, sauvage par définition.

Pourquoi la tête cesse-t-elle de s'agiter quand les mains parlent ?

On ne peut pas être à la fois réformiste et contestataire. Les mains expressives indiquent un niveau de créativité et un esprit tourné vers le progrès des consciences. Mains bavardes et têtes turbulentes ne peuvent pas s'entendre, elles vivent sur des planètes antagonistes. Les **mains bavardes** sont des réformistes. Les mains sont des outils de contact, elles servent à toucher ou à protéger, à construire ou à détruire, à caresser ou à frapper, à créer ou à défaire. Elles expriment aussi le besoin convivial d'aller vers l'autre.

Les mains sont l'expression de la liberté des deux aires cérébrales. Quand elles bougent, elles libèrent l'esprit de ses deux prisons. Quand elles se figent, la tête s'agite comme le couvercle d'une casserole d'eau portée à ébullition. Les pensées s'échauffent et elles réclament un exutoire pour s'échapper. Cet exutoire est corporel ! Comment pourrait-il en être autrement ? Les mains se figent ou se cachent quand la précarité ou la méfiance s'installe dans la conscience. Les mains se glacent quand le mensonge intervient pour protéger la vérité. Les mains se paralysent quand le locuteur est contesté, désavoué, critiqué ou combattu et qu'il lui faut défendre son pré carré. Enfin, les mains sont destituées quand la culpabilité, le chagrin ou les regrets font le nid du quotidien. En cas d'agression verbale, les mains se coagulent et la tête se dévisse.

L'enfant puni

Les doigts croisés sur le haut du crâne ou sur la nuque sont des codes d'intention auxquels il est préférable d'être attentif car ils préfigurent le résultat d'un entretien. C'est ce que j'appelle un geste barométrique qui n'augure, en règle générale, rien de bon. Le reproducteur se sent pénalisé ou sanctionné. Les doigts croisés sur le sommet de la tête vous rappelleront certainement des souvenirs d'enfance. Mais l'attitude peut aussi traduire une opposition. Par convention, c'est le signal corporel adopté par les prisonniers de guerre. Cette posture est la traduction littérale d'une soumission totale à celui ou ceux qui détiennent le pouvoir ou la force. Dans tous les cas de figure, les mains scotchées sur la tête sont des mains passives ou rétives. « Je me soumets ou je n'aime pas mais je garde ça pour moi. » Tout dépend du contexte. Aussi loin que remontent mes souvenirs, chaque fois qu'un de mes interlocuteurs a reproduit cette posture, l'atmosphère de l'entretien a tourné comme la mayonnaise. Les bonnes intentions initiales sont devenues des rétentions, voire des marches arrière brutales et d'autant plus imprévues que le ton était plutôt aimable d'entrée de jeu. La posture de l'enfant puni est aussi un geste prédictif. Il signifie que la porte vient de se refermer sans préavis.

Hocher la tête

Le hochement de la tête est la façon de saluer d'un individu imbu de son pouvoir hiérarchique. Dans une autre approche, certains individus en font un véritable refrain, voire un tic. Le hochement de tête est souvent souligné par des interjections ou des onomatopées aussi diverses que bizarres (écholalies ou répétitions des fins de phrases). Ce besoin d'approuver ainsi son interlocuteur est un signe d'anxiété majeur et qui appartient, notamment, au tableau clinique de la névrose obsessionnelle. Si vous vous surprenez soudain à hocher la tête en *staccato*, sachez qu'il s'agit d'un avertissement postural de votre inconscient. Vous êtes coincé dans un débat stérile. Votre approbation gestuelle est une esquive stéréotypée.

Image de soi ou image publique ?

Votre tête penche de quel côté ? Car elle penche à votre insu. Et toujours du même côté. Chaque fois que vous êtes confronté à autrui, l'une de vos deux images (l'image publique ou l'image de soi) s'éveille et fait pencher la balance du bon côté.

L'image publique est une image construite à partir d'un statut, d'une fonction ou d'une réputation acquise. Dans plusieurs domaines d'activité, cette image publique est un fonds de commerce indispensable. Elle correspond rarement à l'image de soi. L'image publique est la plus idéale possible et largement éloignée de l'image de la réalité, celle de soi. N'oubliez jamais que l'image publique se construit dans le regard de l'autre.

L'image de soi est une image intéroceptive (perçue de l'intérieur) d'un moi idéal à un âge idéal qui n'est pas en rapport avec l'âge réel. On peut ainsi être très vieux et avoir l'impression d'habiter ce vieux corps avec la mentalité d'un homme jeune. Cette impression s'efface, évidemment, quand on se regarde dans un miroir. Le moi idéal est une image de soi dépouillée de tous ses complexes, ses troubles ou ses handicaps. Une sorte de super héros introspectif et intemporel !

L'inclinaison de la tête est un bon indicatif de la manière dont le sujet affiche cette double image.

L'inclinaison de la tête à droite est commandée par le cerveau cognitif (gauche). Elle rejoint l'image publique en ce sens qu'elle désigne un individu investi dans l'impression qu'il donne aux autres au détriment de l'expression de soi. Il sera moins authentique, identifié à l'image reconstruite, voire travestie, qu'il veut faire passer.

L'inclinaison de la tête vers la gauche dépend du cerveau affectif (droit). Elle traduit l'émotion et le besoin d'authenticité d'une image de soi fondée sur l'introspection qui n'est, après tout, que l'un des terrains de prédilection du développement personnel.

La rotation de la tête

La rotation latérale de la tête, tout en conservant le regard dans l'axe, est un refrain gestuel invariable. C'est un critère de gestion du territoire mental, à l'instar du croisement des bras. Ce réflexe gestuel particulier indique aussi deux attitudes réactionnelles distinctes : la défiance ou le défi, et deux profils : celui du lauréat potentiel ou celui du challenger.

La rotation de la tête à gauche déplace la vigilance binoculaire sur l'œil droit. Et ce dernier dépend du cerveau gauche ou cerveau cognitif. Elle est la marque du challenger. Cette rotation s'apparente à la défiance ou à la fuite simulée (« Suis-moi, je te fuis ! »). On fuit toujours par la gauche.

La rotation de la tête vers la droite déplace la vigilance binoculaire sur l'œil gauche qui dépend du cerveau droit ou cerveau affectif. Le lauréat potentiel se découvre de cette manière. La rotation de la tête vers la droite est une réaction de défi qui indique paradoxalement une vraie flexibilité relationnelle.

Quelques gestes barométriques

Votre interlocuteur, assis, pose curieusement son bras (gauche ou droit) en équilibre en travers de son crâne.

Cette curieuse attitude est une résurgence du geste de protection de l'enfant battu.

Votre interlocuteur se gratte la tête avec son stylo, son crayon, sa règle, ou un objet quelconque qu'il trouve à portée de sa main.

L'objet est une arme symbolique avec laquelle il souhaiterait vous occire.

Elle parle en donnant régulièrement des coups de tête dans votre direction.

On dirait qu'elle veut vous mordre. Elle n'est manifestement pas séduite par votre charme latin.

Le cul assis entre deux chaises

Les mouvements de la tête permettent de mesurer les profils contestataire ou réformiste. J'ai observé des centaines de débats politiques et cette règle ne souffre aucune exception. Les mains mobiles sont progressistes et réformistes ; les têtes mobiles sont contestataires et réactionnaires. Certains tribuns se partagent entre ces deux attitudes, têtes et mains mobiles à tour de rôle, ils s'apparentent au profil « le cul assis entre deux chaises » surtout s'ils clament bien haut leur attachement au progrès des consciences. Le profil du « cul assis entre deux chaises » décrit un indécis à géométrie variable qui se la joue.

Genre le secrétaire de l'association du quartier qui se prend pour un élu local ; le *bodyguard* que joue Steve Reeves à Cineccittà dans un remake d'*Hercule* ; le syndicaliste surexposé qui maîtrise mal son image publique ; le jeune écrivain dans un salon du livre de province, assis de guingois sur une chaise de jardin en PVC et qui guette la foule, avide de lecteurs fans de ses œuvres balbutiantes. Entre la tête et les mains mobiles, leurs cœurs balancent, l'hésitation leur fait des avances. Seront-ils contestataires ou partisans du progrès des consciences ?

LE VISAGE
Le siège de l'affirmation de soi

Si le regard est le miroir de l'âme, le visage est le reflet de nos pensées. Il est la synthèse en mouvement des sentiments qui nous animent. Star entre les stars, le visage est la carte de visite que l'on remarque en priorité chez un individu. Hélas, ses mimiques ne sont pas statiques et les expressions qu'il offre ne l'avantagent pas toujours. Selon l'expression consacrée, beau en photo, atroce *in vivo* et *vice versa* ! Témoins de nos bonheurs fugaces, les pensées et les sentiments que nous éprouvons sculptent le masque derrière lequel nous abritons nos générosités, nos égoïsmes ou nos turpitudes. Il est difficile d'imaginer que le visage peut s'animer à l'insu de la conscience, qu'il peut grimacer sans que la volonté consciente puisse s'y opposer. Et pourtant ! Le visage est sans nul doute le seul lieu anatomique de votre corps qu'il est difficile de dissimuler à moins de le masquer totalement sous une burka, par exemple. C'est aussi la partie la plus crispée. Chaque partie de ce visage est figée dans une série d'expressions préprogrammées. Ces expressions sont polluantes pour l'aspect général de la face. Il n'existe, à ce jour, aucun moyen naturel ou artificiel de les transformer. Même la chirurgie plastique, tout en améliorant superficiellement la tonicité de la peau, le momifie encore plus dans sa programmation mimique. Le masque social est le site anatomique le plus expressif du corps humain. L'inexpressivité du masque est, sans conteste, le critère le plus évident que l'on peut observer chez des individus en crise.

Un état dépressif larvé (dont l'étude clinique nous apprend qu'il se manifeste plus souvent au niveau psychosomatique que comportemental) peut être déterminé par le diagnostic d'un registre mimique pauvre. Le visage devrait exprimer en toute liberté et de diverses manières les sentiments qui animent le psychisme individuel. Il ne peut se le permettre si l'individu ne prend pas conscience du masque de fer qui emprisonne, en permanence, son expressivité. La face, ainsi incarcérée dans la peur de traduire ses sentiments, se fane, se ride et s'affaisse par manque de tonicité naturelle et la figure vieillit. Car les sentiments bons ou mauvais s'impriment sur le visage au fil du temps. Et pourtant, même si la plastique des traits se détériore, la richesse des mimiques peut encore occulter la beauté que le temps leur a volée.

Le visage est susceptible de manifester une variété infinie de sentiments. Il existe cependant certaines expressions faciales plus complexes à reproduire car elles procèdent de deux sentiments antagonistes ou complémentaires. Les muscles sollicités qui mettent en scène ces sentiments associés jouent un jeu subtil qu'il nous est difficile, sinon impossible de reproduire à volonté. C'est à ce niveau que l'on reconnaît les grands acteurs de cinéma, mais aussi les individus concernés par leur image professionnelle. Voyez le conseil du psy à la fin de cette section, si votre visage fait partie de vos soucis plastiques !

Le visage zéro défaut

Toutes les jolies filles ont bien de la chance d'avoir un joli visage, sinon un corps aux mensurations sans reproche. La beauté plastique d'un visage est un ascenseur social extraordinaire pour toutes celles qui savent sur quel bouton il faut appuyer pour appeler la cabine. Le mystère des combinaisons génétiques qui président aux choix morphologiques n'est pas près d'être élucidé. Quelle injustice pour toutes celles qui, à défaut d'un visage lumineux ou d'un physique zéro défaut, doivent compter sur leur intelligence pour que l'ascenseur social daigne s'arrêter à leur niveau. Quel bonheur ce serait, si toutes les filles d'Ève étaient lumineuses à force d'être belles !

La beauté offerte à tous sans distinction de race, de religion ou de culture deviendrait aussi banale que des champs de pissenlit ou de pâquerettes au début du printemps. Plus besoin de bandana ou de voile pour cacher des cheveux barbelés, plus besoin de dreadlocks pour discipliner les cheveux crépus, plus besoin de courir chez le coiffeur pour avoir une coiffure qui atténue les défauts du visage. Plus besoin de trompe-couillon pour jouer les belles de nuit dans les boîtes branchées.

Et les hommes dans tout ça ? Beaux comme des Roch Voisine, sensuels comme des Chippendales, sculptés comme de Apollon de salles de gym ; chevelus comme des Samson ou la boule à zéro comme Yul Brynner. Le rêve !

Sauf que la beauté d'un visage se fige, se fane, vieillit généralement assez mal. Et le miroir incorruptible de vous renvoyer l'image d'un présent dépassé. Le visage qui se noie d'admiration dans son image est un visage sans avenir. Il manque à sa beauté originelle l'apport des expressions qui lui offriront sa vraie cote de séduction. La mobilité des sourcils, des lèvres, du nez ou celle des rides d'expression du front sont les quatre critères morphologique de sensualité d'un visage.

Séducteur ou séduisant ?

Si vous n'avez pas le visage dont vous rêviez, vous pouvez toujours faire appel au chirurgien plastique pour vous arranger ça. Mais vous n'obtiendrez qu'un emballage sans contenu. Car ce qui fait la beauté de votre visage, ce sont ses expressions qu'une caméra est capable de saisir assez imparfaitement. On peut être très photogénique et plutôt moche en vérité ou tout le contraire. Combien de jolies femmes en photo se sont avérées plus que quelconques au naturel ? Certaines animatrices absolument ravissantes sont relativement peu attrayantes hors caméra. Je ne citerai personne par respect pour ces professionnelles qui assurent la qualité de leurs émissions de télé. Pour ce qui est des animateurs, en revanche... Laurent Ruquier passe relativement mal à l'image, il est nettement plus séduisant au naturel. Cauet aurait, selon Guy Carlier, un physique de garçon boucher. Dommage qu'on ne puisse avoir des gros plans sur son regard qui dément totalement le cynisme du personnage. Cauet est tendre comme un jarret de veau.

Laurent Cabrol est beaucoup plus bel homme au naturel que derrière la caméra. Je ne citerai pas ceux qui, à l'inverse, sont avantagés par la petite lucarne. Sauf moi ! Je suis nettement plus séduisant à la télé que dans la vie de tous les jours. Hélas !

Faut-il être une copie conforme d'Alain Delon pour s'affirmer ?

Bien sûr que non ! Il faut surtout s'accepter tel qu'on est fabriqué et faire rectifier certains défauts morphologiques si on en ressent impérativement le besoin. Raccourcir ou redresser un nez coûte nettement moins cher qu'une psychothérapie qui repose sur un faux manque d'assurance. Remodeler des seins ou des fessiers est à la portée des bourses de la majorité des femmes qui travaillent. L'image de soi est fondamentale dans l'organisation de la personnalité et la **capacité de s'affirmer**. Or, s'affirmer, c'est exister.

Le conseil du psy

Surtout, n'oubliez jamais les quatre sites mobiles qui sont susceptibles d'embellir votre visage : le nez, la bouche, les sourcils et les rides d'expression du front. Prenez conscience de leurs mouvements ou de leur immobilité et apprenez à les libérer en pratiquant les exercices que vous trouverez dans les sections que j'ai consacrées à ces quatre sites anatomiques. Vous savez pourquoi la majorité des humoristes ou des comiques finissent par faire une carrière au cinéma ? Parce qu'ils maîtrisent la beauté des mouvements du visage à défaut de la beauté plastique. Et un visage mobile est toujours un visage séducteur à défaut d'être séduisant. Et vous savez quoi ? Un visage séduisant vieillit mal contrairement au visage séducteur qui se bonifie avec l'âge.

LA VOIX

Le ton est le siège de la conviction

C'est le ton de la voix qui véhicule la conviction bien au-delà de la construction argumentaire du discours. L'émotion transmise par le ton de la voix est bien plus prépondérante que l'émotion véhiculée par les mots eux-mêmes. « Ce en quoi je crois se réalisera si le ton de ma voix porte ma foi jusqu'au cœur du cerveau limbique de l'autre. » Mais comment parvenir à y croire quand le cortège des pensées parasites vous invite à rester réaliste et pessimiste pour ne pas tomber de trop haut au cas où… Nul ne vous apprendra à jouer des nuances de votre voix. Le ton monocorde est l'usage dans la société. Le ton théâtral est considéré comme une originalité de cabotin en complet bleu.

Vous sentez-vous capable de franchir un obstacle de deux mètres en longueur ? Oui ! La distance est à la mesure de la majorité des humains en bonne santé. Si je replace ces deux mètres entre deux falaises à pic, vous sentirez-vous toujours apte à franchir cette courte distance ? Non ? Pourquoi ? Il n'y a pas un centimètre de plus, pourtant.

Mais la peur de faire une chute de quelques dizaines de mètres a changé la donne, n'est-ce pas ? L'émotion induite est un handicap qui n'existait pas en terrain plat. Imaginez que le franchissement de cette distance en terrain plat est une conviction théorique, une construction argumentaire placée sous les auspices de l'intellect. En revanche, la même distance entre deux falaises correspond à la conviction « émotionnalisée », celle que véhicule le ton de la voix. Ce n'est plus du tout le même combat.

Il arrive qu'on soit en mesure de convaincre un interlocuteur parce que le ton du désespoir abaisse toutes ses barrières de défense. Il arrive aussi qu'on se heurte à un mur quand la voix véhicule le ton de l'espoir. Le vrai carburant de la conviction est souvent celui de la dernière chance.

Le ton de la voix n'est jamais aussi convaincant qu'en période de crise.

Mais il existe d'autres moyens de modifier le ton d'une voix pour la rendre hypnotique. Il en va de la voix comme du regard, comme du sourire, comme des gestes qui modifient l'aspect physique ou le look d'une personne et boostent sa capacité à communiquer et son pouvoir de séduction. Une technique psychoanatomique de développement personnel qui fera l'objet d'un prochain ouvrage si mon éditeur accepte de lui prêter vie.

Le corps est une boutique de qualités, de défauts et de prédispositions divers et variés dont peu d'entre nous tirent un profit légitime. La faute à l'inconscience du corps, à la surconscience du mental analysé, disséqué, conditionné, martyrisé et psychologisé à outrance. Le corps y est considéré comme un suppléant, non comme un élu à part entière. La voie de l'équilibre psy auquel vous prétendez passe par la réintégration du schéma corporel dans le territoire de la conscience. Donnez un corps à votre mental !

(À SUIVRE)

ÉPILOGUE

Quand on parle de quelqu'un à la troisième personne, c'est qu'il n'est pas là.
Amélie NOTHOMB, *Antechrista*

L'observation des gestes ou des caractères morphologiques variables est une discipline dont les règles ne sont pas encore maîtrisées. Ce n'est ni une spécialité ethnologique ni une discipline enseignée aux spécialistes du genre humain. Comme si le visible était gommé au profit de l'invisible ! Le psychisme est réduit à ses manifestations comportementales ou psychologiques subjectives. Le corps éminemment objectif est globalement absent du jeu. Le dessin des lèvres est considéré comme un acquis morphologique préprogrammé sans rapport de causalité avec l'évolution psychique du sujet. L'étude des caractères évolutifs de la morphologie humaine est tenue pour mancie. Terminus ! Tout le monde descend. Je crois que le succès des ouvrages de Desmond Morris, celui de mes livres et des travaux de Paul Eckman aux États-Unis (pour ne citer que quelques exemples) prouvent qu'il y a là un champ de connaissance encore vierge qui mérite d'être exploité au-delà des publications destinées au grand public.

Pourquoi ce manque de curiosité de la *vox dei* ? Il en va de certains domaines de la connaissance comme des préservatifs. Le ministère de la Santé communique sur la prévention des risques concernant les MST (maladies sexuellement transmissibles) mais les capotes sont hors de prix pour ceux qui en consomment le plus, les ados. Il faut qu'un animateur de télé, Christophe Dechavanne en l'occurrence, mouille sa chemise pour que les préservatifs soient vendus à 0,20 centime en pharmacie. Chapeau ! L'État comme l'Académie n'en sont pas à une contradiction près. Les bénéfices de l'État passent avant la santé publique. Les savants n'ont jamais aimé les continents vierges, ils préfèrent parler de ce qu'ils connaissent plutôt que de s'interroger sur ce qu'ils ignorent.

Votre corps, cette chose qui bouge, mérite mieux qu'un « il est beau, moche, gros, maigre, long ou courtaud ». Il mérite un « tu » ou un « toi » affectueux, car il contient plus que les quelques dizaines de kilos de viande ou d'os qui vous constituent.

Votre corps n'est pas que la vitrine de votre vanité, il est aussi et surtout le sanctuaire de votre âme.

Joseph MESSINGER

INDEX

RÉFÉRENCES BIBLIOGRAPHIQUES

Extrême urgence, Michael Crichton (Robert Laffont)

Le Cœur des autres, Jean Didier Vincent (Plon)

Les Cosmonaute de l'inconscient, Adam Smith (Robert Laffont)

Ces gestes qui vous séduisent, J. Messinger (First)

The Language of Gestures, Crichley (Arnold London)

The Expression of the Emotions in Man and Animals, C. Darwin (Joh, Murray London)

Love Signals, DB Givens (Crown – New York)

The Silent Language, E.T. Hall (Doubleday – New York)

Body Language, A. Pease (Sheldon Press – London)

Origins, Usage and Coding of Non Verbal Behavior, Paul Ekman (Étude du centre d'enquêtes sociales de Buenos Aires – Argentine)

Human Sexual Response, W. Masters et H. et V.E. Johnson (Churchill- London)

La Magie du corps, Desmond Morris (Grasset)

How to Read the Language of theFace, M.E. Mitchell (Mac Milan New York)

L'Intelligence émotionnelle, D. Goleman (Robert Laffont)

L'Inhibition de l'action, H. Laborit (Masson)

La clef des gestes, D. Morris (Grasset)

Le Singe nu, D. Morris (Grasset)

Hypnose et suggestion, Léon Chertok (PUF)

Qu'est-ce que la suggestologie ?, Jean Lerède (Privat)

Les Taureaux de l'aurore, Jean Lerède (de Mortagne)

L'Ambiguïté humaine, Maurice Auroux (Buchet/Chastel)

Pourquoi les hommes n'écoutent jamais rien..., A. et B. Pease (First)
Pourquoi les hommes mentent et les femmes pleurent, A. et B. Pease (First)
La persuasion clandestine, Vance Packard (Calmann-Lévy)
Le Pourquoi du comment, Daniel Lacote (Albin Michel)
Alors survient la maladie, SIRIM (Éditions Empirika)
Le cœur de l'homme, Erich Fromm (Payot)
L'estime de soi, de Christophe André (Odile Jacob)
Vivre heureux – Psychologie du bonheur, Christophe André (Odile Jacob)
Globalia, J.C. Rufin (Gallimard)
Influence et manipulation, Robert Cialdini (First)
Délits d'initiés, Guy Birnbaum (Stock)
Un merveilleux malheur, Boris Cyrulnik (Odile Jacob)
Guérir, David Servan-Schreiber (Robert Laffont)
L'Homme à la découverte de son âme, Carl G. Jung (Payot)
Le Langage et la pensée, Chomsky (Payot)

TABLE DES MATIÈRES

Bienêtre

9247

Composition Nord Compo
Achevé d'imprimer en Espagne
par Litografia Roses
le 25 avril 2010.
Dépôt légal avril 2010. EAN 9782290022825

Éditions J'ai lu
87, quai Panhard-et-Levassor, 75013 Paris
Diffusion France et étranger : Flammarion